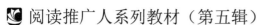

阅读推广人系列教材（第五辑）

中国图书馆学会　编
王余光　霍瑞娟　李东来　总主编

中国藏书的历史与传统

主　编　毛　旭　凌冬梅
副主编　郑闯辉　聂凌睿　蔡思明

History and
Tradition of Book
Collection in China

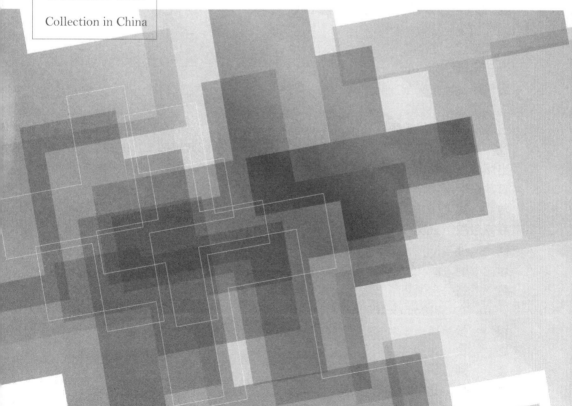

朝華出版社
BLOSSOM PRESS

图书在版编目（CIP）数据

中国藏书的历史与传统 / 毛旭，凌冬梅主编 .—北

京：朝华出版社，2020.8

阅读推广人系列教材 . 第五辑

ISBN 978–7–5054–4574–1

Ⅰ . ①中… Ⅱ . ①毛… ②凌… Ⅲ . ①藏书—文化—

中国—教材 Ⅳ . ① G259.29

中国版本图书馆 CIP 数据核字（2020）第 050448 号

中国藏书的历史与传统

主　　编	毛　旭　凌冬梅
副 主 编	郑闯辉　聂凌睿　蔡思明

选题策划	张汉东
责任编辑	孙　开
责任印制	张文东　陆竞赢

出版发行	朝华出版社		
社　　址	北京市西城区百万庄大街 24 号	邮政编码	100037
出版合作	（010）68995593		
订购电话	（010）68996050　68996618		
传　　真	（010）88415258（发行部）		
联系版权	zhbq@cipg.org.cn		
网　　址	http：//zhcb.cipg.org.cn		
印　　刷	武汉市新华印刷有限责任公司		
经　　销	全国新华书店		
开　　本	710mm×1000mm　1/16	字　　数	240 千字
印　　张	16		
版　　次	2020 年 8 月第 1 版　　2020 年 8 月第 1 次印刷		
装　　别	平		
书　　号	ISBN 978–7–5054–4574–1		
定　　价	45.00 元		

阅读推广人系列教材
编委会

总 序

由中国图书馆学会（以下简称"中图学会"）主持编写的丛书"阅读推广人系列教材"，是中图学会"阅读推广人"培育行动的一部分。

自 2005 年中图学会设立科普与阅读指导委员会（2009 年更名为"阅读推广委员会"）以来，各类型图书馆逐步重视开展阅读推广活动，并取得了丰硕的成果。在阅读推广过程中，很多图书馆面临不少问题，其中没有适合从事阅读推广的馆员是一个重要问题，而这对图书馆阅读推广活动能否持续、有效、创新地开展，将产生重要的影响。

鉴于此，中图学会阅读推广委员会于 2013 年 7 月，在浙江绍兴图书馆举办了"首届全国阅读推广高峰论坛"。这一论坛的目的是为图书馆免费培训阅读推广人，造就一支理念新、专业强、技能高的阅读推广人才队伍。首届论坛获得了图书馆界同人极高的评价。此后，在 2014 至 2015 年，中图学会阅读推广委员会又在常熟、石家庄、镇江、成都、临沂举办了五次免费培训，都取得了良好效果。

在绍兴阅读推广人培训之后，中图学会阅读推广委员会便着手考虑培训的专业化与系统性。为了更好地将阅读推广人培训工作顺利推进，委员会于 2014 年 7 月为中图学会制订了《培育阅读推广人行动计划（草案）》。该草案分四个部分：前言、培训课程体系与教材、专家组织、考核与能力证书授予等。关于阅读推广人，"前言"中写道：

"阅读推广人"是具有一定资质，可以开展阅读指导、提升读者阅读兴趣和阅读能力的专业与业余人士。

全民阅读、阅读推广，是立足中国文化、提高中华民族素质与竞争力的重要举措，近两年来受到政府与社会的广泛关注。为了推动全民阅读工作规范有效开展，培训"阅读推广人"是十分重要与必要的，也是很多机构，如学校、图书馆、大型企业、宣传部门十分需要的。

中国图书馆学会长期以来开展阅读推广活动，积累了丰富的经验，并拥有一批该领域的专家学者，从事全民阅读与阅读推广研究，他们承担课题或从事教育培训，取得了一定的成果，为进一步开展"阅读推广人"的培训、资格认证提供了重要的基础。作为以促进全民阅读，为读者终身学习提供保障为目标和社会责任的图书馆，应当成为阅读推广人培养与成长的摇篮。

中国图书馆学会为了更好地帮助图书馆、学校、大型企业、宣传部门等机构开展阅读推广工作，将阅读推广人培训作为一项长期工作。为了培训工作更好与规范地开展，特制订《培育阅读推广人行动计划》。参加培训的学员，通过一定的考核，中国图书馆学会将授予学员"阅读推广人"资格证书。

2014 年 12 月 11 日，中图学会阅读推广委员会举办的"全民阅读推广峰会暨'阅读推广人'培育行动启动仪式"在常熟图书馆举行。会上，中图学会正式启动"阅读推广人"培育行动。

在"阅读推广人"培育行动中，教材的编写成为首要任务。这套"阅读推广人系列教材"是国内首套针对阅读推广人的教材。由于没有相关的参考著作，教材可能还存在一些不足。在今后使用过程中，对教材中存在的问题与不足，主编将做进一步的修订与完善。这套教材的问世，对中国阅读推广人的培育将发挥积极的推动作用。

"阅读推广人系列教材" 编委会

前　言

众所周知，有关藏书活动的文字，首见于先秦诸子的著述。如《墨子》云"书之竹帛，藏之府库""书于竹帛……传遗后世子孙者知之"，《庄子》云"孔子西，藏书于周室""夫子欲藏书，则试往因焉"，《韩非子》云"藏书策、习谈论、聚徒役、服文学而议说""今境内之民皆言治，藏商、管之法者家有之……境内皆言兵，藏孙、吴之书者家有之""知者不藏书""知者不以言谈教，而慧者不以藏书箧"之类，都从不同侧面反映出文献收藏行为在当时王室贵族及民间私家的实际存在状态。

当代目录学家、史学家来新夏先生（1923—2014 年）认为："一个专用词的固定，必然先有一段事实的发展过程，所以中国的藏书事业应当认为与图书事业并起，也就是说自简书出现，便为藏书事业奠定了基础。大致估算中国的藏书事业，当在两千年以上。"[①]这一基本认知，也即本书学术语境的基础。

（一）

"藏"字的本义，是指收存、储藏、隐匿。如《周礼·天官·宰夫》所云，"府"的职责是"掌官契，以治藏"。汉代经学家郑玄（127—200 年）释"治藏"之意，即收藏"文书及器物"。而"书"字的本义，是书写、记述，始见于甲骨文。如《周礼·地官·大司徒》所云"六艺"中之"书"字，即指有关文字象形、指事、会意、形声、转注、假借的学问。后引申为名词，可指简册、典籍、文书、信函等。

我国现存最古老的一部历史著述，是约成书于公元前 5 世纪的多体裁文献集，它被后人称为《书》，或《尚书》《书经》。汉代经学家、文字学家许慎（约 58—约 147 年）在《说文解字》中，解释《尚书·周书·多士》中"惟殷先人，有典有册，殷革夏命"之语云"册，符命也，诸侯进受于王也"，"典，五帝之书也"，说明殷

---

① 来新夏.书卷多情似故人［M］.上海：上海人民出版社，2015：203.

商王室中收藏有文书和典籍，是为中国古代藏书活动的起源。①

据《史记·老庄列传》记载，老子（约公元前571—公元前471年）任周王朝"守藏室之史"时，孔子（公元前551—公元前479年）曾专程西行，前往拜谒，聆听其所论史记旧闻，并得以如愿观览其所守藏的王室珍藏。②后来他由衷地对弟子们感慨道："周监于二代，郁郁乎文哉！吾从周。"《隋书·经籍志》说："《书》之所兴，盖与文字俱起。孔子观《书》周室，得虞、夏、商、周四代之典，删其善者，上自虞，下至周，为百篇，编而序之。"③

周王朝设置"藏室史"，为后世所因循。而我国历史上最早的私人藏书家，也正是孔子这位伟大的思想家、教育家。曲阜孔氏，由此发展成为中国文化史上第一个"藏书世家"。至于孔门弟子，大多成为其时的"读书种子"。

在此后漫长的历史发展过程中，皇家宫廷藏书、民间私人藏书、学校及书院藏书、佛寺藏书及道观藏书，既各有传承统系，又互相发生影响，共同丰富着古代藏书活动的内容和形式，殊途而同归地推动了中华民族的知识积累、文献传承和文化传播。

（二）

自孔子授徒兴学之后，私学开始在民间发展开来。至于战国，墨子、惠施、苏秦、吕不韦等都有私人藏书。秦始皇统一中国后，在公元前213—公元前212年，既严令征缴并烧毁流传民间的《诗》《书》及"百家语"等，又在咸阳设计坑杀460余名方士和儒生，严重戕害了民间藏书活动。

汉王朝建立后，遂即拨乱反正。公元前191年，惠帝刘盈接受张敖（公元前241—公元前182年）之女，其正宫皇后张嫣的劝谏，诏令废除"挟书之律"，于是儒者得以其学行于民间。武帝刘彻当政，更以尊儒崇经为文教国策，广开献书之路，大征民间篇籍，专设写书之官，以增益皇家藏书，至成帝刘骜时，又派遣专员征书民间，于是贵族、世家也设法致力于搜集古书，积聚坟籍之事。

有学者指出，汉代朝廷"通经取仕的政策，官、私学校的兴旺，书肆的出现，

---

① 刘渝生.中国藏书起源史［M］.南昌：江西人民出版社，1994：70–71.
② 陈德弟.秦汉至五代官私藏书研究［M］.天津：天津古籍出版社，2012：9–10.
③ 隋书·经籍志［M］.上海：商务印书馆，1955：11.

所有这些都直接促进了私人藏书的发展"①。因而在正史中出现了东汉文学家、学者蔡邕（133—192 年）藏书近万卷的记述。据《三国志》记载，蔡邕有书近万卷，至晚年把其中数千卷赠予向来赏识的文学家王粲（177—217 年），而由其女儿文姬继承者约为四千卷。

历经魏、晋、南北朝及隋、唐、五代，私家藏书在此 700 余年间，不仅见于文献记载的藏书家人数愈来愈多，而且家藏万卷者也屡有问世。他们或专门建造藏书处所，或镌刻藏书图章，或编纂藏书目录，继往而开来，发扬光大了中国传统的藏书文化。②

"万卷藏书宜子弟，十年种木长风烟"一联，出自宋代文学家黄庭坚（1045—1105 年）为友人郭明甫西斋书房所作七律，他用"十年树木"的古典，隐喻了家有藏书可以助成子弟成才的道理，因此备受后世读书人和藏书家悦纳认同。而在雕版印刷术推广到书籍出版领域以后，江浙一带以至江南一域，私家藏书的人户之多，及其所藏书籍之富，一直居于全国前列。

对于宋明藏书家史实及其特点，20 世纪 20 年代末，现代图书馆学家、北平图书馆馆长袁同礼（1895—1965 年）在《图书馆学季刊》上曾发表系列撰文，予以概述。略云："宋初承五季抢攘之后，书多荡焚"，而民间读书人家则仍有其书，"多手自缮录，故所藏之书，钞本为多"，"自雕版流行，得书较易，直接影响于私家藏书者亦甚巨。印书之地，以蜀、赣、越、闽为最盛，而宋代私家藏书，亦不出此四中心点之外。印售之书既夥，藏之者亦因之而众。北宋藏书家多在四川、江西，南宋藏书家多在浙江、福建"；"明初私家藏书，当以诸藩为最富"，自成化年间以至嘉靖、万历以降，"私家藏书，极称一时风尚"；"清代私家藏书之盛，超逸前代……除二三家外，恒再传二散佚，然辗转传播，终不出江南境外者几二百年殆杨至堂得艺芸书舍之经、史佳本，情势始稍变"，"有清一代藏书，几为江、浙所独占。考证之学，盛于江南者，盖以此也"。③

---

① 陈德弟.秦汉至五代官私藏书研究［M］.天津：天津古籍出版社，2012：93.
② 陈德弟.先秦至隋唐五代藏书家考略［M］.天津：天津古籍出版社，2011.
③ 李希泌，张椒华.中国古代藏书与近代图书馆史料（春秋至五四前后）［G］.北京：中华书局，1982：406-426.

纵观中国古代私家藏书史实，无论是"藏书者之藏书"，还是"读书者之藏书"，[①]虽然共同表现出珍爱古书、秘籍盈室的嗜书情意，但两者也有原则上的不同。

所谓"藏书者之藏书"，往往是以觅取和搜集奇书珍籍、典藏和鉴赏古椠秘本为其志趣所尚，成为其独特的生活内容和至高的精神娱乐。他们虽然熟知装帧之雅致、刊印之精善、版本之珍稀，却不再进一步去钻研群书众籍所包孕的有关学问。今人应当全面理解并衷心致敬那些"为藏书而藏书"的藏书家，是他们以一己及私家之力，珍护着艰难搜求到的古书旧籍，并奋力抗拒着或因天灾或因人祸所致的"书厄"，使其中的幸存部分终于传承到了近现代，并因种种机缘，最终成为有关图书馆公益性藏书资源中最珍奇的宝藏，其功其德自堪流芳。

而"读书者之藏书"，则以搜集奇书珍籍、收藏古椠秘本为积累资料的重要方式，而以观书求知、治学著述为目的。其虽与"藏书者之藏书"一样，亦熟知古书旧椠的装帧、刊刻、目录及版本种种，但更有进阶的目标，是通过研讨包孕群籍中的学问，著书而立说。而其著述稿本或刊本，甚或成为新生代藏书家的收藏物。

王韬（1828—1897年）在《征设香海藏书楼序》中说："夫天下之益人神智，增人见识者，莫如书。内之足以修身养性，外之足以明体达用。是以嗜古力学之士，多欲聚蓄书籍，以资涉览。务博取精，各视其性之所尚。然藏书而不能读书，则与不藏同，读书而不务为有用者，则与不读同。"[②]来新夏先生也曾指出："藏书是中国有悠久历史的传统文化现象，不是单纯为收藏和鉴赏而藏，而主要是为读书人读书创造条件。读书也不是为读书而读书，而是从读书中撷取精华，形成思想观点，为治学奠定基础。"[③]

总之，民间私家的藏书行为与读书求知、治学著述的目的如影随形，不可分离。正是历代藏书家孜孜以求地搜藏，念兹在兹地研读，加强了藏书行为与学问积聚之间的纽带，从而有益地推动了中国文化学术史的发展。程千帆、徐有富先生在《校雠广义·典藏编》中指出："藏书除有益于读书、治学、创作外，也丰富了藏书家的生活内容，使他们获得高层次的精神享受。许多藏书家都把藏书、读书当作

---

① 钱曾. 读书敏求记［M］. 北京：书目文献出版社，1984：57.

② 王韬. 征设香海藏书楼序［M］// 弢园文录外编. 郑州：中州古籍出版社，1998：329.

③ 来新夏. 藏书·读书·治学［J］. 津图学刊，2001（1）：37—39.

毕生爱好，从中受到慰藉，获得快乐"。由于私人藏书有广泛的社会基础，因此"更富有特色和生命力，为我国及全人类的文化传播事业作出了巨大贡献"①。

（三）

然则中国历代藏书在 2000 多年间所经历的，却是聚而散、散而聚，甚至旋聚旋散、散而复聚、终归于散的过程。对此史实，隋代牛弘（545—610 年）、明代胡应麟（1551—1602 年），及近现代的祝文白（1884—1968 年）、陈登原（1900—1975 年）等，都曾痛心疾首地发表过有关"书厄"的言论。

话说西汉内宫有延阁、广内、秘书之府，外廷有太常、太史、博士之藏，却不幸遭遇初始元年（8 年）王莽（公元前 45—23 年）篡汉之乱，及随后赤眉农民军攻克长安后的大肆抢掠，曾经"书积如丘山"的局面，以及由刘向、刘歆父子等整理编校过的珍贵古书旧籍，因此荡然无存。建武元年（25 年），刘秀重建了汉朝，史称"东汉"。于是因动乱而隐匿各地的学问之士，纷纷抱负坟策，会集京师。至章帝时，又"诏求亡佚，购募以金"。永元十三年（101 年），和帝驾临东观，"览书林，阅篇籍，博选术艺之士以充其官"，以表重视。至于末年，这批皇家宫廷藏书不幸又遭遇了董卓（？—192 年）及其部将之乱，据《后汉书》称"符策典籍，略无所遗"。西晋末年，其皇宫藏书遭遇了永嘉五年（311 年）之乱，据《旧唐书》称"洛都覆没，靡有孑遗"。至梁元帝承圣三年（555 年），因都城江陵被西魏军攻占，元帝命人把宫中所有的古今藏书 14 万卷焚毁。有鉴于此，隋文帝开皇三年（583 年），牛弘在上奏朝廷的《请开献书之路表》中，总揽其事为"五厄"。

牛氏认为，尽管自孔子以来，古代经籍"年逾千载，数遭五厄"，前代皇家藏书屡聚屡毁，但"一旦治平，当有兴集"，"不可王府所无，私家乃有"，应该"大弘文教，纳俗升平"，"一时载籍，须令达备"，而兴集的方式是"勒之以天威，引之以微利"，即"猥发明诏，兼开购赏"，以达成"异典必臻，观阁斯积"的局面。隋文帝采纳牛弘建议，委派了专员负责征集搜讨，于是民间异书，往往间出。胡应麟评价说："牛弘之主购书勤矣力矣……隋之书籍所以盛绝古今，奇章力也。"②

从此在牛弘之后，朝廷颁诏向民间征书、到民间访书，时或成为后世王朝增

---

① 程千帆，徐有富.校雠广义·典藏编［M］.济南：齐鲁书社，2015：89.
② 胡应麟.少室山房笔丛［M］.上海：上海古籍出版社，2001：41.

益皇家宫廷藏书的成例。有学者经梳理史料后说：类如唐中宗、睿宗时，选拔京官中有学问造诣者分行各地访求图籍；肃宗时，令各府、县搜访民间图籍，类似举措在唐代发生过九次；至于宋代，则更多达百余次，"朝廷向民间求书、访书、购书次数最多的是宋朝，北宋与南宋共177次下诏求书"①，从而创历代王朝这方面的记录之最。如北宋朝廷征书时，"凡献书者，或支绢，或给钱，或补官，莫不以利诱之。是当时之书，多散在民间也"②。

然则古代皇家宫廷的藏书厄运，并不止于牛氏所谓"五厄"。有鉴于隋、唐、五代十国、宋、元、明之间的改朝换代，胡应麟再续"五厄"云"隋开皇之盛极矣，未几皆烬于广陵。唐开元之盛极矣，俄顷悉灰于安史。肃代二宗，洊加鸠集，黄巢之乱，复致荡然。宋世图史，一盛于庆历，再盛于宣和，而金人之祸成矣。三盛于淳熙，四盛于嘉定，而元季之师至矣。然则书自六朝之后，复有五厄。大业一也，天宝二也，广明三也，靖康四也，绍定五也。通前为十厄矣"。他还特别指出："古今坟籍之厄，秦固诛首，莽即次之。盖秦所焚，率三代上书，西汉稍稍鸠集，莽又继之，故靡尺简也。"③

斗转星移，又过去了数百年。1945年，祝文白鉴于日军在侵华战争中"带着特定的方针和目的来掳掠中国古籍"的事实，又痛心疾首地总结了"李自成之陷北平""钱氏绛云楼之烈焰""清高宗之焚书""咸丰朝之内忧外患"及"民国中日之战役"为"五厄"。④

陈登原在《古今典籍聚散考》一书中，概括我国自古以来典籍散亡的四大原因，是"独夫之专断""人事之不臧""兵匪之扰乱"及"藏弆者之鲜克有终"。他认为，古来典籍聚散之故，大抵由于上述"四厄"，"夫四厄之来，为文献之大敌，水火虫害，无时而已；兵燹散佚，时或不免。至于以政治上之好恶而进退其书，于古有之，此后亦未必能免……"⑤

---

① 桑良至.中国藏书文化［M］.北京：中国财政经济出版社，2002：66.
② 李希泌，张椒华.中国古代藏书与近代图书馆史料（春秋至五四前后）［G］.北京：中华书局，1982：406.
③ 胡应麟.少室山房笔丛［M］.上海：上海古籍出版社，2001：6-7.
④ 李玉安.中国图书散佚史［M］.武汉：武汉大学出版社，2014：33.
⑤ 陈登原.古今典籍聚散考［M］.上海：上海书店，1983：16，544.

　　武汉大学图书馆研究馆员李玉安所著《中国图书散佚史》（武汉大学出版社
2015年版），按照历史时代顺序，对先秦至民国时期图书散佚的历史做了系统叙
述，还以专章介绍了流散在国外的中国图书，并对历史上的中国图书散佚现象进
行了反思。而青岛图书馆研究馆员鲁海（1932—2019年）则曾秉笔直书道，1949
年10月中华人民共和国在北京建立以后，"我国经济体制发生了根本变化，藏书
作为精神文明的组成部分，受制于经济体制，一个时期'左'的思想统治精神文
明，批判'私有制'的同时，也使私人藏书未能幸免。许多私人藏书资源或被迫
捐献国家，由私藏转为公藏。私人藏书几仅为工作、学习所用之书。在'十年浩劫'
之中更是在劫难逃，私人藏书多数毁于一旦，部分官藏也遭殃及"①。

（四）

　　19世纪末20世纪初，在东渐日烈的欧美公共图书馆的理念影响下，延续
2000余年的中国私人藏书活动面临转型。在中华民国初期留洋归来人士掀起的"新
图书馆运动"推动下，欧美公共图书馆思想日渐深入人心。且看在20世纪不同年
代学人们的共同认识：

　　1918年，沈祖荣（1883—1976年）在一份有关全国图书馆调查的引言中说：
"学校外之教育机关甚多，其性质属于根本的，其效果属于永远的，莫如图书馆。
欧美图书馆筹划之精密，设立之普遍，使全国人民之学问技能无一不受成于图书馆，
故有'市民大学'之徽号焉。中国古代藏书，属于公家者，石渠金匮，视若鸿宝，
人民无由窥其美富。在私家，蒐罗诸子百家，侈谈宏富，亦只供一二学者研究高
深之学理，而于普通人民无与也。盖吾国士（大）夫多持曹仓、邺架之谬见，尚
未明了图书馆之性质，不在培养一二学者，而在教育千万国民；不在考求精神学理，
而在普及国民教育。"②

　　1927年，李小缘（1899—1959年）在《图书馆学》中批评道："中国旧式藏书楼，
虽书不能藏，遑论用书读书！论私人藏书目的，则为'藏之名山，传之其人'，为
子孙余荫，家庭世袭，或为好奇赏鉴，甚至玩物丧志"，而"图书馆乃文明国之征

①　鲁海.古今藏书家比较［G］//天一阁论丛.宁波：宁波出版社，1996：382.
②　李希泌，张椒华.中国古代藏书与近代图书馆史料（春秋至五四前后）［G］.北京：中华书局，
　　1982：187.

象，观一国图书馆，可以见一国文化之消长……图书馆对于读者之功用，是读书；是以书求得心身之安，及精神上娱乐，与咬文嚼字不同，而图书馆目的，是文化的宣传，及科学常识之普"①。

1932 年，吴晗（1909—1969 年）在《两浙藏书家史略》的序言中说"自板刻兴而私人藏书乃盛……然其弊也在于自私，在于保管之不得当，在于一般民众之无识""晚近欧风东渐，各城市渐有图书馆之设。采集古今载籍，付之公开阅览，其用意至美至善。且其建筑大都先事预防，尽力于火灾及潮湿致腐之设备。其规模组织率较私人为宏大，其管理编列率较私人为精密。两者相律，私人藏书在将来之必归淘汰也无疑"。②

1935 年，伦明（1875—1944 年）在《辛亥以来藏书纪事诗》自序中感慨说"今之人朝聚而夕散者，何其多也；聚而无不散者，何其不期而合也"，"自学校兴而需新书多，需旧书者少；自大图书馆兴，即需旧书者多，而购书者少……书之聚散，公私无别，且今后藏书之事，将属于公而不属于私，今已萌兆之矣"。③

1947 年，潘光旦先生（1899—1967 年）在《南行记感》一文中说："私家藏书，在没有公共图书馆的前代，原是很好的一种风气，也是不得不有的一种风气。今后的形势显然是不同了。公家图书馆的制度逐渐建立以后，私人藏书的需要，在理论上本应该减少；就抗战前后二三十年来的政治、经济的环境言之，此种藏书的努力，事实上也确乎无法维持。不能维持，结果就是散，以至于失。既不能维持，而又欲避免散失，惟一的途径是转移到公家图书馆的手里，送赠可，售卖亦可，总以整批转移为原则，否则前途的失不失，纵无从存问，散总是注定了的，而既散之后，要公家图书馆再事搜罗，使散者复归于聚，便又须消耗不知多少的人力物力了。"④

南京师范大学教授江庆柏曾以近代江苏藏书家为研究对象，总结性地指出了近代公共图书馆兴起对古代私人藏书传统的巨大冲击。他写道："与私人藏书相比，

---

① 李小缘.图书馆学［M］//李小缘纪念文集.南京：南京大学信息管理系编印，2007：3-4.
② 吴晗.江浙藏书家史略［M］.北京：中华书局，1981：1-2.
③ 伦明.辛亥以来藏书纪事诗［M］.上海：上海古籍出版社，1990：2.
④ 潘光旦.见潘光旦.燹庵随笔［M］.天津：百花文艺出版社，2002：132.

公共图书馆有其突出的优势。首先是购书经费较为正常……可以四出购书，同时也能吸引书贾上门"；"其次，公共图书馆能较多地得到社会各方面的支持，如许多人都把藏书寄存或捐赠给图书馆……成为图书馆藏书的一个重要来源"；第三，"私人藏书基本上是一种经验式的管理，这是与个人的藏书规模相一致的。公共图书馆从一开始就是一种制度化的管理"，具有"管理的规范性"特点；第四，"私人藏书多半是'自娱'式的，图书馆职员则将其作为自己的一种职业"；第五，"一般情况下，图书馆的馆舍也远比私人藏书楼更宏伟，设备也更齐备"。正是上述种种优势，"使得公共图书馆藏书比私人藏书更具稳定性"。①

因此，自 1949 年 10 月 1 日，中华人民共和国成立后，数千年文脉相承、书香不绝的中国藏书文化，终于发生了历史性的变局。

（五）

《中国藏书的历史与传统》与先前列入"阅读推广人系列教材"第 2 辑出版的《中国阅读的历史与传统》（熊静、何官峰著，朝华出版社 2017 年版），堪为姊妹之篇。

《中国阅读的历史与传统》的著作者是上海大学图书情报档案系副研究员熊静博士和西南大学图书馆副研究馆员何官峰博士。全书 20 余万字，分为八讲。在第一讲的概述之后，依次为《中国阅读史研究进展》《中国古代阅读史的研究资料》《中国古代阅读的历史》《中国古代阅读的传统和精神》《古代家庭教育中的阅读传统》《古代阅读理论与方法》及《阅读史研究和阅读推广工作》，梳理了中国阅读史的基本研究资料，阐述了历代先贤的阅读变迁，丰富了中国书籍文化史的学术内涵，对于阅读文化学的学科建设和全民阅读推广事业的发展，具有非常现实的价值和意义。有评论者指出，该书既在宏观层面上回顾了中国阅读史与古代阅读的文化传统与人文精神，又在微观层面阐述了中国古代家庭阅读方法，此外还阐述了我国古代阅读理论与方法同现代阅读推广工作之间的关系。②

《中国藏书的历史与传统》列入"阅读推广人系列教材"第 5 辑出版。由台州市图书馆馆长兼中国图书馆学会藏书与阅读推广专业委员会主任毛旭研究馆员领

---

① 江庆柏.近代江苏藏书研究［M］.合肥：安徽文艺出版社，2000：22–23.
② 黄育雅.家风求文雅　书香润华夏——以《中国阅读的历史与传统》为中心［J］.山东图书馆学刊，2019（4）.

衔，并邀约嘉兴学院图书馆凌冬梅副研究馆员共同主编，由嘉兴图书馆地方文献部主任郑闯辉馆员、杭州图书馆聂凌睿馆员、中山大学资讯管理学院博士生蔡思明任副主编。全书内容也分为八讲，即《中国藏书文化及其研究概述》《私人藏书与书香世家》《宫廷藏书与官府藏书》《书院藏书与儒学传承》《佛寺藏书与道观藏书》《从古代藏书楼到近现代图书馆》《藏书制度及其技术方法》及《藏书文化的继往与开来》，试图反映中国藏书的基本面貌及其人文内涵的嬗变，评介现当代学者有关中国藏书文化研究的著述成果，以丰富中国书籍文化史的学术内涵。

当今时代，中国内地的全民阅读活动方兴未艾，对于阅读推广人而言，在掌握中国阅读的历史与传统之外，进一步理解和弘扬中国藏书的历史与传统是完全必要的。因此，本书的编写出版，也必将为阅读文化学的学科建设添砖加瓦，并助推全民阅读推广工作的深化、拓展和创新。

目 录

第一讲

中国藏书文化及其研究概述

"藏书"一词，最早见诸东汉班固编纂的《汉书》。在该书卷三十《艺文志》中有"建藏书之策，置写书之官，下及诸子传说，皆充秘府"之句，记述的是汉孝武帝刘彻诏命建设皇家藏书之事。其效果，据《隋书》卷三十二《经籍志》所记："开献书之路，置写书之官，外有太常、太史、博士之藏，内有延阁、广内、秘室之府。"①

虽然中国藏书史源远流长，但在《辞海》（上海辞书出版社 1989 年版）中，却没有专门词条对其作出诠释。《图书馆学百科全书》（中国大百科全书出版社 1993 年版）也未设专条，仅收录《藏书纪事诗》《藏书纪要》《士礼居藏书题跋记》及藏书章、藏书票、皕宋楼、爱日精庐、八千卷楼等 20 余个与中国藏书史有关的一级词条。可见如何对"藏书""藏书家""藏书文化"做出符合其历史人文内涵的定义，乃是中国藏书史研究的首要任务。

第一节 藏书、藏书家、藏书文化及中国藏书史

在 20 世纪 90 年代问世的两种专科辞典，曾给予中国藏书史较大的篇幅，一是赵国璋、潘树广先生主编的《文献学辞典》（江西教育出版社 1991 年版），一是王余光、徐雁先生主编的《中国读书大辞典》（南京大学出版社 1993 年版）。后者对"藏书"一词释义为："指典籍图书的收藏活动。在历史中国，特指皇家、

---

① 李希泌，张椒华.中国古代藏书与近代图书馆史料（春秋至五四前后）［G］.北京：中华书局.1982：2-4.

私家、寺观、书院等的典籍图书的收藏。其概念往往不仅仅指藏书，而且还包括与之有关的购置、鉴别、校勘、装治、典藏、钞补、传录、刊布、题跋、用印、保护等一系列活动。"① 1995 年春，在北京市中国书店举办的"中国当代藏书活动研讨会"上，与会专家对此定义作了一定讨论和修订，形成的基本共识是："藏书是指人类以阅读、保存、鉴赏、研究和利用为目的，而进行的收集、典藏图书的活动。"

至于"藏书家"的定义，徐雁在《中国历史藏书常识录》中的释义为"指私家藏书的开创者或私家藏书的传人、皇家藏书的管理者于藏书事业作出贡献的人。同藏书活动相继产生，始见于周代。老子即是有史可稽的我国第一个藏书家。在中国历史上，多指私家藏书主人，始见于春秋时代。孔子系我国最早的著名私人藏书家"②。

"藏书文化"，则是人们在搜集、整理和典藏书籍过程中形成的物质文化和精神文化的统一体。徐雁在《中国历史藏书常识录》中，提出了建立"历史藏书学"的问题。他认为："历史藏书学是研究历史中国藏书现象、藏书事业以及与之有关的学术活动的学问。发端于十九世纪后期叶昌炽《藏书纪事诗》编集时……研究中国历史藏书，对于全面了解历史社会的生活、完整认识文化学术史面貌、总结爱书读书治学精神、光大中国文化优秀传统、编撰中国藏书通史具有重要意义。"③

关于历代公私藏书家的人数统计，先后有《中国藏书家考略》增补本收录的875 人，《藏书纪事诗》和《续补藏书纪事诗传》累加的 1050 余人，《中国藏书家辞典》的 1151 人，《中国藏书家通典》的 2400 余人，《中国历代藏书家辞典》的 2747 人，《历代藏书家辞典》的 3400 人，以及 1996 年 11 月，中国藏书史研究专家范凤书先生在宁波公布的"确有一定藏书故实的历代藏书家 4715 人"（其中北宋以前 244 人、南北宋 701 人、元代 176 人、明代 869 人、清代 1970 人、近现代 755 人），另外加上他已经掌握线索但藏书事迹待考的 1000 位上下的人物，范氏提出了"中国历代藏书家的总数，实际约在 6000 人左右"的结论。与此同时，

---

① 王余光.徐雁.中国读书大辞典 [M].南京：南京大学出版社，1990：440.

② 徐雁，王燕均.中国历史藏书论著读本 [M].成都：四川大学出版社，1990：7.

③ 徐雁，王燕均.中国历史藏书论著读本 [M].成都：四川大学出版社，1990：9.

范氏还统计出中国藏书家人数最多的十个市县，依次是：苏州、杭州、常熟、湖州、绍兴、宁波、福州、嘉兴、海宁和南京[①]。

从历代保存下来的史料看，"藏书家"绝大部分来自耕读起家的富贵之户。以中国藏书文化史上著名的"藏书之乡"常熟为例，据瞿冕良《常熟先哲藏书家考略》记述，自北宋宣和六年（1124 年）进士、时常手自抄录文史典籍的郑时以后，宋、元、明三代，常熟藏书家代不乏人。至于清代，《（同治）苏州府志》云："常邑自绛云、汲古，以至爱日、稽瑞，二百余年间，储藏家代不乏人。瞿镛所著《铁琴铜剑楼书目》，既博且精，足为后劲。"[②]意谓常熟藏书家，自绛云楼主人钱谦益、汲古阁主人毛晋、爱日精庐主人张金吾及稽瑞楼主人陈揆之后，以古里瞿氏最为知名于时，而瞿氏即以耕读起家。其创始藏书家瞿绍基以母老为由，辞去阳湖县学训导之职，返归常熟古里村。获购张海鹏、陈揆家流散古书，多得宋、元善本。乃取古文"引养引恬""垂裕后昆"之意，建"恬裕斋"以藏书。其子瞿镛继承父志，搜讨古书旧籍益力，又陆续购获苏州藏书名家黄丕烈、汪士钟家中散出古书善本，所藏旧刻、旧抄本之书，多达 10 余万卷。一时与山东聊城海源阁主人杨以增，有"南瞿北杨"之称。至清末，"南瞿北杨"与钱塘八千卷楼主丁丙、丁申兄弟及归安皕宋楼主陆心源，被并称为"晚清四大藏书家"。

关于历史上的藏书活动对中华民族文化的贡献，当代学者颇多讨论。来新夏在《光明日报》上发表题为《藏书与读书》的文章，他认为"中国是世界上最喜爱藏书和读书的国家""我们必须认真继承这个在世界上比较突出的优秀传统，要读书，读好书"。来新夏提出："中国的藏书活动中有深厚的文化内涵，贯穿着与中华传统文化相契合的人文主义精神。这种人文主义精神的核心就是'仁人爱物'。"[③]郑伟章、李万健认为"研究和了解我国的藏书家是研究中国学术史、中国文化史以至整个中国文明历史的重要课题之一"[④]。谢灼华则具体指出："私人藏书家是封建文化主要的保存者""是封建社会学术研究队伍中的中坚力量""是封建社会出版事业的重要队伍"，这大致可以说明"私人藏书在我国学术文

① 范凤书.中国私家藏书概述［M］//天一阁文丛.宁波：宁波出版社，1996：270.

② 叶昌炽.藏书纪事诗［M］.王欣夫，补正；徐鹏，辑.上海：上海古籍出版社，1989：646.

③ 来新夏.中国的藏书文化与人文主义精神［J］.图书馆，1997（5）：78–79.

④ 郑伟章，李万健.中国著名藏书家传略［M］.北京：书目文献出版社，1986：1.

化发展上的贡献"①。陈曙认为："正是私家藏书的基石，奠定了现代图书馆的宏伟大厦。"②

进入 21 世纪，融汇了近百年来历史藏书研究成果的，是几乎同时编著问世的《中国藏书楼》（任继愈、肖东发主编，辽宁人民出版社 2001 年版）和《中国藏书通史》（傅璇琮、谢灼华主编，宁波出版社 2001 年版）。作为两部集大成的著作，它们在中国藏书史研究领域具有学术里程碑的意义。

第二节　近代以来"藏书纪事诗"的人文内涵

关于中国私人藏书资料搜集及其学术研究的源头，学术界一般都认可晚清学者、苏州藏书家叶昌炽的《藏书纪事诗》为开山之作的观点。因为，此前"尽管已有我国第一部藏书家传行世，但这部《吴兴藏书录》（1830 年刻）仅是吴兴一地共 15 个藏书家的传记资料集，殊难称为研究藏书史的专著。唯有这部《藏书纪事诗》，因史料收集的广泛、史论内容的精当、编著体例的适恰，才在中国藏书史上奠定了其开山发凡的特殊地位，且在学术界享有崇高的声誉"，"领以绝句，缀以事迹，必要时殿以按语，这是叶昌炽在《藏书纪事诗》里处理所辑藏书家史料的基本方式。其中绝句和按语部分，是叶氏总结藏书家事迹，发抒评论意见和补充考证文字的所在……直接体现了叶昌炽的藏书思想和藏书学观点，或者辩驳了史料的讹误"，也即叶氏开创了"纪事诗体藏书家传"的这一种著述体裁。③或如吴则虞在《续藏书纪事诗》中所称颂的："诗纪藏书垂范型，童乌无命受《玄经》。"④

自《藏书纪事诗》问世之后，中国古代藏书家的史实和史料颇为学人所关注。在 20 世纪 20 年代末至 30 年代中期，一度形成研究热潮，但随着日寇全面侵华

① 谢灼华.私藏的功绩——中国封建社会藏书制度的历史特点之二［J］.图书情报知识，1984（4）：25–29.

② 陈曙.中外私家藏书之比较［J］.江西图书馆学刊，1992（4）：67–69.

③ 徐雁.书林之掌故 藏家之诗史——论叶昌炽的《藏书纪事诗》// 谭卓垣，伦明等.清代藏书楼发展续补藏书纪事诗传［M］.沈阳：辽宁人民出版社，1988：446.

④ 吴则虞.续藏书纪事诗［M］.吴受琚，增补；俞震，曾敏，整理.北京：国家图书馆出版社，2016：265.

战火的弥漫而告消散。直到 20 世纪末期，中国藏书史及藏书文化史才又日渐为学者们所关注，并出现了若干集大成的学术著述成果。

一、叶昌炽《藏书纪事诗》

叶昌炽，字鞠裳、颂鲁，晚号缘督庐主人。原籍浙江绍兴，后入籍江苏长洲（今属苏州市），先后以"缘督庐""五百经幢馆""邠州石室"名其书房。《藏书纪事诗》的结撰，既得益于苏州悠久藏书文化史传统的影响，更离不开叶氏对古文献的钟情。

叶氏精于版本、目录、校勘之学，与江南一带藏书家交往密切。因此，其《藏书纪事诗》中所收录的 730 余位藏书家中，江苏藏书家多达 284 位。郑逸梅指出，"叶鞠裳的《藏书纪事诗》，既叙述了藏书家的生平及藏书的名目，且附以绝句，丝丝入扣，节短韵长，耐人玩索"[①]。胡道静也评说道："《藏书纪事诗》就十分逗人爱好。它把古今藏书家的珍闻逸事搜集在一起，对每人或每几个有关系的人合在一块，分别叙事，并各系以绝句一首，写得那么清新、亲切，这个创造，前无古人。无论在内容或体裁上，都铸造出了一种新的格局。"[②]

叶氏创立的《藏书纪事诗》，以自作七绝二十八言咏人怀事（或一人赋一诗，或多人合一诗），以辑录自正史、笔记、方志及官、私书目诸文献中的数百言诗注（间以"昌炽案"）记人纪事，实际上成为一部具有中国传统文体特质的"中国藏书家辞典"。全书共计收录起于五代末期，迄于晚清的藏书家 739 位。1991 年 5 月，知名学者、上海图书馆研究馆员潘景郑先生，在其位于上海西康路的"著砚楼"中评说道："纪事有诗，壹皆掇拾历史、地理、风土、人物，广搜博采，以补传记之不及，可备后人之参稽。征文考献，有足称者。例如清沈嘉辙之《南宋杂事诗》、汤运泰之《金源纪事诗》，开其先河。后有述者，未能出其藩篱。乃匠心别裁，得以上下千年汇藏书家于一编者，则唯乡先辈叶鞠裳先生（昌炽）之《藏书纪事诗》为创举焉……其阐章之功，更不可没。取补历代藏书史，足当文

[①] 周退密，宋路霞.上海近代藏书纪事诗·卷首.上海：华东师范大学出版社，1993.
[②] 同上。

献重著，是亦旷古之创作焉。"①

作为中国藏书史研究的开山之作，该书开创了"纪事诗体藏书家传"的体例，素有"书林之掌故，藏家之诗史"②之誉。其"领以绝句，缀以事迹，必要时殿以按语"的典范体式，吸引了后世学者，并有多部续作、仿作问世。

二、王謇《续补藏书纪事诗》

王謇，原名鼎，字佩净，号瓠庐，至而立之年，改名謇，字佩净，江苏吴县（今江苏苏州）人。先后入元和县学、江苏法政学堂求学，1915 年毕业于东吴大学文科。历任苏州、上海两地教职。其于 1928—1937 年，担任江苏省立苏州图书馆编目部主任。博学多才，著述甚勤。晚年于上海期间所撰《续补藏书纪事诗》（未定稿），传世 126 首，以一人赋一诗的形式，收录藏书家 126 人（附录 8 人），共计 134 人。1987 年，李希泌先生予以点校，并由书目文献出版社出版。

王氏《续补藏书纪事诗》收录的藏书家，以江、浙、沪一带为主。"虽然此书篇幅不大，但由于所记多为近现代藏书中心地区的藏书家，且书中保留了大量为他书所未见的第一手资料，故颇为人看重。"③陈君隐在《王謇藏书纪事诗》中，也有绝句感慨说："澥粟主人何太痴？长将结发市书皮。到头赢得名无传，半部他人纪事诗！"④

三、伦明《辛亥以来藏书纪事诗》

伦明，字哲如，广东东莞人。所撰《辛亥以来藏书纪事诗》，存世七言绝句 155 首，收录藏书家 150 人（附录 28 人），计有 178 人。其中夸赞叶氏道："买书难遇盲书贾，管教仍然老教官。芸香浓处多吾辈，广觅同心叙古欢。"⑤在 1935 年所撰自序中，伦氏自述，叶氏其书"自四卷以下皆清人，七卷附录中，有清人十一，都

① 周退密，宋路霞.上海近代藏书纪事诗·卷首.上海：华东师范大学出版社，1993.
② 徐雁.书林之掌故 藏家之诗史——论叶昌炽《藏书纪事诗》[M]//谭卓垣，伦明.清代藏书楼发展史.续补藏书纪事诗传.徐雁，谭华军，整理.沈阳：辽宁人民出版社，1988：446-456.
③ 江庆柏.王謇《续补藏书纪事诗》考说 [J].古籍研究，2002（1）：31-35+114.
④ 谭卓垣，伦明.清代藏书楼发展史.续补藏书纪事诗传 [M].徐雁，谭华军，整理.沈阳：辽宁人民出版社，1988：131.
⑤ 伦明.辛亥以来藏书纪事诗 [M].雷梦水，校补.上海：上海古籍出版社，1990：1.

三百二十九人。余读而少之，为益数十人。辑录初就，尚待润色。例依叶书……与叶书异者，叶书但纪私家，此则凡属于书者，无所不纪，所重在书之聚散。书之聚散，公私无别，且今后藏书之事，将属于公而不属于私，今已萌兆之矣"①。

伦氏《辛亥以来藏书纪事诗》的主要特点，大抵以作者自己在清末民初与藏书家及旧书贾间交往的书林掌故为依据，记述了起于辛亥年（1911 年），迄于 20 世纪 30 年代前期的书人书事，正好补续了叶氏定稿《藏书纪事诗》以后廿余年间，我国私人藏书及古旧书业起承转合的资料。

四、吴则虞《续藏书纪事诗》

吴则虞，字蒲顺，安徽泾县茂林人。所撰《续藏书纪事诗》中，有关四川藏书家部分曾经刊登于《四川图书馆学报》1979 年第 4 期。全部书稿则延至 2016 年 8 月，才由国家图书馆出版社正式出版。凡十二卷，分装上、下两册，共收录藏书家 424 位（包括 5 位外籍藏书家）、藏书纪事诗 283 首，多为晚清至近现代以来的藏书家。

苏州大学文学院周生杰教授在《吴则虞与〈续藏书纪事诗〉》一文中说："2015 年 11 月，赖好友相助，笔者获得《续藏书纪事诗》部分书稿，该书后有吴则虞先生跋……跋语撰于 1964 年，而'稿成十五载'，故该书撰成当在 1949 年。"又据《续藏书纪事诗》卷七《叶昌炽（鞠裳）》诗注中"则虞案"："鞠裳为《藏书纪事诗》写订之年为四十三，余《续诗》脱稿适亦同岁。"周先生认为，"稿成"当指 1949 年初稿之成，而"脱稿"则指 1956 年作者润色全书文字之后成稿。而尚有证据显示，"1956 年之后，作者仍然有对文稿作润色修改"②。

五、徐绍棨《广东藏书纪事诗》

徐绍棨，字信符，祖籍浙江钱塘（今杭州），生于广东番禺，效仿叶氏《藏

---

① 伦明. 辛亥以来藏书纪事诗［M］. 雷梦水，校补. 上海：上海古籍出版社，1990：1—2.
② 周生杰. 吴则虞与《续藏书纪事诗》［EB/OL］.（2018—07—31）［2016—12—05］http://mp.weixin.qq.com/s?__biz=MzI5NDQ2MTA4Mw==&mid=2247483876&idx=1&sn=8744bd89ef08bdb35ad118a205de5374&chksm=ec63ca10db144306ba0eb3f7348ea479f336516ad80af9752fab6f60172e5-74546094a95d1df&mpshare=1&scene=1&srcid=0209UbqkXj4pADaDZGI3YzMz#rd.

书纪事诗》，撰成《广东藏书纪事诗》，曾以《广东藏书纪事诗稿》之题，刊载于广州《广大学报》（1949 年复刊第 1 卷第 1 期，1949 年 3 月 3 日）。1963 年，由其子徐汤殷整理增补后，在香港商务印书馆影印出版。1975 年，台北文海出版社将《广东藏书纪事诗》纳入《近代中国史料丛刊续辑》之一再版。1988 年，辽宁人民出版社编辑出版了《清代藏书楼发展史·续补藏书纪事诗传》，也将《广东藏书纪事诗》全部散录其中。

徐氏《广东藏书纪事诗》，共计收录 54 位广东籍藏书家及其藏书处。与前文所介绍的四种"藏书纪事诗"不同的是，撰者以"藏书家 + 藏书处"的格式作为标题，突出标示了所录藏书家的藏书处所名称。

六、周退密、宋路霞《上海近代藏书纪事诗》

《上海近代藏书纪事诗》由周退密赋诗，宋路霞纪事，华东师范大学出版社于 1993 年 4 月出版。周退密先生为上海文史研究馆馆员，宋路霞女士为华东师范大学图书馆馆员，两人联合，以纪事诗体为上海 60 位近现代藏书家立传。该书"基本囊括了近代一百年来出生或寄居于上海一地的主要藏书家，但还有遗漏……该书又是对上海这个中国近代最大出版中心、古籍聚散中心的私家藏书活动所作最详细最系统的调查总结"[①]。

七、蔡贵华《扬州近代藏书纪事诗》

蔡贵华以"茨艾"笔名所撰《扬州近代藏书纪事诗》，首刊于《扬州史志》1989 年第 2 期，又刊于《扬州文学》1999 年第 6 期。两个版本所收录的纪事诗、藏书家数量未变，一共是 15 首纪事诗、29 位藏书家。其中，有 9 首纪事诗是对扬州九个藏书世家的记载，涉及有关家族中的多位藏书家。

相较《扬州史志》版文章，《扬州文学》版的不同之处在于：（1）纪事诗排序不同。《扬州文学》版整体上藏书世家在前、个人在后，之后又大致按照藏书家出生年代的先后进行排序。（2）纪事诗内容略有更新。青溪书屋刘氏、城南草堂陈氏、石研斋秦氏、翁长森、李盛铎等五首纪事诗，都有部分文字的修订和

---

① 范凤书 . 私家藏书风景［M］. 石家庄：河北教育出版社，2007：48.

润色。（3）小传内容有新的资料增补。《扬州文学》版在小传内容方面叙述更为详细，尤其是对各藏书家生卒年、字或号等身份信息的补充。

蔡贵华出生于维扬世家，早年毕业于南开大学，晚年执教于扬州旅游商贸学校。因倾慕傅增湘先生《藏园群书题记》而以"绍湘斋"自名藏书室，颇富藏书，多有珍本。自撰自印有《绍湘斋诗词》，编撰有《中国文献学资料通检》（中国文史出版社 2011 年版）。据周生杰教授介绍，"1987 年，《上海近代藏书纪事诗》已经定稿，胡道静先生为之撰序，率先刊出，扬州学者蔡贵华看到后，触动很大，于是搜辑资料，撰写《扬州近代藏书纪事诗》，收录传主 15 家，对近代扬州藏书世家、藏书变迁及藏书流传等，都作了有益的探索"①。

第三节　历代藏书家的收藏旨趣

有关藏书家的流派，明清以来的学者曾发表过多种区分意见，并有过一番商榷和讨论。

胡应麟在《少室山房笔丛》卷四《经籍会通》中提出："画家有'赏鉴'，有'好事'，藏书亦有二家：列架连窗，牙标锦轴，务为观美，触手如新，'好事家'类也；枕席经史，沈湎青缃，却扫闭关，蠹鱼岁月，'赏鉴家'类也。至收罗宋刻，一卷数金，列于图绘者，雅尚可耳，岂所谓'藏书'哉？"②显然，胡氏推崇的是那种聚儒家经典而能读之的"赏鉴家"，鄙薄的是唯以所藏琳琅示人却不开卷一读的"好事家"，尤其是当时那种把巨资所购宋版书当古玩以骄人的附庸风雅者。

洪亮吉在《北江诗话》卷三中，将清代藏书家分为考订家、校雠家、收藏家、赏鉴家和掠贩家五类，并以其"乾嘉学派"的学术价值观为标准"分等"云："藏书家有数等：得一书必推求本原，是正缺失，是谓'考订家'，如钱少詹（大昕）、戴吉士（震）诸人是也；次则辨其版片，注其错讹，是谓'校雠家'，如卢学士（文弨）、翁阁学（方纲）诸人是也；次则搜采异本，上则补石室

① 周生杰.百年来藏书纪事诗研究综述［J］.石家庄学院学报，2017（2）：93–99.
② 胡应麟.少室山房笔丛［M］.上海：上海书店出版社，2001：46.

金匮之遗亡，下可备通人博士之浏览，是谓'收藏家'，如鄞县范氏之天一阁、钱塘吴氏之瓶花斋、昆山徐氏之传是楼诸家是也；次则第求精本，独嗜宋刻，作者之旨意纵未尽窥，而刻书之年月最所深悉，是谓'赏鉴家'，如吴门黄主事（丕烈）、乌镇鲍处士（廷博）诸人是也；又次则于旧家中落者贱售其所藏，富室嗜书者要求其善价，眼别真赝，心知古今，闽本、蜀本，一不得欺，宋椠、元椠，见而即识，是谓'掠贩家'，如吴门之钱景开、陶五柳、湖州之施汉英诸书估是也。"这里所谓的"赏鉴家"，其实就是后世所谓精于古书鉴定的版本学专家。

叶德辉在《书林清话》卷九中说："洪亮吉《北江诗话》云'藏书家有数等'……亦约略言之。吾谓考订、校雠，是一是二，而可统名之'著述家'。若专以刻书为事，则当云'校勘家'。如顺、康朝钱谦益绛云楼、王文简（士祯）池北书库、朱彝尊曝书亭，皆著述家也。毛晋汲古阁，校勘家，亦收藏家也。钱曾述古堂、也是园，季沧苇（振宜），赏鉴家也。毛氏刻书风行天下而校勘不精，故不能于校雠分居一席，犹之何焯《义门读书记》，平生校书最多，亦止可云'赏鉴'，而于'考订''校雠'皆无取也……"①

缪荃孙在《古学汇刊序目》中，则直接把从事掠贩的书估剔出了藏书家的行列，认为真正的藏书家只可分为"赏鉴"和"收藏"两大类。

雷梦辰在《近代天津私人藏书述略》的引言中说，藏书家收藏书的目的不外有三种：一是"供自己或子女继承、研究"；二是"志在保存古籍"；三是"集藏古书以供珍玩"，但是要成为一名藏书家，亦绝非易事，不仅要经济宽裕，而且要有较高文化程度。所以说，既非一般富户所能及，又非寒士所能举。②

当代图书馆学家程焕文，则将藏书家的类别归纳为"学问之藏书家""收藏之藏书家"及"掠贩之藏书家"，并继而以其所持基于欧美公共图书馆理念的藏书价值观，区分历代藏书家为"开放"和"保守"两派③。

上述学者均是根据藏书家的藏书主旨及其藏书活动进行分类的。我们认为历来藏书家的收藏旨趣，大致可体现在如下五个方面：

---

① 叶德辉.书林清话［M］.北京：中华书局，2007：250–251.
② 雷梦辰.近代天津私人藏书述略［M］//雷梦辰.津门书肆记.天津：天津古籍出版社，2014：226.
③ 程焕文.关于私人藏书家的分类［J］.宁夏图书馆通讯，1985（4）：20–22.

一、求书聚书读书，著述立言传世

聚书而读，读而有所述作，是中国藏书文化史的优秀传统之一。正如胡应麟所说："'博恰必资记诵，记诵必藉诗书'，'夫书好而弗力，犹亡好也'，'书聚而弗读，犹亡聚也'，'书好而聚，聚而必散，势也……益愈见聚者之弗可亡读也'。"①胡氏字元瑞，号少室山人、石羊生，浙江兰溪县人。在文献学、史学、诗学、小说及戏剧学方面成就突出。酷嗜藏书，广涉书史，学问渊博，著有《诗数》《少室山房笔丛》及《少室山房集》等。

洪亮吉对于清代藏书家最为推崇的，是以钱大昕、戴震为代表的"考订家"，认为他们贵在"得一书必推求本原，正缺失"，实得古来藏书家之原旨和真趣。而在历代藏书家中，确实多有著书立说的学者。在叶昌炽及其后问世的各种"藏书纪事诗"及藏书家传里，作者们对于藏书家的著述书目，一般都十分重视，有关记载尤为详尽，试述数例如下：

梁章钜，字闳中，晚署退庵，福建长乐人，家有"黄楼"，藏书数万卷。出生于书香之家，毕生勤于著述。其著述内容涉及政论、丛谈、实录、考证、笔记和科学技术、文学艺术诸类②，主要有《制义丛话》《浪迹丛谈》《称谓录》《归田琐记》《退庵所藏金石书画题跋》《藤花吟馆诗钞》《退庵诗存》《楹联丛话》等。林则徐在《梁章钜墓志铭》中说，在他所知当世官员之中，"著撰之富，无出其右"。

屠寄，原名庚，字敬山，江苏武进人，精研元史，以毕生精力撰写《蒙兀儿史记》。自谓"余今年六十矣，再须六十年可成，然余固不期其成。家中雇一刻工，成一篇即刻一篇，死而后已"。伦明诗曰："日日先生住醉乡，生平不逐著书长。"③吴则虞《续藏书纪事诗》中也有屠寄诗传，按语云"民国后任国史馆总纂。著有《蒙兀儿史记》《黑龙江舆地图》《常州骈体文录》《洛阳伽蓝记注》等。余见其手校《孔子家语》及批点《唐文粹》多种"④。

吴梅，字瞿安，号霜崖，江苏长洲（今江苏苏州）人，其藏书处称"百嘉室"，

① 胡应麟.少室山房笔丛［M］.上海：上海书店出版社，2001：52.
② 王长英，黄兆郸.福建藏书家传略［M］.福州：福建教育出版社，2007：65.
③ 伦明.辛亥以来藏书纪事诗［M］.雷梦水，校补.上海：上海古籍出版社，1990：30.
④ 吴则虞.续藏书纪事诗［M］.吴受琚，增补.俞震，曾敏整理.北京：国家图书馆出版社，2016：271.

所藏有关戏曲、曲谱的藏书颇富。王謇诗中称道云："曲海词山百嘉室。"著有《顾曲麈谈》《曲学通论》《中国戏曲概论》《元剧研究》《南北词谱》等。

钱基博，字子泉，号潜庐，江苏无锡人。伦明诗云："今文独有钱基博，不薄今人爱古人。中国近代文学史，春秋笔削自通神。"钱氏著述丰富，耗十余年精力著成《现代中国文学史》，并概括其撰写特色为"新旧学人之交替，风气之变迁，此书靡不脉络分明。"①

此种致力于考订古书、著书立说的藏书家，在中国藏书史上是不胜枚举的。

二、珍藏宋元旧椠，增长知识学问

明清以来藏书家的一个显著人文特色，是对宋、元版及名家抄、校本的珍赏与鉴定。或如徐秉义所说："学问不在多积书，然书可以备查考；书亦不必皆宋版，然宋版可以资校对。"徐氏，字彦和，号果亭，江苏昆山人。康熙十二年（1673年）进士。官至内阁学士兼礼部侍郎。公务余暇，"购求古书，或借稿本钞录"。编有《培林堂书目》三册。②

"得一奇书失一庄，团焦犹恋旧青箱。"明代藏书家王世贞在其太仓弇州园中，有"尔雅楼"专藏宋版古书，多至三千余卷。曾以一座庄园换取宋版《前汉书》及《后汉书》，以为镇楼之宝。其同好张应文过目鉴赏后惊叹道："墨光焕发，纸色坚韧，每本用澄心堂纸为副，尤为精绝"。③此事在歆动士林、为人乐道之余，也在客观上昭告了晚明藏书界有关宋版古书的价值。至于晚明，常熟汲古阁主人毛晋以"每叶四十钱"的价格出资收购旧抄本，更以"每叶二百钱"的高价出资收购宋椠本，激起了湖州书贾各显神通，在江南搜集宋元版古书及旧抄本的热情。据说，书舶大都云集到其家门口附近的码头。

经历1644年清兵南下之劫后，宋版古书在民间的流传愈发稀少，因此，古书名椠眼光独到及家财实力兼具的清代藏书家，不乏追求宋、元版古书及名字抄本者。而"第求精本，独嗜宋刻，作者之旨意纵未尽窥，而刻书之年月最所深悉"

---

① 伦明.辛亥以来藏书纪事诗［M］.雷梦水，校补.上海：上海古籍出版社，1990：82–83.
② 叶昌炽.藏书纪事诗［M］.王锷，伏亚鹏，点校.北京：北京燕山出版社，1999：321.
③ 叶昌炽.藏书纪事诗［M］.王锷，伏亚鹏，点校.北京：北京燕山出版社，1999：192.

的黄丕烈，则是其中杰出的代表。光绪十七年（1891 年），王颂蔚在《藏书纪事诗》序中说："宋、元旧椠，明代传世尚多，故钤山堂著录以数千部计。至明季变乱，而古刻始渐就散佚。以蒙叟、遵王两世之勤搜，宋刻不及百种。述古、延令书目均别出'宋板'，而汲古藏书，至以'宋本'二字钤卷耑，其珍贵可知矣。三百年来，凡大江南北以藏书名者，亡虑数十家，而既精且富，必以黄氏士礼居为巨擘。荛翁之书，有竹汀、涧薲为之考订，香岩、寿阶、仲鱼诸君为之通假，故自模刻以暨校钞，靡不精审。洪北江论藏书家次第，斥荛翁为'赏鉴家'，列传是、瓶花之次，非笃论也。"

黄丕烈，字绍武、绍甫，号荛圃，清代吴县（今江苏苏州）人。以"士礼居"命其藏书之所。平生热衷于宋版书收藏，并以"百宋一廛"命名其藏书处所之一，有藏书印曰"佞宋主人"及"宋廛一翁"等。叶昌炽诗云："得书图共祭书诗，但见咸宜绝妙词。翁不死时书不死，似魔似佞又如痴。"[1]

顾广圻，字千里，号涧薲，清代元和（今江苏苏州）藏书家。精于古书校雠，经其手所校者质量精湛，为后世学者所珍视。他与黄丕烈被并称为"黄跋顾校"。叶昌炽诗云："不校校书比校勤，几尘风叶扫缤纷。误书细勘原无误，安得陈编尽属君？""黄跋顾校"是清乾嘉时期私家藏书活动的重要成果标志，以"黄顾"二人为代表的藏书赏鉴和校勘活动为中心，可窥知当日江南藏书家和古旧书贾的活动情形。

顾千里从兄顾之逵，字抱冲，与黄丕烈、周锡瓒、袁廷梼时称"藏书四友"。其藏书处名为"小读书堆"，多藏宋、元本和明抄本，喜校勘。瞿中溶撰《挽顾抱冲茂才》诗云："宋刊元印与明钞，插架堆床娱心目……黄金散尽为收书，秘本时时出老屋。"[2]

潘宗周，字明训，广东南海人，有藏书室名"宝礼堂"。"宝礼堂"的命名源于其所得一部宋刊《礼记》，"从袁克文购得宋刊《礼记》，乃南渡后三山黄唐所刻，旧藏曲阜孔氏，海内传为孤本。潘氏适购新居，因颜其堂曰'宝礼'"[3]。潘氏喜

① 叶昌炽.藏书纪事诗［M］.王锷，伏亚鹏，点校.北京：北京燕山出版社，1999：461.
② 叶昌炽.藏书纪事诗［M］.王锷，伏亚鹏，点校.北京：北京燕山出版社，1999：461.
③ 徐信符.广东藏书纪事诗［M］//伦明等.辛亥以来藏书纪事诗（外二种）.杨琥点校.北京：北京燕山出版社，1999：308.

储宋椠编有《宝礼堂宋本书录》，对其所藏宋版书的版式、内容等，都有着详细的记录。

正因为有如此众多醉心赏鉴、爱书如命的藏书家，前仆后继地追求着宋元旧椠，才刺激了我国古旧书业的持续活跃。徐雁曾经指出："无论是淘书者，还是藏书家，这一以书林学海为安身立命之所的知识群体的长期存在，便是旧书业赖以存在的社会基础。"[①]

三、儒安经籍传家，科举人才继世

洪亮吉对于"搜采异本，上则补石室金匮之遗亡，下可备通人博士之浏览"的藏书家，提出了天一阁主人范钦、传是楼主人徐乾学及瓶花斋主人吴焯三位作为代表。

自汉初儒家文化占据正统思想地位以后，"《诗》《书》继世"及"耕读传家"，遂为我国民间文化传统之一。自隋唐建立科举制度以来，"学而优则仕"的观念更加深入人心。读书中举被视作读书人家子弟的正途出身，而集藏儒家经籍，也就成为教导子孙求取科举功名的重要方式之一。

北宋文学家黄庭坚有关藏书的诗句，"藏书万卷可教子，遗金满籝常作灾"（《题胡逸老致虚庵》）及"万卷藏书宜子弟，十年种木长风烟"（《郭明甫作西斋于颍尾请予赋诗二首其一》），对后世读书人家的影响甚大。因为他把藏书对家风家业传承的好坏两处，说得非常透彻，并具有强烈的对比性。完全可以相信，这一定是其在耳闻目睹了若干富贵人家家事之后所形成的强烈观感。

创建天一阁藏书楼的范钦，字尧卿，号东明，浙江鄞县人。嘉靖十一年（1532年）进士。官至兵部右侍郎，未赴任而去职还乡。归里后，于嘉靖四十年至四十五年（1561—1566年）间，在月湖西岸的老宅东侧建楼藏书，取"天一生水，地六成之"之义，名为"天一阁"。所藏对象，为当世各地方志及科举登科录为主。其所著述有《四明范氏书目》《烟霞小说》《拊掌录》《奏议》《草朝遗忠录》《明文臣爵谥》《古今谚》。早在清康熙十二年（1673年），黄宗羲在登阁观书后就曾感慨系之道："尝叹读书难，藏书尤难，藏之久而不散，则难之难矣。"如今，历经400余年的

---

① 徐雁.中国旧书业百年［M］.北京：科学出版社，2005：24.

历史沧桑，目前该阁早已成为中国最古老的藏书楼，是国家级文物保护单位。

徐乾学，字原一，号健庵，清康熙九年（1670 年）进士，授翰林院编修，官至刑部尚书。他晚年把建于昆山老宅之后的藏书楼命名为"传是"，即寓有欲以所藏典籍传诸子孙后代的强烈心愿。据汪琬在《传是楼记》中说："徐健庵尚书筑楼于所居之后，凡七楹。斸木为厨，贮书若干万卷。部居类汇，各以其次，素标缃帙，启钥灿然。与其子登斯楼而诏之曰：'吾何以传女曹哉？'因指书而欣然笑曰：'所传者惟是矣！'遂名其楼为'传是'。"编有《传是楼宋元本书目》。同治《苏州府志》称："传是楼藏书甲天下。"有联语云："教子有遗经，《诗》《书》《易》《春秋》《礼记》；传家无别业，解、会、状、榜眼、探花。"

瓶花斋主人吴焯，字尺凫，号绣谷，清钱塘（今杭州）人。家居荐桥街（今清泰街九曲巷口），聚书万卷，凡宋雕元椠与旧家善本，必搜求得藏而后已。仅南宋陈起所刊《江湖集》版本，就达 64 家、95 卷之多。精校勘，手自丹黄，每购一书，必兼数本，相互参比，如有考证心得，辄书诸卷首。仿晁公武、陈振孙书目体例，辑有《薰习录》（一作《绣谷亭薰习录》），是其专记所藏秘册、叙述原委、购读心得者，与《读书敏求记》颇为相似，但篇幅较小，仅经部 1 卷，集部 2 卷。又有《瓶花斋书目》，今已失传。其藏书印有"流传勿污损"及"性命以之"等。刻书 50 余种，达数千卷。撰述有《绣谷杂抄》《药园诗稿》《陆渚飞鸿集》《玲珑帘词》《经山游草》等。清乾隆三十八年（1773 年），诏开四库全书馆，采访天下遗书，其次子吴玉墀以家藏古书百余种进呈，后与鲍廷博"知不足斋"、汪宪"振绮堂"、孙宗濂"寿松斋"、汪启淑"飞鸿堂"，均获赐《佩文韵府》等书。

四、尊崇乡土文化，集藏乡邦文献

历来藏书家都非常热衷于乡邦文献的搜集。叶昌炽为江苏长洲人，其收藏特点是"以苏州先哲遗书为收藏重点，苏州人著作三百五十余部，占其收藏总数的三分之一强，其中明代文集又占半数以上"[①]。叶氏还计划把一部分地方先贤著作中的一部分整理之后出版，为此他还写了两首标题很长的诗，表达了自己的愿景。

---

① 王锷，伏亚鹏.《藏书纪事诗》前言 // 叶昌炽，撰. 藏书纪事诗［M］. 王锷，伏亚鹏，点校. 北京：北京燕山出版社，1999：1.

其题作《硕果堂中藏吴郡先贤撰述颇有人间未见本，拟仿"武林掌故丛编"之例集赀付刊，拈此以为喤引》。诗有两首，其一写道："学至荀扬始大纯，等闲敢说著书身。枣梨业待名山寿，桑梓情因故国亲……"①

邓显鹤，字子立，号湘皋，湖南新化人，藏书处有"听雨山房""南村草堂"及"古希濂堂"等。邓氏热衷于湖湘地方文献的搜集，曾国藩称其"于湖南文献搜讨尤勤。如饥渴之于食饮，如有大遣随其后，驱迫而为之者"②。其所辑明末周圣楷所作《楚宝》以及湖湘先贤诗文集《沅湘耆旧集》，"是二书者，岂非楚中文献之大观哉！"③此外，他还参与修纂并刊刻了《武冈州志》《宝庆府志》，著有《南村草堂文钞》《南村草堂诗钞》《易述》等。

徐绍棨，字信符，广东番禺人。家有"南州书楼"，藏书最盛时达到 600 多万卷，其藏书中以广东地方史志文献最为齐备。"南州书楼收藏的广东地方文献至少有上千种"④，"以粤东先哲著述或评述，无论是经史著籍，诗文丛集、刻本、钞本、稿本，以及粤省、府、州、县地方志，各省新旧通志皆博采广蒐。对明末清初义士的各种著作收藏最为丰富"⑤。

此外，如可园藏书主人陈作霖、艺见堂藏书主人缪荃孙、群碧楼藏书主人邓邦述、艺海楼藏书主人顾湘舟、湘素楼藏书主人丁祖荫等，皆是致力于乡邦文献的搜集和保存的藏书家。

五、精刊古书秘籍，留传芳名青史

张之洞曾作《劝刻书说》，倡言"欲求不朽者，莫如刊布古书，但刻书必须不惜重金，延聘通人，选择秘籍，详校精雕，其书终古不废，刻书之人终古不泯"，不仅总结和传播了古人贤者刻书成功的经验，也激励和指引了世人有力及好事者投资刊刻古书的行动。

历史上有很多藏书家热衷于刻书活动。王桂平在《清代江南藏书家刻书研

① 江庆柏.近代江苏藏书研究［M］.合肥：安徽文艺出版社，2000：213.
② 曾国藩.曾国藩全集·诗文［M］.长沙：岳麓书社，2011：324.
③ 姚莹.《南村草堂文钞》序［M］//邓显鹤.南村草堂文钞.长沙：岳麓书社，2008：1.
④ 倪俊明.徐信符与广东地方文献的搜集和整理［J］.岭南文史，2002（2）：47–52.
⑤ 高炳礼."南州书楼"聚散史述略［J］.图书馆论坛，2003（6）：249–252.

究》一书中，统计了清代江南地区从事刻书事业的藏书家，其中江苏地区清代藏书家共计 476 位，有刊刻书籍的多达 231 位。由此可见，刻书是藏书家非常重要的一项活动。北京大学教授肖东发先生指出："私人藏书家刻书具有非商业化的倾向，也就是说其刻书的目的不是为了钱，而是为了个人和家族的名誉。"①

常熟汲古阁主人毛晋，藏书多宋、元本古书。毛氏一生刊刻书籍众多，叶德辉称："明季藏书家，以常熟之毛晋汲古阁为最著。当时遍刻《十三经》《十七史》《津逮秘书》，唐、宋、元人别集，以至道藏、词曲，无不搜刻传之"。②其子毛褒、毛表、毛扆、毛绥万皆承其业。叶昌炽诗云："律论流通到罗什，家钱雕印过毌昭。只因玉蟹泉香冽，满架薪材煮石铫"。③

常熟藏书家中醉心刻书的，还有扫叶山房主人席鉴。叶昌炽诗云："酿花扫叶皆清课，坐拥寒毡对短檠"，并在按语中评说道："玉照藏书极富，所刻古今书籍，板心均有'扫叶山房'字"④。常熟理工学院教授曹培根认为，"席氏扫叶山房是自常熟毛晋汲古阁后民间书坊中经营时间最长、刻书数量最多、社会影响最大的私家刻书机构，为古籍的保存和文化的传播做出了重要的贡献"⑤。

被张之洞在《劝刻书说》中具名表彰的鲍廷博，字以文，号渌饮，祖籍安徽歙县。鲍氏有藏书楼名为"知不足斋"，藏书达十万余卷。他不仅自己勤勉于校勘之事，还延请了当世名家如卢文弨、顾广圻、钱大昕、李锐、朱文藻、吴翌凤、赵怀玉等人，为其校勘古书。如乾隆十年（1745 年），以"花韵轩"的名义刻《古今姓汇》；乾隆三十一年（1766 年），助严州知府赵起杲刻《聊斋志异》16 卷。更从乾隆四十一年（1776 年）到道光三年（1823 年），历经祖孙三代而刊刻成了《知不足斋丛书》30 集。

广东藏书家中从事刻书活动最显著的藏书家有南海伍崇曜和番禺潘仕成。南海伍崇曜邀请好友谭莹一起刊刻了广东地方历史文献《岭南遗书》和《粤雅堂丛

---

① 萧东发.私人藏书家的刻书活动及其贡献［M］//黄建国，高跃新.中国古代藏书楼研究.北京：中华书局，1999：61.

② 叶德辉.书林清话［M］.扬州：广陵书社.2007：134.

③ 叶昌炽.藏书纪事诗［M］.王锷，伏亚鹏，点校.北京：北京燕山出版社，1999：261.

④ 叶昌炽.藏书纪事诗［M］.王锷，伏亚鹏，点校.北京：北京燕山出版社，1999：356.

⑤ 曹培根.苏州传统藏书文化研究［M］.扬州：广陵书社，2017：329.

书》，为岭南书林之盛举。潘仕成建有藏书处"海山仙馆"，徐信符称其"海上神山仙子馆，墨庄文囿足风流"①。潘氏"鉴于当时清廷禁网松弛，依凭其富甲一方的家财、丰富的藏书等有利条件，把有资于身心学问的前贤遗篇，而坊肆间又缺之者，编成《海山仙馆丛书》，广为刊印"②。

需要说明的是，尽管综合起来作分析，历代藏书家的收藏旨趣可以有上述种种区分，但在一个具体藏书家的实际收藏活动中，它们往往是复合在一起的，体现出历代私家藏书文化内涵之丰富厚实。

第四节　有关中国藏书史主题的专题研讨会

自 1995 年秋以来，中国内地学术界召开过若干不同主题和不同侧重点的中国藏书史研究专题研讨会。择要介绍如下：

一、中国当代藏书活动研讨会

1995 年 9 月 8 日在北京琉璃厂中国书店开幕的"中国当代藏书活动研讨会"，是我国首次举办的以"藏书"为主题的全国性研讨会，由中国书店与江苏省出版总社《书与人》杂志共同主办，旨在为方兴未艾的当代民间藏书活动"定位"，强调"藏用结合"的原则。与会代表认为"藏书"是指人类为阅读、保存、鉴赏、研究和利用等目的而进行的收集、典藏图书的活动。当代藏书活动，存在"大众藏书"和"专家藏书"两个层次，社会对于"大众藏书"，应当持指导、扶植和推广的态度。藏书的对象，则从传统的古书旧版转向 1949 年以来的当代图书版本的收藏，已是不可逆转的趋势。

---

① 徐信符 . 广东藏书纪事诗［M］// 伦明，等 . 辛亥以来藏书纪事诗（外二种）. 杨琥，点校 . 北京：北京燕山出版社，1999：268.

② 侯月祥 . 潘仕成与广州刻版印刷［J］. 广州研究，1984（4）：39.

二、天一阁与中国藏书文化研讨会

1996 年 12 月 8 日在浙江省宁波市召开的"天一阁与中国藏书文化研讨会"，集中研讨了存世 430 周年的天一阁，以及浙东藏书史和中国藏书文化的有关课题。预先征集并公开出版的《天一阁论丛》（宁波出版社 1996 年版），集中体现了本次会议研讨的学术成果，共收录论文 41 篇，32 万字。研讨会从不同角度揭示了中国藏书史的文化内涵，并论证了"在亚洲，天一阁是现存图书馆中历史最悠久，连续发展并保持原貌原样，且具有独立实体的最古老的图书馆"，同时，它也是"世界上现存最古老的三个家族图书馆之一"。中国私家藏书研究专家范凤书先生提出，中国历史上可考的藏书家数量当在五六千人左右。当代藏书家田涛提出，历史上各界人士为保存中国典籍、形成藏书文化做过贡献的人，都应予以肯定。在会议之余，宁波出版社编辑还与有关代表一起探讨了组稿编撰《中国藏书通史》的可行性和必要性。

三、缪荃孙学术研讨会

1997 年 10 月 8 日在江苏省江阴市申港镇召开的全国"缪荃孙学术研讨会"，集中研讨了出生于该镇的著名学者、藏书家缪荃孙的藏书事迹和学术贡献。复旦大学中文系柳曾符通过自己的祖父柳诒徵及其所在家庭长辈们同缪氏的交往，为学术界提供了少为人知的掌故。田柳通过乡土文献的研究，总结了缪氏对家乡文化事业所做出的贡献。北京大学吴慰慈教授等十余位代表，也在会上从刻书、藏书、目录学、近代图书馆、高等教育等角度，总结研究了缪荃孙的生平建树和文化成就。与会代表还共同参加了"缪荃孙图书馆"和"缪荃孙纪念馆"的开馆仪式，并参观了两馆的展览。

四、中国古代藏书楼国际学术研讨会

1997 年 12 月 11 日至 13 日在杭州大学召开."中国古代藏书楼国际学术研讨会"，以中国古代藏书楼的历史与现状、藏书楼的特点以及中外比较、中国古代藏书与传统文化的关系等为会议主题。来新夏、谢灼华、王世伟、沙嘉孙、曹之、郑麦等，分别就中国藏书文化、私家藏书的种类、保护和修复上海有关藏书楼建筑、齐鲁藏书家、历代藏书家对古籍版本的贡献、古代书院藏书、辽宁望海堂藏书等，发表了自己的见解。专家们一致认为，浙江省有关部门在保护藏书楼遗存方面是全国做得最好的，它已经构成了浙江文化史中最堪珍视的部分之一。

五、皕宋楼暨江南藏书文化国际研讨会

2007 年 10 月 29 日至 30 日在湖州师范学院举行。"皕宋楼暨江南藏书文化国际研讨会"由湖州市人民政府与复旦大学联合主办，湖州师范学院与复旦大学图书馆承办。来自中国大陆和台湾地区，以及美国、日本、韩国的 90 余位代表出席，共征集到 66 篇学术论文。在会上，南开大学教授来新夏、复旦大学图书馆馆长葛剑雄、中国社会科学院教授王春瑜、浙江工商大学中日文化研究所所长王勇、南京大学教授徐雁、台湾大学教授潘美月及美国普林斯顿大学图书馆馆长马泰来等作了交流发言。

六、书香古里：2010 年首届阅读节暨晚清藏书文化主题研讨会

2010 年 4 月 21 日至 23 日，由中国写作学会阅读学专业委员会（习称中国阅读学研究会）与江苏常熟市古里镇政府联合主办。中国历史文化名城常熟是中国文献史上著名的"藏书之乡"，而该文脉的源头之一是"书香古里"，即清中叶由瞿氏"恬裕斋"及"铁琴铜剑楼"五世递藏的珍贵古书。为此，南京大学教授徐雁、常熟理工学院研究馆员曹培根等，就"书香古里"与"清末四大藏书楼"等作了主旨报告。

七、2011 华夏阅读论坛"黄跋顾校鲍刻"与中国古旧书文化研讨会

2011 年 6 月 12 日在杭州大华饭店举行。该论坛由西泠印社拍卖有限公司发起，并联合中国阅读学研究会、中国图书馆学会经典阅读推广专业委员会共同主办，旨在纪念黄丕烈诞辰 268 周年，并研讨、弘扬读书、藏书和著书的传统。在研讨会前一日，西泠印社 2011 年"春拍"中登场的黄丕烈校刻、题跋——归自海外的《国语》，黄丕烈批校、吴湖帆夫妇校藏并校跋的明汲古阁《梦窗词丙丁稿》，纪晓

岚批校《唐诗鼓吹十卷》等 3 部古籍，黄丕烈题跋、吴翌凤校跋的清抄本《文房四谱》，黄丕烈题跋的明抄本《画鉴》，以及曾在西泠印社 2010 年秋拍中以 800.80万元创造"批校本"拍卖历史纪录的顾广圻批校《战国策》在大华饭店进行了公展。与会专家就黄丕烈藏书、刻书题跋的考证与评价，黄丕烈与乾嘉学士的交往，图书馆古书馆藏资源、民间藏品与学术研究的互动，以及中国古旧书业的发展与回顾等多领域话题展开了有益的探讨。

八、文宗阁暨《四库全书》与镇江学术研讨会

2011 年 10 月，在江苏镇江文宗阁复建工程完成之际，由镇江市历史文化名城研究会和镇江市园林管理局联合举办了"文宗阁暨《四库全书》与镇江学术研讨会"，该研讨会共收到论文 20 余篇，涉及文宗阁的兴衰与复建文宗阁与《四库全书》的历史意义及其与镇江的人文渊薮等，后结集为《文宗阁暨〈四库全书〉与镇江学术研讨会论文集》（江苏大学出版社 2012 年版）一书出版。

第五节　中国藏书文化史的基本研究成果

当代学术界对于历代藏书家以及藏书文化的研讨热情，是以中华书局在 20世纪 80 年代初陆续出版的《江浙藏书家史略》《中国古代藏书与近代图书馆史料（春秋至五四前后）》及《古代藏书史话》为先声的。

《江浙藏书家史略》（中华书局 1981 年版）。由吴晗早年在清华大学求学时编撰发表的《两浙藏书家史略》和《江苏藏书家小史》两文合刊而成，全书共计收录江苏、浙江两地藏书家 900 余人。中华书局在此次合刊重排时，将所录藏书家按照人名的姓氏笔画顺序作了排列。

《中国古代藏书与近代图书馆史料（春秋至五四前后）》（中华书局 1982 年版）由北京图书馆资深馆员李希泌与张椒华合编。全书分为五章，依次为古代官私藏书、藏书楼的出现及其向近代图书馆过渡、近代图书馆的产生、近代图书馆的发展及关于图书馆史的研究。全书搜集并分部类汇编自汉代以来的藏书、目录

及近代图书馆史料，并附录有陈洙《上海格致书院藏书楼书目序》、黄维廉《约翰大学图书馆沿革》等6篇文章，凡42万余字。值得指出的是，由该书第五章《关于图书馆史的研究》所录吕绍虞、戴振辉、陈乐素、袁同礼、赵万里、陈垣等的17篇文章可知，在编者的学术观念里，有关中国图书馆史的研究，是一定要从古代中国的藏书史起始的。

至于许碃生先生编写的《古代藏书史话》，则是在1982年底列入中华书局"中国历史小丛书"的专业普及读物。

一、中国历史藏书的研讨成果概述（1980—1998）

自中华书局在20世纪80年代出版上述藏书文化史系列著作之后，当代学术界再度激起对于历代藏书文化研讨的热情，中国历史藏书的研讨活动渐入佳境，并不断出现新的学术研究成果。

1. 中国历史藏书领域论著纷呈

在中国藏书史的研究过程中，私人藏书是百年来学者们选题的重点所在。于是，历代藏书家题跋和书目集的编印、早期藏书史论著的订补再版、断代的和区域的藏书家研究受到关注、中国藏书家个体研究走向深入、藏书家辞典和综论性著作的出版，成为这个时期重要的学术表征。

（1）历代藏书家题跋及书目集的影印出版和重新排版

中国历史藏书研究在20世纪80年代初的复兴，首先体现在旧籍的重新刊布流传上。

1982年底，书目文献出版社出版了骆兆平编著的《天一阁藏明代地方志考录》，该书依据天一阁现存各旧书目录中明代地方志的情况作了初步的考查和著录。次年，中华书局出版了《藏园群书经眼录》。

1986年，华东师范大学出版社出版了周子美编集的《嘉业堂钞校本目录·天一阁藏书经见录》。前四卷，是周氏20年代后期在浙江南浔嘉业堂工作期间编制的该楼钞校本书目（接近于善本书目，近2000种）；后三卷，是罗振常在20世纪30年代编撰的天一阁流散到上海书肆中的书目（凡200余种）。次年，上海古籍出版社出版了瞿良士辑录的《铁琴铜剑楼藏书题跋集录》，该书辑录了380多种藏书题跋，成为研究清代吴中藏书家的重要文献集。1987年，北京大学出版社出版了该校图书馆张予范整理的《本樨轩藏书题记及书录》，将该校图书馆旧藏的本樨轩藏书主人李盛铎亲自撰写的173篇藏书题记及1464种书录汇编成书，是研究古书版本和藏书源流的重要参考书。

此外，单行本的书目题跋还有《直斋书录解题》（上海古籍出版社1987年版）、《士礼居藏书题跋记》（书目文献出版社1989年版）、《藏园群书题记》和《千顷堂书目》（上海古籍出版社1989、1990年版）、《郋园读书志》（台北明文书局1990年版）、《万卷精华楼藏书记》（黑龙江人民出版社1992年版）、《藏园订补郘亭知见传本书目》（中华书局1993年影印本）、《新编天一阁书目》（中华书局1996年版）等。

1987年10月，中华书局开始影印出版《清人书目题跋丛刊》，依次列入《皕宋楼藏书志·皕宋楼藏书续志》《仪顾堂题跋、续跋、善本书室藏书志》《铁琴铜剑楼藏书目录·楹书隅录·滂喜斋藏书记》《钱遵王读书敏求记校证·爱日精庐藏书志》《黄丕烈书目题跋·顾广圻书目题跋》《开卷有益斋读书志／续志·艺风藏书记／续记／再续记》《万卷精华楼藏书记》等著名藏书家藏书题跋和书目。

20世纪80年代后期至90年代前期，江苏广陵古籍刻印社陆续影印了一些历代藏书家的重要著述，如《钱遵王读书敏求记校证》《平津馆鉴藏书籍记》《文瑞楼藏书目录》等。其实，早在20世纪50年代后期，古典文学出版社就曾经重新排印过《澹生堂藏书约·藏书纪要》《吴兴藏书录》《武林藏书录》《流通古书约·古欢社约·藏书十约·藏书绝句》《皕宋楼藏书源流考》《书林清话》等藏书史名著，因受时政的强烈冲击而告中辍。发端于80年代初期的对历代藏书家题跋和书目集影印和新版的热潮，由于适逢其时，因而为90年代的研究热潮奠定了基础。

（2）《藏书纪事诗》及《中国藏书家考略》等藏书史论著得以订补再版

《藏书纪事诗》是中国藏书史研究的开山之作，该书从正史方志、笔记文集和目录藏书志中，辑录出大量同历史藏书活动有关的资料，集中展示了我国自印刷术普及应用以来直至清末的739位藏书家的藏书成就及其文化学术史贡献，从而使得对历史藏书的研究成为中国文化史的重要组成部分。它所开创的"纪事诗体藏书家传"的体式，素有"书林之掌故，藏家之诗史"之誉。1989年，上海古籍出版社重新排印原复旦大学中文系教授王欣夫补正本，凡50余万字，大32开精装，有四角号码索引，为迄今行世最善之本。

在叶氏《藏书纪事诗》问世以后，"纪事诗体藏书家传"的体式得到后来学者的重视。伦明撰有《辛亥以来藏书纪事诗》，发表于20世纪30年代前期的天津《正风》半月刊。凡录纪事诗130余首，传藏书家155人。上海古籍出版社于1990年重排出版了北京市中国书店雷梦水的校补本，凡10万余字。王謇所撰《续补藏书纪事诗》，书目文献出版社于1987年出版了北京图书馆李希泌的点注本，凡5万字。徐绍棨早在1949年就在《广大学报》上发表过《广东藏书纪事诗稿》，凡录诗61首，传录明代以来藏书家50余人，先后有香港商务印书馆1963年版、台北文海出版社1975年版。1993年，华东师范大学出版社出版了上海文史研究馆周退密、华东师大宋路霞合作编撰的《上海藏书纪事诗》，凡传录自清末丁日昌起至现代丁景唐为止的近现代上海藏书家60人。

1988年，辽宁人民出版社出版了谭华军点注、徐雁校补的《续补藏书纪事诗传》。该书汇集了王謇《续补藏书纪事诗》、伦明《辛亥以来藏书纪事诗》、徐绍棨《广东藏书纪事诗》全稿和吴则虞《续藏书纪事诗》8篇，经点校整理后，增补了传主生平资料和藏书史实，总传藏书家312人（其中同《藏书纪事诗》相交叉者仅10余人）。

由原岭南大学图书馆馆长谭卓垣撰写的《清代藏书楼发展史》，商务印书馆1935年英文版。该书共5章，在清代文化学术史的背景下，重视考察学术研究与藏书活动之间的关系，是早期一部较有见解的断代藏书史著述。该书经徐雁、谭华军译校后，以"译者注"的方式订正了若干讹误之处，1988年由辽宁人民出版社将之与《续补藏书纪事诗传》合刊问世。

《中国藏书家考略》是早期藏书史论著中的一部重要著作，由杨立诚和金步瀛于20世纪20年代后期任职于浙江省立图书馆期间合作完成。初名《中国藏书家小史》，系我国第一部系统总结历代藏书家事迹的人名辞典，共搜罗秦末以迄清季著名藏书家741人。1971年台北文海出版社影印出版，1978年台北新文丰出版公司再版。实际上，该书在收录上阙略讹误甚多，1929年浙江图书馆四库目略发行处初印本便附有凡111处的"勘误表"，后来金氏又续撰两文予以补正。

1987 年，上海古籍出版社出版了常熟俞鸿筹（运之）先生的校补本。俞本订正200 余处，增添 134 人，编辑出版时又订正数百处，附有索引，为如今通行的较善之本。但由于台北和上海古籍版未能参酌金氏早年发表在《浙江省立图书馆馆刊》的补正文章，故该书待校补之处尚多。

《中国历史藏书论著读本》（四川大学出版社 1990 年版）是由徐雁、王燕均主编完成的继《中国古代藏书与近代图书馆史料（春秋至五四前后）》之后的又一部重要史料集。全书 60 万字，荟萃古今学者的藏书论著中富有史料性和学术价值的文献并加整理而成。上卷收录有《中国历史藏书常识录》《麟台故事》《馆阁录》《馆阁续录》《秘书监志》，下卷则由《明清藏书楼秘约》《浙西藏书录两种》《吴中藏书录两种》组成。每种文献之首均置以"导读"文章一篇，每种文献之末则各缀有"参读"文献，汇集其主题思想和学术价值，以便读者步入中国藏书史的学术门径。

《中国历代图书著录文选》和《中国历代国家藏书机构及名家藏读叙传选》，均由袁咏秋、曾季光主编，于 1997 年由北京大学出版社出版。《中国历代图书著录文选》辑录了自秦汉到民国时期我国官录史志、书志以及历代图书著录名著论评。《中国历代国家藏书机构及名家藏读叙传选》共分为四编：中国历代国家藏书机构、中国古经籍与教化、中华文化古籍之源流故实、历代名家藏读叙传选，辑录与藏书机构、近代图书馆发展以及图书文化相关的史料。两书为国家教育委员会委托编写，"意在为高等学校图书档案专业师生提供博览历代藏书、治书渊源大略之资"[①]。

《藏书四记》，王余光主编，1998 年由湖北辞书出版社出版。该书辑录了宋代至清代学人关于藏书的文章，分为"宋代藏书记""金元藏书记""明代藏书记"及"清代藏书记"四辑。该书后附徐雁编撰的《中国历史藏书常识录》。

（3）断代的、区域的藏书家研究受到关注

《宋代藏书家考》，潘美月著，台北学海出版社 1980 年出版，博采近代以来袁同礼《宋代私家藏书概略》、项士元《浙江藏书家考略》、杨立诚与金步瀛《中国藏书家考略》等著述中有关宋代藏书家的传记资料，又博征史传郡志、文集笔

[①] 胡双宝.中国图书文化资证——《中国历代图书著录文选》《中国历代国家藏书机构及名家藏读叙传选》编审记［J］.中国图书馆学报，1999（1）：79–81.

记、杂著簿录等文献编成。并依五代入宋、北宋承平、南北宋之际、南宋中兴、南宋末期五个时期分段，共收录藏书家 126 人。分别叙述其生平仕履、藏书面貌、学术成绩等有关情况。该书引征丰富，考订审慎，时见新识，是宋代私家藏书研究较为系统的专著。但仍有阙略，可参用《文献》杂志 1988 年第 1 至 2 期刊方建新所辑《宋代私家藏书补录》，该文收录 160 人。

《明清藏书家印鉴》由上海辞书出版社林申清编集，上海书店出版社 1990 年出版。该书搜集自叶盛到袁克文之间的明清藏书家 100 人，选印其常用图章一枚至数十枚不等，并简介其姓名、字号、籍贯、藏书处名等。这是我国第一部集中保存我国藏书图章的书籍，20 世纪 90 年代后期出版了续编。

《近代藏书三十家》，苏精著，台北传记文学出版社 1983 年初版；中华书局 2009 年增订版。著者主要利用港台各大图书馆收藏的文献，介绍了卒于 1911 年以后的 30 位著名藏书家的家世生平、藏书聚散、收藏特点、校刊编印和著述情况，叙述翔实，见解独到，有重要的学术价值。书后索引甚便查检。增订本主要增入其所撰《周叔弢自庄严龛》一文，及有关藏书家的历史图片。

《浙江藏书家藏书楼》是我国第一部专门研究和叙述浙江地区私家藏书历史的专著，由浙江省社会科学院顾志兴先生著。该书以七章 23 万余字的篇幅，从江南文化史的背景上，分别探讨了从东汉王充开始的浙江藏书活动，并用专章讨论了浙江藏书家对中国文化学术史所做出的贡献。附录部分还对浙江书院藏书和道藏、佛藏情况作了叙述。考证精细，阐述充分，是一部具有相当高水平的区域藏书史著作，由浙江人民出版社于 1987 年出版。

《山东藏书家史略》由山东大学王绍曾、沙嘉孙先生合著，山东大学出版社 1992 年出版，凡 47 万余字。著作者鉴于吴晗为江、浙藏书家著书立传，乃大量搜集和利用历史文献，辑录了从先秦孔子始，到现代栾调甫为止的 559 人，并提出了"山东藏书家以人数而言，决不次于号称藏书渊薮的江浙"的观点。该书不惜篇幅，详细介绍藏书家的生平事迹、藏书成就、重要藏本和刊本的流传情况，篇末简注资料出处。本书著述严谨，资料丰富。书首王绍曾先生代序《山东藏书家概述》，长达数万字，是对山东地区私家藏书史所作的全面探讨。

《山西藏书家传略》由山西大学图书馆薛愈编著，山西古籍出版社 1996 年出版，凡 13 万余字。作者鉴于《中国藏书家考略》记录山西藏书家仅 32 人，远远不能反映出三晋藏书的历史面貌，于是从 1977 年开始，遍搜地方史志及有关文献，陆续得到 198 位藏书家资料。自南北朝北魏时人李业兴起，至民国年间刘有兰止。该书资料丰富，掌故生动，足资参考。

《常熟先哲藏书考略》由苏州大学图书馆瞿冕良（冠群）著。收录常熟一地自北宋郑时始至现当代 800 余年间的藏书家约 225 位，分别介绍其生平藏书事迹、藏书处所和文献成绩，尤其侧重著录其钞书、刻书和编书目录，是研究江南藏书史的珍贵著作，见于《中国历史藏书论著读本》一书之中。

《南京的书香》由南京大学徐雁、谭华军合著，南京出版社 1996 年出版。该书凡 58 篇，对南京地区自六朝以来，尤其是从明代"金陵藏书四大家"以来的藏书史作了全面的概述，焦竑、黄虞稷、周亮工、袁枚、甘熙、邓邦述、卢前、王瀣、汪辟疆等著名藏书家均设有专篇叙述，还涉及刻书、访书、读书方面的史实。

《安徽藏书家传略》由天津图书馆刘尚恒及安徽大学图书馆郑玲合著，黄山书社 2013 年出版，凡 30 万字。书稿以清末安徽的行政区划为依据，搜集上自汉代下迄近代 524 位藏书家，取材丰富，叙述全面。第一章为《安徽私家藏书述略》，为本书导言。

（4）对中国藏书家个体所做的研究日益走向深入

对中国历史上的藏书家作深入的个体研究，是中国藏书史领域历久弥新的课题。对此，中国大陆和台湾地区的学者都投入了相当多的精力，并取得了一定的成果。

台湾学界除前述苏精所著的《近代藏书三十家》外，还出版有封思毅所著的《士礼居黄氏学》（台北商务印书馆 1978 年版）、何广炎所著的《陈振孙之生平及其著述研究》（台北文史哲出版社 1993 年版）、焦树安所著的《中国古代藏书史话》（台北商务印书馆 1994 年版）等。

1991 年 7 月，台北汉美图书公司开始出版列入其《图书馆学与资讯科学论文丛刊》第 2 辑中的一组 9 种研究中国著名藏书家的专著，分别为：李文琪的《焦竑其国史经籍志》、蔡佩玲的《范氏天一阁研究》、严倚帆的《祁承㸁及澹生堂藏书研究》、简秀娟的《钱谦益藏书研究》、汤绚的《清初藏书家钱曾研究》、蓝文钦的《铁琴铜剑楼藏书研究》、赵飞鹏的《观海堂藏书研究》、沈新民的《清丁丙及其善本书室藏书志研究》、张碧惠的《晚清藏书家缪荃孙研究》。这些著作涉及藏书家的生平成就、藏书特色、著述目录乃至其文化学术贡献，是 20 世纪 90 年代以来中国藏书史领域最为辉煌的集束性成果之一。

大陆学者在此方面结撰的学术专著有：骆兆平的《天一阁丛谈》（中华书局 1993 年版）、钱亚新的《浙东三祁藏书和学术研究》（江苏省图书馆学会 1981 年印行）、《海源阁研究资料》（山东友谊书社 1990 年版）、李性忠的《刘承干与嘉业堂》（文物出版社 1993 年版）、徐桢基的《潜园逸事：藏书家陆心源生平及其他》（上海三联书店 1996 年版）、杜迈之及张承宗合著《叶德辉评传》（岳麓书社 1986 年版），黄万机的《黎庶昌评传》及《莫友芝评传》（贵州人民出版社 1989 年版、1992 年版），徐有富的《郑樵评传》以及姚伯岳的《黄丕烈评传》（南京大学出版社 1998 年版）等。此外还有《铁琴铜剑楼研究文献集》（上海古籍出版社 1997 年版）《鲁迅藏书研究》（中国文联出版公司 1991 年版）等问世。

（5）藏书家辞典和综论性著作出版

20 世纪 80 年代末以来，我国南北方先后有三部收录古今藏书家事迹的人名辞典和一部著名藏书家的传记公开出版，而一部积学者 20 余年之力编著的《中国私家藏书史》也在 1998 年杀青。这些成果的取得，可以视作中国历史藏书研究日趋成熟的标志之一。

《中国藏书家辞典》由李玉安、陈传艺先生合编，湖北教育出版社 1989 年出版。该书以收录古今历史上确有事迹可考的藏书家为主，兼收在藏书事业上有所建树的人物 1149 人，近 30 万字。

《中国历代藏书家辞典》，江西省社会科学院图书馆王河先生主编，同济大学出版社 1991 年出版。该书收录历代藏书家 2747 人，共计 45 万字。

1991 年，陕西人民出版社出版了由梁战、郭群一先生编著的《历代藏书家辞典》，这是同类辞典中收录人数最多、征引资料最富的一部工具书，共载录古今藏书家以及有关的版本目录家、校勘家、刻书家、碑刻书画收藏家 3400 人，征用历代文献如正史方志、辞典期刊、藏书史料等 273 种。全书 48 万余字。

由郑伟章、李万健先生合著的《中国著名藏书家传略》，是一部严谨的学术性传记。作者选择了自北宋以来在中国藏书史上贡献卓著的近 60 名藏书家，撰写成 56 篇文字，系统全面地介绍其生平事迹、藏书源流、藏书特色和学术成就，弘扬了藏书家爱书、读书和用书的优秀品质和为社会精神产品的保存、积累和传播所做出的杰出贡献。该书于 1986 年由书目文献出版社出版。

郑伟章先生 1995 年于广东人民出版社出版的《书林丛考》，则是一部有关中国藏书刻书史的专题著作。该书分为"古文献丛考"和"《四库全书》献书人丛考"两大部分，其中内容涉及唐集贤院、郑氏二老阁、莫友芝、方功惠、鲍廷博、徐友兰、陶湘以及《四库全书》献呈藏本者的刻书、藏书事迹的考证，具有重要的学术价值。著者所编撰的叶昌炽"年谱"，则填补了学术的空白。郑先生另外还编著有上、中、下三册的《文献家通考（清—现代）》（中华书局 1999 年版），收录 1400 多位对中国文献事业做出贡献的人物。该书共计 130 万字。

2. 中国历史藏书的研究价值日益凸现，古代藏书楼建筑遗存待保护

除了我国学术界研讨中国历史藏书取得了斐然成绩外，各地政府部门对中国传统藏书楼建筑遗存的修复和保护工作，也取得了一定成效。如 1984 年浙江省有关部门再修杭州文澜阁，同年重修浙江海盐的西涧草堂和整修湖州南浔镇嘉业堂，1987 年江苏常熟完成对铁琴铜剑楼的修缮，1992 年山东聊城重建海源阁，1996 年浙江宁波纪念天一阁建阁 430 周年等。与此同时，各地一些藏书楼陆续被列为各级文物保护单位，如河北承德避暑山庄内的文津阁、浙江余姚梁弄镇的五桂楼、瑞安城关镇的玉海楼、宁波孝闻街的伏跗室、海宁硖石镇的衍芬草堂，以及嘉兴王店镇的曝书亭等。

在我国现存的藏书楼遗迹中，各级政府亟须加强保护的，还有位于江苏常熟市西南隅的南赵弄 10 号的明代藏书家赵琦美"脉望馆"故屋、浙江湖州市清代藏书家陆心源"皕宋楼"、福建福州市文儒大光里的陈衍藏书阁、天津市河北区民族路 40 号的梁启超"饮冰室"、山西长治市"上党藏书楼"等。而具有重要历史文化价值应予复建的，有辽代耶律倍的"望海堂"（今位于辽宁北镇县城西北医巫闾山巅）、明代藏书家焦竑的藏书楼（原位于江苏南京珠江路西端原焦状元巷，1994 年被拆迁）、清代藏书家李调元的"万卷藏书楼"（位于四川安县宝林乡，1799 年毁于火灾）、甘氏三代的"津逮楼"（原位于江苏南京城南南捕厅，1853

年毁于兵火）、"影山草堂"（位于贵州独山县北兔场，毁于1854年）等。因此，一个地区的藏书楼建筑，是所在地区经济发展和人文面貌的历史见证，保存和修复在当地素有影响的著名藏书楼，对于推动所在地区的文化旅游、乡土教育乃至经济建设的内在意义至为重大。

近20年来，由于各地方志编写工作受到重视，所以，自南朝以来江南地方志中注意零星著录当地藏书家事迹的做法，也被继承发扬。据考证，我国首先在方志中为藏书家单独设类、集中立传的，是清光绪十三年（1887年）刊行的《常昭合志》。这一做法，到《浙江省图书馆志》（中国书籍出版社1994年版）的编撰时，得到极大完善。该书编委会将公元3世纪以来的浙江历代私人藏书活动，作为该省近现代图书馆藏书事业的发端，因此，以《藏书楼》作为首编的内容，内分"综述""历代主要藏书楼"和"现存藏书楼"三章，源流分明，叙述完备，在该书卷首，还附印了若干著名藏书楼的照片，足可为类似的编制工作效法。

在此期间，历史学界和图书馆学的学术期刊，先后大量刊布过有关中国历史藏书研究的资料和论文，观点纷呈，足资参考。据有关学者统计，其数目当在1000篇以上。有的杂志还开辟了专门的栏目，如《江苏图书馆学报》的《古今书话》、湖南《图书馆》杂志的《书林清话》等等，以赞襄中国历史藏书的研究。因限于篇幅，对于这方面的成绩，难以一一提要综述。但不妨从宏观上略作总结，以供学者们参考。

二、中国藏书史研究专著成果综述（1999—2009）

自1999年以来，我国正式出版关于中国藏书史研究的著作总计有60余种。其中《中国藏书通史》与《中国藏书楼》为集大成之作。该阶段，藏书史研究开始向深化、细化的方向发展，断代藏书史及区域藏书史研究越来越多，最多的是关于藏书史的专题研究著作。

1. 综合性藏书史研究著作

这期间的藏书史研究成果，当以《中国藏书通史》（傅璇琮、谢灼华主编，宁波出版社2001年版）与《中国藏书楼》（任继愈主编，辽宁人民出版社2001年版）两部巨著的出版最为引人注目。

《中国藏书通史》的编撰源于 1996 年 12 月上旬在浙江宁波举办的"天一阁与中国藏书文化研讨会"，会上宁波出版社与参会的学者们商议，决定以群体合作的方式，编撰此书。经过数年的艰苦努力，这部 100 余万字的著作终于面世。全书设导言和先秦、秦汉、魏晋南北朝、隋唐五代、宋辽夏金元、明、清、二十世纪共八编，可谓藏书史领域的集大成之作。

《中国藏书楼》一书采用史、论、表的体式，分为上、中、下三编。上编为藏书论，按官府、私家、寺观、书院四大系统概论藏书楼的产生，藏书活动的兴衰、特点及其历史贡献，特别是对与藏书相关的刻书、书厄、目录学、版本学、借阅流通、藏书印章论述详细；中编以朝代分期，概述了各时代藏书楼的发展史，对重要藏书楼则细述 450 家；下编为《中国藏书大事年表》。

此外，重要的藏书史研究著作还有：

《文献家通考》（郑伟章著，中华书局 1999 年版），分上、中、下三册。郑伟章先生埋首 20 年，对自清至近代文献收藏家资料搜罗整理，共得 1500 人之多。特别是从许多存世的私家藏书目录里，挖掘出不少埋没多年的著名文献收藏家，如陈世溶、周达甫等人，学术意义重大。

《沧桑书城》（徐雁著，岳麓书社 1999 年版），该书是一部关于藏书家事迹和藏书史文献方面随笔札记的结集。分三个单元：第一单元收文 13 篇，论及私家藏书的封闭性，藏书家庭关系，书坊、书馆、书估、藏书室的命名，藏书楼的保护诸问题。第二单元收文 12 篇，介绍了南京明清及近代 12 位藏书家及其藏书楼。第三单元收文 23 篇，主要是一些藏书史专著、藏书家评传的评论札记，兼论古籍的保护技术、当代家庭藏书建设方向、当代中国藏书家排行榜以及近百年来中国历史藏书研究成果综述等。

《藏书与文化——古代私家藏书文化研究》（周少川著，北京师范大学出版社1999 年版），全书近 30 万言，共分六章，分别是绪论、古代私家藏书发展源流、古代私家藏书与社会历史环境、古代私家藏书的基本模式、古代私家藏书的文化意蕴以及古代私家藏书的文化成就。书后还附有藏书楼名一览表，收录 612 家738 个藏书楼名。书中还夹印有重要藏书楼、琉璃厂街景图像 6 幅。

《藏书故事》（余章瑞编著，北京出版社 2001 年版），该书作者自幼喜爱藏书，摘抄了不少古人藏书的诗文，记录了不少古代藏书家爱书、求书、抄书、读书的故事。因此本书即是在此基础上，以一位藏书家（少数是父子、兄弟、夫妻合一篇），一篇叙一事或数事，介绍藏书家的生年、主要经历或事迹，然后叙述藏书故事，或摘录其诗文、言论，或转述别人对他的评议。全书按藏书家生卒年的先后顺序排列，并在书后附索引。

《中国私家藏书史》（范凤书著，大象出版社 2001 年初版，武汉大学出版社 2013 年修订版）。该书绪论中简述了中国图书的产生和收藏，私家藏书的出现及藏书家的内涵和界定。全书依据书籍制作的演变和发展分为三编：第一编为书籍以手抄传写的私家藏书缓慢兴起时期（汉至唐五代）；第二编是书籍以雕版印刷与手抄并举的私家藏书兴盛发展时期（宋至清代）；第三编为书籍以机械排印为主的私家藏书鼎盛及转型时期（民国到现代）。每代各有概述，表列万卷藏书家，专题详述大藏书家和藏书世家。全书介绍收藏万卷以上藏书者 1560 人，专题详述著名大藏书家、藏书世家 270 个，著录私家藏书目录、书志、题跋 1346 种，记及捐赠受赐、水火战争损毁等 654 人，共 2485 人。最后又以总述和专题的形式论列了藏书家的功绩、特性与局限，与私家藏书有关的藏书楼、藏书章、藏书家的区域分布，藏书家群体剖析，私家藏书文献探考等。

《中国藏书文化》（桑良至著，中国财经出版社 2002 年版）。本书分八章论述，分别是"藏书家""藏书楼、藏书室""国家与团体藏书""私家藏书""社会文明与藏书""文化情结""专业功力"以及"修身与寄意"。书末附有关藏书文献 6 篇。

《藏书世家》（柳和城等著，上海人民出版社 2002 年版）。本书共计 14 篇，选自宋代清丰晁氏家族起，有明代冒氏家族、宁波范氏家族、绍兴祁氏家族、清代常熟瞿氏家族、苏州潘氏家族、海宁蒋氏家族、海盐张氏家族、建德周氏家族、庐江刘氏家族、江安傅氏家族，以及近代南浔刘氏家族、泾县胡氏家族、无锡丁氏家族等。

《趣谈中国藏书楼》（黄玉淑、于铁丘编著，百花文艺出版社 2003 年版），全书共分六章。依次为"两汉至魏晋南北朝的藏书事业""隋唐五代的藏书事业""宋代的藏书事业""明代的藏书事业""清代前期的藏书事业"及"从藏书楼走向图书馆——近代的藏书事业"。

《中国历代藏书史》（徐凌志主编，江西人民出版社 2004 年版）。该书为江西省社科院、省社联重点研究课题，也是江西省社会科学研究基金文库资助出版项目，是江西省社科院、省社联图书馆集体研究成果。该书共分八章，分别为"绪论""先秦两汉魏晋南北朝藏书""隋唐五代藏书""宋辽金时期藏书""元代藏书""明代藏书""清代藏书"和"民国藏书"。

《书楼寻踪》（韦力著，河北教育出版社 2004 年版）。本书作者费五年之力，出访数十次，行迹至浙江、江苏、湖南、广东、山东五省 21 市县，探访到 122 座藏书楼，一一拍摄留影，并介绍藏书楼主人的生平学术成就、藏书故实。

《中国藏书家通典》（李玉安、黄正雨著，中国国际文化出版社 2005 年版），共 1020 页，将近 110 万字。本通典收录历代藏书人物，包括在文献收集和整理领域有成绩的管理官员、目录学者、古典文献整理和出版成绩卓著者、藏书文化研究的著名学者等 2400 余人，连同参见条共 2541 条。收录人物上自先秦，下迄1949 年以前出生者。书中附图像 426 幅。其正文以朝代先后为序，每一朝代人物以生年先后排列，生卒年不详者，则列入大致相当之处。另外为了方便检索，正文前有以姓名拼音顺序排列的《中国藏书家索引》。在索引中，对部分未单独列为词条的传主，用加粗宋体表示，以示区别。对于少部分藏书家的常用别名或通用字、号，则在索引中一并列出，以便读者比照参考。对于历史记载有多种称谓或尚有争议的藏书家，该书则根据文献考证后，选择可信的一条，同时将其他名称也予以著录。

《私家藏书风景》（范凤书著，河北教育出版社 2007 年版），该书分为三部分：第一部分是 74 篇中国藏书史专著提要；第二部分是作者赴一些省市探访私家藏书楼的日记；第三部分是对中国私家藏书整体的或某一方面的思考和解析，还有包括对个别藏书家专题研究论文，计 23 篇，多已在报刊上发表过。

《书林丛考》（郑伟章著，岳麓书社 2008 年版）。该书分为两大部分，第一部分为"古文献及文献家丛考"。如《唐集贤院考》一文系统考证了这一机构之设立、职能、职官、地点和藏书、校书、编目等活动；关于慈溪郑氏、杭州鲍氏、常熟张氏、苏州潘氏、金山钱氏、贵州莫氏、巴陵方氏、绍兴徐氏兄弟、贵池刘氏、武进陶氏等，亦一一考证其藏书、刻书、校书、编目及其家族世系等史实，等等。

第二部分为"《四库全书总目》著录献书人丛考"，详细考证了《四库全书总目》著录之 90 位献书人，并一一为他们撰写了考据文章。

《藏书与读书》（徐雁著，国家图书馆出版社 2008 年版），该书立足于中国图书文化史的学术背景，探讨了我国图书馆古籍典藏保护、明清私家藏书楼规制和藏书资源利用等问题，评介了《书林清话》《藏书纪事诗》《文献家通考》等藏书专著的价值，叙述和礼赞了克乃文、王重民、刘国钧、李小缘等中外图书馆学家和前辈学人的事迹，并对中日典籍交流史的有关主题有所涉及。

2. 断代藏书史研究著作

《中国近代藏书文化》（李雪梅著，现代出版社 1999 年版）。全书共分五章：第一章论近代藏书文化产生的背景，第二章论近代藏书文化的形成和发展，第三章论近代藏书文化的构成，第四章论近代藏书风尚，第五章论近代书厄及典籍外流。作者于中国近代社会政治、经济上都有重大变革的大背景下来研究近代藏书文化演变发展的历史，对中国古代藏书的特点及其衰落，公共图书馆的兴起及其壮大，传统藏书由封闭性向公开、公用性的转变，近代著名藏书家、主要公共图书馆及私家藏书楼的地域分布及与藏书相关的编目、校雠、刻书、印刷、书坊、书肆诸方面都作了专节论述，给中国近代藏书文化梳理描绘出大致轮廓。

《明清著名藏书家·藏书印》（林申清编著，北京图书馆出版社 2000 年版）。收录明清时期著名藏书家的生平事迹及藏书印章，共计 56 人。林氏早在 1990 年便出版了一部《明清藏书家印鉴》，收录自明叶盛到近代袁克文止 500 多年之间 100 名藏书家印鉴，成为研究藏书家印鉴成果的中国第一部专集。到 1997 年又编辑出版了《中国藏书家印鉴》（上海书店 1997 年版），此书囊括古今，集录自宋代贾似道以来历代 300 位藏书家的印鉴 3800 余方，皆依该印原形摹影红色彩印，并对藏家作了简要介绍。

3. 区域藏书史研究著作

（1）江苏省

《苏州藏书史》（叶瑞宝、曹正元、金虹著，江苏古籍出版社 2001 年版）。该书为江苏省哲学社会科学"九五"规划课题。共分三章："苏州学校藏书""苏州寺观藏书"以及"苏州私家藏书"。

《书乡漫录》（曹培根著，河北教育出版社 2004 年版）。全书分为四部分：第一部分是"虞山书人"，论列了江南名室脉望馆、瞿氏铁琴铜剑楼、翁同龢藏书风貌、常熟诸小藏书家、曹氏菱花馆藏书以及常熟民国著述家；第二部分是"藏书盈邑"，论述了常熟藏书文化的特色，虞山派藏书家、藏书流脉、藏书开放思想与实践、常熟官府、书院与寺观藏书以及吴中藏书家；第三部分是"琴川书事"，分辨补正了《重修常昭合志·艺文志》《常熟市志》的讹误，评价了几种常熟藏书史料、书志以及对常熟藏书术语、藏书楼室的考录、书事札记等。第四部分是"学人书品"，分别是时蒨的文学年表、关于常熟的三位名人、关于常熟的五部新书刊以及关于《黄人集》的介绍。作者别著有《苏州传统藏书文化研究》（广陵书社 2017 年版），分为《苏州藏书概论》《苏州藏书世家》及《苏州藏书家传》三篇。

（2）浙江省

《书城琐记》（骆兆平著，上海古籍出版社 2000 年版）。共收文 40 篇，集中于对浙东藏书文化的研究。首先对宁波藏书与刻书情况作了概述，然后重点记述了浙东地区著名的藏书家和藏书楼，最后还广搜资料，为已出版之《宁波图书馆志》收录的宁波历代藏书家 103 家外又增加 51 家，并把宁波私家藏书史从宋代上溯至南北朝时期。

《浙江藏书史》（顾志兴著，杭州出版社 2006 年版）。该书收入"浙江文化研究工程成果文库"，共分七章，分别为"唐末五代以前浙江藏书事业概况""两宋浙江藏书事业的兴起""元代浙江藏书事业的缓慢发展""明代浙江藏书事业的繁荣""清代藏书事业的鼎盛""民国时期浙江传统私人藏书的余辉和公共图书馆的兴起"以及"浙江藏书家对中国文化作出的杰出贡献"。该书共 66.8 万字。作者早在 1987 年就出版了《浙江藏书家藏书楼》，此次又出版该书，可见用功之勤。

《智者之香：宁波藏书家藏书楼》（虞浩旭著，宁波出版社 2006 年版）。全书以时代划分，逐次具体详述宁波各代的大小藏书家、藏书楼。每一朝代又以一句话加以总述，依次是"宋代藏书之崛起""元代藏书之低落""明代藏书的复振""清代藏书的鼎盛"以及"民国藏书之发达"，最后总论"宁波的藏书精神"。

（3）安徽省

《徽州刻书与藏书》（刘尚恒著，广陵书社 2003 年版）。全书共分十章，先讲刻书，后讲藏书。各章分别是"徽州刻书藏书的背景""徽州刻书之起始与宋元刻书""明代徽州刻书""清代徽州刻书""徽州的刻工""徽州刻书的显著特点""宋元徽州藏书""明代徽州藏书""清代徽州藏书"以及"徽州藏书的特点及散佚"。书后附录有"徽州刻工刻书辑目""清代乾隆间徽州禁毁书考录"。

《徽州藏书文化》（薛贞芳著，安徽大学出版社 2007 年版）。该书为"安徽大学徽学研究中心学术丛书"之一，共分四章，分别是"徽州藏书文化形成的背景""徽州私家藏书的历程""徽州公藏之构成"以及"徽州藏书文化解读"。本书试图从藏书史和文化史的双重视角进行分析与探讨，在第三章中单列"徽州宗族藏书"一节，突出徽州藏书文化的主要特色，第四章则比较系统地阐释了徽州藏书绚丽多彩的文化内涵。

（4）山东省

《山东著名藏书家》（杜泽逊、程远芬著，山东文艺出版社 2004 年版）。该书是"齐鲁历史文化丛书"的一种，共选择了 16 位藏书家进行研究。

（5）福建省

《建阳刻书史》（方彦寿著，中国社会科学出版社 2003 年版）。该书按照历史顺序，介绍了自五代时期到清代福建建阳的刻书情况，最后对建阳刻书的历史贡献进行总结和评价。

《福建藏书家传略》（王长英、黄兆郸著，福建教育出版社 2007 年版）。该书分为上、下两卷，上卷为《福建知名藏书家传略》，下卷为《福建藏书四百家》。书中按朝代先后进行编排，记录了始于梁、陈间至近现代的 400 多位藏书家，全面介绍了福建藏书家的生平活动、学术思想、藏书事迹、藏书思想和成就，以及藏书数量、藏书楼、藏书章、藏书的传承与流散等情况。此外还介绍了他们在版本学、校勘学、目录学以及其著述等方面的成就与贡献。

《福建藏书楼》（尤小平著，海峡文艺出版社 2008 年版）。该书约 23 万字，层层递进，体系清晰。首先是"福建藏书概述"，其次按照朝代分别对宋、明、清、近代的私家藏书情况和一些著名藏书家的生平事迹作了叙述。

《福建历代私家藏书》（方宝川、方挺等著，国家图书馆出版社 2018 年版）。该书收录八闽之地藏书家多达 4803 位，其中隋、唐、五代间 8 人，宋代 107 人，元代 9 人，明代 104 人，清代 200 人，民国早期 55 人，集福建私家藏书研究成果之大成。

4. 既是断代研究又是区域研究或专题研究的藏书史著作

《明代的江南藏书：五府藏书家的藏书活动与藏书生活》（陈冠至著，台北花木兰文化出版社 2006 年版）。陈冠至先生把精力集中于江南六府，即苏、松、常、杭、嘉、湖，也即围绕着太湖沿岸的六个府。其中苏州府已做过硕士论文，因此这本书是对其余五府藏书所作的研究。全书共七章，分别是："绪论""江南五府的藏书家""江南五府藏书家的特质""江南五府藏书家的集团性分析""江南五府藏书家的藏书活动""江南五府藏书家的藏书生活"以及"结论"。书后附有五张表，分别是《江南五府藏书家知见表》《江南五府藏书家功名与仕途表》《江南五府藏书家家世与职业表》《江南五府藏书家地域分布状况表》及《江南五府地区藏书楼表》。

《明清宫廷藏书研究》（张升著，商务印书馆 2006 年版）。该书共分上、下两编，分别论述明清两朝宫廷藏书情况。每编各五章，主要围绕藏书的收集、编目、处所、使用和流散五个方面进行详尽的分析。"收集"关注的是宫廷藏书的主要来源及搜求方法；"编目"体现的是不同时期宫廷藏书的数量及整理成就；"处所"反映了宫廷藏书分布的普遍性；"使用"显示了宫廷藏书多方面的用途；"流散"突出宫廷藏书多舛的命运。该书的资料来源主要有三方面：其一为明清两朝宫廷藏书目录，如《文渊阁书目》《内阁藏书目录》《四库全书总目》《天禄琳琅书目》等；其二为档案，主要是清代书档旧目，包括《清宫物品点查报告》等；其三为明清文集、笔记等。

《清代江南藏书家刻书研究》（王桂平著，凤凰出版社 2008 年版）。全书共分六章，分别是"清代江南藏书家""清代江南藏书家的刻书""清代江南藏书家刻书的特点""清代江南藏书家刻书与文化""清代江南藏书家刻书的重要贡献"以及"清代江南藏书家刻书之流传"。书后附录有"清代江南藏书家刻书知见举目"。

《近代江苏藏书研究》（江庆柏著，安徽文艺出版社 2000 年版）。该书从比较全面的文化活动的角度来评价、介绍藏书家，力图把藏书活动与其他文化活动，如著书、印书、读书等结合起来，以便更系统地评价藏书活动在整个地区文化发展中的作用。全书共分九章，分别为"近代江苏藏书概说""近代南京地区藏书""近代镇江地区藏书""近代常州地区藏书""近代无锡地区藏书""近代苏州地区藏书""近代苏北地区藏书""近代江苏图书馆藏书"以及"端方与近代江苏藏书"。

《湖湘近现代文献家通考》（郑伟章、姜亚沙著，岳麓书社 2007 年版）。该书凡 25 万字，稽考评述了自"藏书万余卷"的晚明伍定相、著书近百种的清初王夫之，至"年方弱冠，即从坊肆游"的叶启勋、自称为"书淫"的叶启发之间，共计 80 位文献家的生平传略、文献活动、藏书菁华、藏书读书刻书处所、藏书印记、书目题跋、纂辑编刻书目，以及文献散佚、传承源流等史实，结构严谨，层次分明，甚便读者阅读和学者检索。

5. 专题研究著作

（1）关于藏书楼的专题研究著作

《历代名人与天一阁》（虞浩旭著，宁波出版社 2001 年版）。作者记述了 39 位名人学者或与范钦交往，或向天一阁赠书，或登阁查阅抄录，或为其编目撰记，或为其修缮保护，或对其探考研究，或慕名拜访参观，或向其取经学习的史实。

《风雨天一阁》（虞浩旭选编，香港天马图书有限公司 2003 年版）。本书选录 55 位学者研究记述天一阁藏书楼的记考文 53 篇、序跋文 14 篇，编成了一部研究天一阁藏书楼的基本文献资料集，因取作家余秋雨的一篇《风雨天一阁》文而作为书名。

《婵嫄福地天一阁》（虞浩旭著，漓江出版社 2004 年版）。本书分七章："建阁阅世四百载""藏书数第一家""世泽长期子孙贤""第一登临是太冲""书楼四库法天一""历劫仅余五分一""人民珍爱胜明珠"，逐一论述了"范氏天一阁的创建与地位""天一阁藏书的来源与特色""天一阁藏书的管理与保护""天一阁与历代名人之关系""天一阁对公私藏书的影响"，"承传四百载天一阁尚存"，"解放后建阁五十年书城始成规模"。该书详尽描绘了天一阁藏书楼自创建至今的发展全过程。该书 2011 年由宁波出版社再版。

《天一阁藏书史志》（骆兆平编纂，上海古籍出版社 2005 年版）。该书记述天一阁藏书楼和藏书活动的历史，除编者在调查研究基础上进行撰写外，重在录存有关文献。编者撰文在前，相关文献在后。该书分为书楼志、藏书志、碑帖志、书画志、人物志、艺文志，共六卷。记事时间自明嘉靖四十年（1561年）范钦归里后着手建造天一阁藏书楼起，至2000年12月，前后440年。

《沧桑天一阁》（张悦鸣编著，中国摄影出版社2005年版）。张悦鸣是一位摄影爱好者，与天一阁毗邻20余年，为其拍照几百张，加以精选并配以文字出版。本书全部采用铜版纸印刷，印制精美，翻阅起来令人赏心悦目。

《瞿氏铁琴铜剑楼研究》（曹培根著，苏州大学出版社2008年版）。该书共十五章，论述瞿氏铁琴铜剑楼在中国藏书史上的地位，铁琴铜剑楼藏书形成的背景，瞿氏五代楼主藏书事迹与读书成果，铁琴铜剑楼藏书目录、藏书精品、文物收藏、交往人物，铁琴铜剑楼建筑与现状，铁琴铜剑楼研究与大事纪要。

《琴剑流芳：铁琴铜剑楼纪念馆》（仲伟行编著，上海文化出版社2009年版）。该书共分五章，分别是"百年收藏——从创始到兴盛""百年呵护——从守业到传承""文物捐献——从秘藏到国宝""研究述评——从国内到国外""藏书文化——从宋元到现代"，并附有"铁琴铜剑楼主瞿氏世系谱"与"古里瞿氏（铁琴铜剑楼）平面示意图"。

《文澜阁与四库全书》（顾志兴著，杭州出版社2004年版）。本书为《西湖全书》之一。该书共分七章，分别是"建阁入库 库书入藏""稽古右文 编修四库""四库成书 浙人功巨""文澜库书 咸丰兵祸""三度补抄 库书得全""抗战爆发 书迁西南"以及"欣逢盛世 珍护库书"。

《皕宋楼藏书流布及宋元版追踪》（王绍仁著，吉林人民出版社2009年版）。该书为"浙江省文化工程项目"，分上、下两篇。上篇为"皕宋楼藏书流布"，下篇为"皕宋楼旧藏宋元版追踪"。该书第一次系统完整地搜集了关于皕宋楼藏书流布及宋元版追踪的专题资料，分析发现了陆心源的聚书过程存在明显的阶段性，认为守先阁藏书开放已经有了明显的西方公共图书馆的做法，首次提出浙江省公共图书馆事业的历史应该向前推进22年，并考证了陆心源捐国子监的书目清单，对浙江省藏书史料提供了可贵的补充。

（2）关于藏书家的专题研究著作

《藏书家陆心源》（徐桢基著，陕西人民教育出版社2007年版）。该书共分十章，分别是"一生概况""宦海沉浮""收藏业绩""学术成就""世系变迁""故旧好友""潜园始末""皕宋遗憾""事业有继"以及"他人评述"。本书作者徐桢基是陆心源的玄外孙，曾于1996年出版了《潜园遗事——藏书家陆心源生平及其他》（上海三联书店出版）一书，介绍陆心源的生平、收藏、著作、家庭和潜园等情况。十年之后，又增补材料出版此书，达到26万字，内容也更加详尽合理。

《陆心源及其〈皕宋楼藏书志〉史部宋刊本研究》（林淑玲著，台北花木兰文化出版社2005年版）。本书旨在探讨陆氏藏书精华所在，并以《皕宋楼藏书志》为主，探讨其史部宋刊本价值，观其藏书与著作精华，以明其在学术上之成就，内文撰述重点涵盖"陆心源之生平与重要事迹""陆心源之藏书""陆心源之著述"《皕宋楼藏书志》史部宋版本之探讨""陆心源之学术成就"等主题。本书综论陆氏一生，认为其处于我国藏书楼鼎盛时期，穷其毕生之力搜购、钻研古籍，不仅为古代典籍研究奉献心力，亦积极参与社会慈善工作，其藏书虽已流布域外，却对学术、文化、社会有深远之贡献。

《常熟翁氏藏书图录》（中国嘉德国际拍卖有限公司编，上海科学技术文献出版社2000年版）。常熟翁氏藏书多有孤本秘籍，但是却保存在美国。1999年下半年，翁家后人翁万戈先生同意将其珍藏于美国60年的80种中国古籍善本送回中国大陆，并委托中国嘉德国际拍卖公司全权代理其转让拍卖事宜。该书即为其80种藏书精品之书影，采用铜版纸印刷，非常精美。2000年4月，上海市政府出巨资整体购入常熟翁氏藏书，并入藏上海图书馆。

《鲍廷博〈知不足斋丛书〉之研究》（蔡裴雯著，台湾花木兰文化出版社2009年版）。《知不足斋丛书》为清代乾嘉时期藏书家鲍廷博所刊刻，汇集了其家藏珍钞旧刻以及时人著作等。本书作者对现存各个版本的《知不足斋丛书》的刊印过程以及版式、体例、子目、内容等进行了版本学上的分析，总结了其历史价值和影响。

《常熟翁氏文化世家》（曹培根著，广陵书社2009年版）。本书对常熟翁氏进行研究，分别从翁氏藏书世家、翁氏文学世家、翁氏书画世家、翁氏住宅文化、翁氏爱国世家五个角度展开。其中"翁氏藏书世家"一章从翁氏藏书世家的形成环境、藏书数量和质量、藏书来源、藏书特点、藏书思想、藏书印章和题跋几方面进行介绍。

《唐弢藏书》（于润琦编著，北京出版社 2005 年版）。唐弢藏书的质量非常之高，共计平装图书 23000 余册，线装书 2000 余册，600 余种外文图书（含日、法、英、俄），期刊 1888 种。其中毛口书 1300 余册，签名本 600 余册，初版本 1500 余册（1937 年前），珍稀本 600 余册。该书中所收的 200 种书都是唐弢藏书中现代文学典籍的善本，皆以书影加介绍的形式呈现给大家。

《唐弢藏书：签名本风景》（于润琦编著，中华书局 2006 年版）。唐弢藏书的一大特色，就是签名本很多。据不完全统计，他所藏签名本有近 600 种，涉及上百位知名作家。本书选择贴近藏书家以书传情与审美心境的新视角，于其有特色有签名题字的封面、扉页或版权页，据原书版样彩色印刷，使读者能够走进历史风貌的原生态情境，感悟收藏所带来的美丽和温馨。

（3）其他

《中国官府藏书》（何东红等编著，贵州人民出版社 2009 年版）。该书共分八章，分别是"发轫之初的商周官府藏书""成型定制的秦汉官府藏书""承前启后的魏晋南北朝官府藏书""飞速发展的隋唐五代官府藏书""灿烂夺目的宋辽金夏元官府藏书""繁荣昌盛的明代官府藏书""盛极转衰的清代官府藏书"和"转型变制的近代政府藏书"。

《中国私家藏书》（刘大军、李云等编著，贵州人民出版社 2009 年版）。该书分为上、下两册，上册为"先秦至明代"，下册为"清前期及近现代"，又分为上、下两编，上编是"清前期的私家藏书"，分九章："清前期私家藏书概述""江苏的私家藏书""浙江的私家藏书""福建的私家藏书""四川的私家藏书""南方其他省的私家藏书""山东的私家藏书""京津地区的私家藏书"以及"北方其他地区的私家藏书"。下编为"近现代的私家藏书"，共四章，分别是"近现代私家藏书概述""清末四大藏书楼""近代的南北私家藏书""现代的私家藏书"。

《中国书院藏书》（赵连稳编著，贵州人民出版社 2009 年版）。该书在首章"书院藏书概述"之后，分省记述书院藏书，计有甘肃省、陕西省、贵州省、四川省、云南省、河北省、山西省、辽宁省、河南省、湖南省、广东省、安徽省、江苏省、江西省、浙江省、福建省等 16 个行省，38 个书院。

《中国宗教藏书》（徐建华、陈林编著，贵州人民出版社 2009 年版）。该书共分"佛教藏书""道教藏书"与"基督教藏书"三大篇，共十章。"佛教藏书篇"各章为："佛教藏书的起源""手写大藏时期的佛教藏书""雕版大藏时期的佛教藏书""近现代佛教藏书"；"道教藏书篇"各章为："道教藏书的起源""雕版道藏之前的道教藏书""雕版道藏之后的道教藏书"；"基督教藏书篇"各章为："明末清初基督教藏书之肇发""鸦片战争前后基督教藏书之兴起"以及"20世纪上半叶基督教藏书之发展"。

《学人藏书聚散录》（马嘶著，清华大学出版社2010年版）。该书的关注点是学人藏书。学人与书有着不可分割的天然联系，学人藏书的聚与散，从一个角度反映了中国现代文化史、教育史、学术史的演变。作者根据学人藏书的目的，将他们分为学人藏书家、学者研究、文人著述和博览藏珍四种类型。最后一章为"学人失书余览"，将学人藏书毁失于战火者、"文革"中散失者、无奈自散者、生前身后捐赠者以及身后散佚者进行了钩稽整理。

《中国古代藏书管理》（李家驹著，花木兰文化出版社2005年版）和《南宋馆阁典籍考》（李建祥著，花木兰文化出版社2005年版），共同作为台湾"古典文献研究辑刊"初编第6册。前者对我国古代造纸工艺、书籍保护、典藏管理等进行考论；后者对南宋官府藏书制度，馆阁的建置、管理、藏书、校书、图籍散佚等进行研究。

6. 研究文集

《中国古代藏书楼研究》（黄建国、高跃新主编，中华书局1999年版）。该书为1997年12月12日在杭州大学历史系召开的"中国古代藏书楼国际学术研讨会"的会议论文结集出版，共收录论文35篇。

《常熟藏书家藏书楼研究》（蔡焜主编、曹培根编著，上海文化出版社2002年版）。本书是为准备"常熟藏书文化研讨会"而征集的论文集，收文14篇。对常熟著名藏书家赵用贤、赵琦美父子，毛晋家族，钱谦益家族，瞿氏家族，翁同龢家族，孙从添、陈揆、赵宗建、杨仪等的藏书活动、学术成就，都作了详尽的研究评述。

《中国藏书文化研究》（徐良雄主编，宁波出版社2003年版）。本书是宁波市"首届天一阁中国藏书文化节"中"中国藏书文化学术研讨会"论文集，共收论文 55 篇，其中有关藏书文化综合研究的 19 篇，有关天一阁专题研究的 16 篇，有关藏书楼个案研究的 20 篇。

《铁琴铜剑楼与中国藏书文化学术研讨会论文集》（铁琴铜剑楼纪念馆编，2008 年自印）。2009 年 5 月 21 日，在江苏常熟图书馆召开了"铁琴铜剑楼与中国藏书文化学术研讨会"。会议编辑了《铁琴铜剑楼与中国藏书文化学术研讨会论文集》，收录参会人员提交的 37 篇论文，作为专家学者交流之用。来自国内的 30 多位藏书文化研究专家和十多位中国现存藏书楼楼主出席了会议。

《江南藏书史话》（王绍仁主编，上海古籍出版社 2009 年版）。该书得以出版的缘由是：2007 年 10 月 29 日至 30 日，"皕宋楼暨江南藏书文化国际研讨会"在湖州师范学院召开。在此次研讨会的基础上，王绍仁按照皕宋楼暨江南藏书的历史评述和文献考证两个方面，选择了 52 篇论文，分六个专题编辑而成。六个专题分别是"皕宋楼藏书去国的原委""皕宋楼版本目录研究""皕宋楼与陆心源生平研究""中日书籍交流""江南藏书研究""湖州藏书研究"。

《藏书家》丛刊是以书代刊，由齐鲁书社于 1999 年 4 月创办，32 开本，顾廷龙题签。2005 年 2 月出版第 10 辑后停刊。2005 年 9 月，齐鲁书社出版了两卷珍藏版精装合订本。2006 年 11 月由北京藏书家韦力先生出资赞助而复刊，第 11 辑复刊号改为 16 开本，出版第 16 辑后停刊。

三、中国藏书史研究专著成果综述（2010—2019）

因学界对于藏书史研究的不断深入和细化以及出版市场的繁荣，2010 年以来此类相关著述的热度不减。此处意在整理相关研究性著作，从中窥探该领域 2010 年之后的研究进展。因而，以下几类著述不在本小节梳理范围之内：普及性读物、个人文集、论文集和会议集、再版著作，但增补版纳入。

1. 综合性藏书史研究著作

2017 年，两套大型多卷本——《中国阅读通史》（王余光主编，安徽教育出版社 2017 年版）和《中国图书馆史》（韩永进主编，国家图书馆出版社 2017 年版）的问世，受学界瞩目。虽不是专门的藏书史研究著作，但与本主题有直接关联。

首先是 2017 年由北京大学信息管理系王余光教授担任主编的十卷本《中国

阅读通史》，包括理论卷、先秦秦汉卷、魏晋南北朝卷、隋唐卷、辽西夏金元卷、明代卷、清代卷·上、清代卷·下、民国卷、图录卷，"是我国阅读史研究领域的第一部通史著作，构建了中国阅读史研究的基本理论框架"①。据王余光介绍，其所率领的团队"将中国阅读史的研究框架分解为八个问题：阅读史研究的基础；理论研究；文本变迁与阅读；社会环境与教育对阅读的影响；社会意识与宗教对阅读的影响；学术、知识体系与阅读；中国阅读传统；个人阅读史。每个分卷的内容均围绕这八个方面展开"②。尽管阅读史和藏书史的研究方向和体系各有侧重，但"阅读"和"藏书"有着天然密不可分的联系。各分卷中对于各时代藏书与阅读的关系、读物出版、阅读精神的诠释等内容实则也是藏书文化在各时代的体现。

同年，由时任国家图书馆馆长韩永进担任主编的《中国图书馆史》出版。该书是我国第一部图书馆通史，共有四卷，分别是古代藏书卷、近代图书馆卷、现当代图书馆卷、附录卷。其中古代藏书卷由王余光教授担任主编，按照历史顺序分为先秦两汉藏书、魏晋南北朝藏书、隋唐五代藏书、宋代藏书、辽金西夏和元代藏书、明代藏书和清代藏书展开叙述，是一部系统研究我国藏书史的著作。

另外，较重要的综合性藏书史著作还有吴则虞撰《续藏书纪事诗》（国家图书馆出版社2016年版）。该书由吴受琚增补、俞震和曾敏整理。此外，范凤书先生于2013年出版《中国著名藏书家与藏书楼》（大象出版社2013年版），作者一直以来致力于中国私家藏书史的研究，该书对中国历史上著名的藏书家和藏书楼进行介绍，共计藏书家1000名左右，述及藏书楼1000余座。作者认为对于藏书楼的研究是研究中国藏书史的重要课题，"藏书楼是文人学士、藏书家放置藏书的具体处所，又多是其读书勤学、著书立说之地，是藏书家的精神归宿，寄命殿堂，与其一生相处相随，对它的特别命名不仅表露出藏书家的一般情思，甚而透显出其心灵最深处埋藏着的不易看出的隐影"（《中国著名藏书家与藏书楼·前言》）。

白淑春编著《中国藏书家缀补录》（宁夏人民出版社2016年版），收集古代、近代的藏书家356人，共分为"正文"和"附录"两部分。据该书"凡例"所述，

---

① 熊静.《中国阅读通史》出版访谈录［J］.高校图书馆工作，2018（6）：64-68.

② 王余光."述往事，思来者"——《中国阅读通史》出版后记［J］.图书馆论坛，2018（8）：93-94.

"见知藏书家专著尚未收录者 210 人，谓之'缀'；专列'附录'为已收录者补充缺失资料 146 人，谓之'补'，故本书定名为《中国藏书家缀补录》"。

柴美丽著《中国古代藏书事业》（远方出版社 2016 年版），分为秦以前、秦、汉、魏晋南北朝、隋、唐、五代十国、元、明、清十个时期来介绍各时代的藏书事业。焦树安著《中国藏书史话》（中国国际广播出版社 2011 年版），介绍了我国藏书史的发展，内容包括中国古代藏书概论、中国古代藏书起源、秦代的藏书与焚书、汉代藏书制度的确立、魏晋南北朝藏书旋聚旋失、隋唐盛世藏书大增、宋元官私藏书发展空前、明清统一藏书规模恢宏、近代图书馆的出现等内容。该时期还有两部《中国古代图书史》：武汉大学曹之教授著《中国古代图书史》（武汉大学出版社 2015 年版），从古代图书编撰、出版、传播、收藏、编目、阅读、整理以及古代图书与生态文化八个方面进行论述；国家图书馆副馆长陈力著《中国古代图书史》（社会科学文献出版社 2017 年版）按照历史顺序分为八章，并附录《中国古代图书载体与形制的流变》。

2. 断代史藏书研究著作

该时期关于藏书史的断代研究成果较多，且研究不断专深，出现了较多断代的区域藏书史研究以及专题性研究。为突出研究的主题性，断代的区域藏书史研究归入区域藏书史研究中，断代的专题性研究归入相应专题中。因而，以下仅介绍断代的综合性藏书著作。

关于先秦至隋唐五代的有两种，均由南开大学历史学院陈德弟教授所著。《先秦至隋唐五代藏书家考略》（天津古籍出版社 2011 年版），依据时间先后顺序，系统考述先秦至隋唐五代藏书家 400 余人的生平事迹，对其藏书及活动做了详细的考述，并从不同角度进行言简意赅的评价或评论。《秦汉至五代官私藏书研究》（天津古籍出版社 2012 年版）分导论、正文、附录、引用和主要参考论著等部分，以我国古代的官、私藏书为主，展示了秦汉至五代藏书文化的形成、发展、繁复的历史过程，涉及这一特定历史时期官、私藏书活动的方方面面，诸如鸠集、典藏、整理、编目、流通和利用等环节。

关于宋代的研究有两种。一是台湾潘美月所著《宋代私家藏书史》（花木兰文化出版社 2011 年版）。该书为台湾"古典文献研究辑刊"第 12 编第 5 册。在内容上，以史为纲，以各时期的藏书家为纬，分为五代入宋时期、北宋时期、南北宋之际、南宋中兴时期、南宋末期五个时期，对各时期的藏书家进行考论。另一种为浙江大学古籍研究所方建新教授著《南宋藏书史》（人民出版社 2013 年版），该书按照官方藏书、私家藏书、寺观藏书、书院藏书四大体系，对南宋的藏书进行了较为全面的研究。该书作者曾参与傅璇琮、谢灼华主编的《中国藏书通史》宋元部分的章节撰写。

关于明代的研究有一种。由台湾徐媛婷著《藏书拼图——明代图书文化析论》（台湾花木兰文化出版社 2010 年版），该书为台湾"古典文献研究辑刊"第 11 编第 4 册，主要对明代的藏书发展与图书文化展开研究，内容包括明代藏书文化的渊源与发展、由盛转衰的公家藏书体系、蓬勃发展的私家藏书体系、特殊成就的藩府藏书体系、再度兴起的书院藏书体系、宣扬教义的寺观藏书体系、明代藏书文化的特色及其影响等七个方面。

关于清代的研究有两种，但均有着专题性质。一种是由中山大学王蕾所著《清代藏书思想研究》（广西师范大学出版社 2013 年版）。系统研究了清代传统藏书思想，包括收集思想、保藏思想、儒藏思想、开放流通思想，并对清代著名的藏书思想著述进行了评价，总结其历史特征和历史成就。另一种是由国家图书馆刘鹏所著《清代藏书史论稿》（知识产权出版社 2018 年版）。是关于清代藏书史及古籍文献的研究论著，试图提供一种以社会文化史为背景的书籍史研究方法。

3. 区域藏书史研究专著

区域藏书史的研究在该时期较多，涉及浙江、江苏、福建、安徽、山东、江西、云南、甘肃、湖南、澳门等地。除了部分区域专门的藏书史研究外，还有对区域藏书家、藏书楼、书院、刻书等的研究。

（1）浙江

有关浙江地区的藏书史研究著作较为丰富。关于浙江全省的有四种，一是由杭州图书馆编著、何槐昌主编的《浙江藏书家传略》（上海人民出版社 2012 年版），收录浙江各藏书家小传之外，还收录了其肖像、手绘以及印章，以全面体现藏书家的历史踪迹。二是嘉兴学院史宁、陈心蓉所著《浙江藏书世家研究》（浙江大学出版社 2016 年版），以地区为横线，以时代为纵线，对晋至民国浙江

50 余个藏书世家进行全面研究。三是嘉兴学院凌冬梅所著《浙江女性藏书》(浙江工商大学出版社 2015 年版),聚焦浙江女性藏书家群体,分为"浙江女性藏书的历史轨迹""浙江历代女性藏书之名家""浙江藏书活动的幕后女性""浙江藏书女性的文化成就"以及"浙江藏书女性传略"五个篇章,共介绍了 52 位在藏书活动中做出贡献的女性人物,其中藏书家 18 位,幕后女性 34 位。四是嘉兴学院陈心蓉、丁辉合著的《浙江进士藏书史》(黄山书社 2018 年版),对浙江历代进士藏书进行了梳理与挖掘。

反映浙江部分地区的有两种。一是冯晓霞所著《浙东藏书史》(浙江工商大学出版社 2013 年版),以各个历史时期为主线,立足浙江藏书史,系统地阐述了宁波、绍兴、台州、舟山等浙东地区自汉至民国的藏书事业发展历程。另一种是顾志兴所著《钱塘江藏书与刻书文化》(杭州出版社 2014 年版),对钱塘江两岸历史上的藏书和刻书活动进行了梳理和研究。

关于杭州的有一种。顾志兴所著《杭州藏书史》(中国社会科学出版社 2011 年版),该书分为五大章,前四章立足中国古代四大藏书体系,分别论述官府藏书、私人藏书、学校与寺院藏书以及佛寺道观藏书,各章在体例上依时代分次展开;第五章从总体上论述了杭州私人藏书特点及杭州藏书家对中国文化发展的贡献。作者本着"辨章学术,考镜源流"的史学研究观,立足杭州藏书史的同时,对大量史料进行考证,揭示出诸多文献细节。

关于嘉兴的有三种,均由嘉兴学院陈心蓉著。一是《嘉兴藏书史》(北京图书馆出版社 2010 年版)。该书分为五章,以时代为主线,分为"宋元兴起的嘉兴藏书""明代兴盛的嘉兴藏书""清代繁盛的嘉兴藏书""民国时期嘉兴藏书及其变革"和"嘉兴藏书家藏书之特点和贡献",全面梳理了发轫于宋代、兴盛于明代、繁盛于清代、延续至民国近千年的嘉兴藏书历史。二是《嘉兴刻书史》(黄山书社 2013 年版),重点对各个历史时期嘉兴私人刻书家及其刻书活动进行梳理,兼及官府、儒学、佛寺及其他刻书活动,考述各个历史时期嘉兴刻本、稿本、抄本等在海内外各大图书馆的流布,以及入选国家珍贵古籍的地方志的流布。三是《嘉兴历代进士藏书与刻书》(与丁辉合著,黄山书社 2014 年版),着力于北宋至清末嘉兴进士群体藏书与刻书,阐述了嘉兴历代进士所处的社会环境及文教背景，专题叙述了嘉兴历代进士中的藏书、刻书名家，以及科举世家的藏书、刻书活动及其刻本流布等。

关于台州的有一种。由台州学院图书馆张明君所著《台州藏书史》。全书正文共五章，另有绪论和结语两部分。全书将重心置于台州的私人藏书上，前三章按照时间主线分论各时期的台州私人藏书发展史，第四章讨论官府、书院、佛寺、道观等其他类型的藏书活动。值得一提的是，台州自古以来便和日本、朝鲜有着诸多交流。因而作者单列第五章，讨论了台州与日本、朝鲜半岛的书籍交流活动，将自隋唐而始的各时期书籍交流活动以及其中重要的藏书家、重要文献等进行详述，是该书的一大亮点。

关于宁波的有一种。虞浩旭、张爱妮著《甬藏书香：宁波藏书文化》（宁波出版社 2014 年版）分为两部分：一部分是《宁波藏书文化综述》，阐述了宁波藏书文化的发展脉络；另一部分是《宁波的藏书故事》，又分为四篇"薪火相传续书种""学人收藏兼一身""嗜书如痴有专藏""藏书名楼甲一方"，选取宁波历史上较具代表性的藏书家、藏书楼、藏书事迹以彰显宁波藏书文化的特质。

关于湖州的有一种。王增清、龚景兴、李学功著《苕水悠悠芸香远——湖州藏书文化研究》（杭州出版社 2010 年版）。全书分七章，外加导论一篇。导论部分主要是从宏观上对湖州藏书史做了介绍。第一至第四章是按照时代的顺序，对湖州私家藏书事业做全面的叙述。七章分别为"宋元及其以前的湖州私家藏书事业""明代的湖州私家藏书事业""清代的湖州私家藏书事业""民国时代的湖州私家藏书事业""官学、书院与寺观藏书""湖州刻书与贩书"以及"湖州藏书繁盛的原因、特征及其历史地位"。

关于衢州的有一种。刘国庆著《楮墨芸香——衢州纸韵》（商务印书馆 2017 年版），该书分为"造纸""著述""刻书""藏书"四章，展现了衢州的书文化。

（2）江苏

江苏地区的藏书史研究著作成果也较丰富。在全省范围内，有《书香江苏》丛书，该丛书为配合江苏省开展全民阅读活动而编写，共分 14 册，包括了南京、苏州、无锡、扬州等 13 个城市和一本全省综述。其中，由江苏省文物局编的《江苏阅读遗存》（南京出版社 2015 年版），分为"读书台、读书处""藏书楼、藏经阁""书局、书店""书院""近现代学校""近现代公共图书馆""文庙、府学""进士、状元府""文脉建筑""助学建筑——义庄、义学"十章，图文并茂地对各历史遗存进行了介绍。各城市分册已出版有《书香苏州》《书香徐州》《书香淮安》。各分册按照统一的编撰体例，分为"读书篇""著书篇""藏书篇""刻书篇""实践篇"，呈现各城市的书香文化。

另有断代的研究著作一种。王桂平著《明清江苏藏书家刻书成就和特征研究》（武汉大学出版社 2018 年版），以明清江苏藏书家的刻书作为切入点，对其刻书基本情况、刻书缘起、刻书目的、明清江苏藏书家刻书特点等展开研究，分析明清江苏藏书家刻书活动与时代政治、经济、文化等的关系及影响。

关于苏州的有一种。由常熟理工学院曹培根教授所著《苏州传统藏书文化研究》（广陵书社 2017 年版），是一部从多角度展现苏州藏书文化的研究著作。全书分为三篇：上篇"苏州藏书概论"，在章节上按专题形式展现出苏州藏书史的特色；中篇"苏州藏书世家"，对苏州史上 16 个藏书世家进行研究；下篇"苏州藏书家传"，对各类文献所载常熟、长洲、元和、昆山、太仓、吴江先秦至清末藏书家 839 人一一列传。

关于南京的有一种。由台湾辅仁大学陈冠至所著《明代南京私人藏书研究》（台湾学生书局 2014 年版），全书对明代南京藏书家进行了研究，包括藏书家数量的梳理、藏书故实的整理、藏书性质的归结、藏书社群的分析、藏书活动的通究等。

关于常熟的有一种。由常熟图书馆编著的《常熟藏书史》（江苏凤凰教育出版社 2015 年版），该书按先秦至隋唐五代、宋元、明代、清代、近现代及当代若干部分，记述了常熟的藏书历史，包括藏书家、藏书楼等。

关于镇江的有一种。徐苏著《京口书史》（江苏大学出版社 2016 年版），分为著书、藏书、刻书三个部分，讲述历代镇江名人著述、镇江历史藏书家和镇江刻书史相关内容。

关于扬州的有一种。朱军著《扬州书院和藏书家史话》（广陵书社 2012 年版）分为上、下两篇：上篇按照地域介绍扬州古代各书院藏书、读书、教书、讲书、校书、著书、刻书等活动；下篇介绍了扬州藏书史的发展，主要分"清代"和"近代"两个时期。

（3）福建

福建地区的藏书史研究著作共有五种。方宝川、方挺等著《福建历代私家藏书》（国家图书馆出版社 2018 年版），以福建历代私家藏书的发展历史为经，藏书家的藏书活动为纬，经纬交织。主要章节有"绪论""福建私家藏书之滥觞""宋代福建私家藏书的勃兴""元代福建私家藏书的沉寂""明代福建私家藏书的复兴与繁荣""清代福建私家藏书的鼎盛与式微""民国时期福建私家藏书的余波""余论（福建近现代图书馆的崛起）"八大部分，并附"福建历代藏书家、藏书章、藏书楼、藏书目一览表"。

有两种是关于福建刻书研究的，均由方彦寿著。一种是《福建刻书论稿》（花木兰文化出版社 2011 年版），该书为台湾"古典文献研究辑刊"第 12 编第 2 册，内容包括对福建书坊、刻本等的考述。另一为《朱熹学派与闽台书院刻书的传承与发展》，分为"朱熹学派刻书的传承与发展""闽台书院刻书的传承与发展""闽学著名学者著作版本考略"三辑，对朱熹学派与闽台两地之间密不可分的文化、教育和学术渊源进行阐述。

另有两种分别是关于泉州和莆阳地区的藏书研究。陈文革著《泉州藏书史》（吉林文史出版社 2012 年版）共六章，前四章分唐五代、宋元、明代、清代对各时期的刻书、官府藏书、书院藏书、寺院藏书以及私人藏书进行论述，第五章为"近代泉州各县各类型图书馆"，第六章为"地方文献之价值"。陈枚香编著的《莆阳书话：著书、刻书、藏书》（鹭江出版社 2015 年版），反映了唐五代至清代莆阳书文化的发展。全书分上、下两编：上编以时间为顺序，分别介绍唐五代、宋、元、明、清的著书、刻书、藏书概况；下篇介绍收入《四库全书总目》的莆人著作提要。

（4）安徽

安徽地区的藏书史研究著作，较受瞩目的是由徐学林所编八卷本《徽州刻书史长编》（安徽教育出版社 2014 年版）。该书收录了徽州府六邑和寄寓在外的徽州人在全国重要的出版城市刻书系名的刻主和出版机构近 2000 个，刻书品种逾万，以及他们整理的古籍（现大都存世，藏中外各大图书馆中）、徽人著述

30000 余种。在内容上，将徽州刻书相关史料按年代、姓氏分类排序，以刻书机构和刻主为单位立条目，先介绍简况，次列出著述、整理古籍，然后逐一列出版物刻印时间、地点、根据、藏处，对重点图书和高价值版本作提要，对重要的刻书家作重点介绍。

另有两种是以安徽藏书家为中心的著作。其一是天津图书馆研究馆员刘尚恒所撰《安徽藏书家传略》（黄山书社 2013 年版）。该书稿在 20 世纪 80 年代已基本定型，1998 年起在《图书馆工作》杂志上历经四年才连载面世。又经十余年，刘尚恒先生邀请安徽大学图书馆副研究馆员郑玲，一同对该书进行修订。全书共三大章，附录两种，30 万字。首章"安徽私家藏书传略"，全面叙述了安徽私家藏书的概况、特点以及散佚的情况；第二章"传略"以时代为经，地域为纬，分六个小节系统考证了从汉唐至近代安徽的私人藏书家；第三章"安徽私家藏书专论"，以专题形式，对安徽历史上一些影响较大的著名藏书家，如鲍廷博、倪模、萧穆、徐乃昌等进行深入研究和探讨。另一种为张健著《清代徽州藏书家与文化传播研究》（安徽师范大学出版社 2015 年版），以徽州地域藏书家和徽州寄籍藏书家为研究对象。全书共五章，包括徽州藏书的独特人文环境、徽州藏书家的贡献、徽州独特的藏书家、徽州藏书家对徽州文化的贡献、徽州藏书家传播徽州文化，后附"清代徽州藏书家小传"和"《四库全书》与徽州人著述"两部分。

（5）山东

山东地区的藏书史研究著作有两种。唐桂艳著《清代山东刻书史》（齐鲁书社 2016 年版），全三册，以清代山东刻书为研究对象，上溯宋元明，下及民国，对山东刻书史进行了较全面的梳理。作者以时间为序，逐府逐县考察，以官刻、家刻、坊刻三大刻书系统为主，旁及宗教机构、民间组织刻书。

王绍曾、沙嘉孙所著《山东藏书家史略》（齐鲁书社 2017 年版）。该书初版于 1992 年，由山东大学出版社出版。该版在初版的基础之上，修改了大量讹误，增加了不少新资料。全书采用史传形式，每人一传，所有资料均注明出处，按照先秦、两汉三国、两晋南北朝、隋唐五代、宋、金元、明、清、民国、现代的历史顺序进行编排，后附有相关藏书史料。编者在"编例"中自言："本书吸取《藏书纪事诗》优点，凡与藏书有关收书、读书、抄书、刻书、校书、著书，涉及古籍目录、版本、校勘、印刷等史料及其他书林掌故，均网罗无遗。"同时，该书还对藏书家的画像和藏书印进行了搜集，并附于书前。

（6）江西

江西地区的藏书史研究著作有两种。一种是九江学院图书馆馆员滑红彬所著《庐山藏书史》（江西人民出版社 2016 年版）。在该书以时间为线索，分为六朝、隋唐、宋元、明代、清代和近代几个时期，每个时期内又从寺院藏书、书院藏书和私家藏书三大部分进行介绍。另一种是毛静著《近代江西藏书三十家》（学苑出版社 2017 年版），是一部介绍、研究江西地区藏书家的著作。因受到台湾学者苏精所著《近代藏书三十家》的启发，与以往的研究者们偏重于爬梳文献不同，采取了史料和实地考察相互印证的方式，以藏书家的生平为线，逐步条缕其藏书的步调，同时还注重将藏书楼（处）的堂号、印鉴引入其中，更重视碑帖、古人日记的文献价值，为读者描画出一个藏书家和他的藏书相互影响、相互成就的过程。

（7）云南

云南地区的藏书史研究著作有一种。王水乔著《云南藏书文化研究》（云南人民出版社 2015 年版）。该书重点梳理云南历史上四大藏书系统，即官府藏书、寺院藏书、书院藏书和私家藏书，并从图书收藏、保存、研究、流传、散佚及文化视角开展研究。其中第八章为"云南藏书纪事诗"，作者将历代史料上记载云南藏书活动的诗作进行辑录和整理。

（8）甘肃

甘肃地区的藏书史研究著作有一种。陈建中主编《力学庐藏书史话》（甘肃科学技术出版社 2015 年版），围绕近代学者邵力子将其力学庐私人藏书赠予天水图书馆的历史事件，对这批藏书的来龙去脉以及天水图书馆的发展进行了叙述。主要内容有：西北文化宝藏、"和平老人"邵力子、捐书天水，建馆而公诸世、命运多舛、藏书历经流散、藏书种类及文献价值、今日的力学庐藏书等。

（9）湖南

湖南地区的藏书史研究著作有一种。寻霖、刘志盛著《湖南刻书史略》（岳麓书社 2013 年版），以历史为序，对湖南刻书的历史进行了系统梳理，每个时期，又按照不同的类型予以介绍。后附《湖南刻书年表》。据作者在前言中的介绍，"在撰写过程中，我们考虑到宋元明三代，湖南刻书不多，每种皆弥足珍贵，故于正文内尽量为之介绍。清代湖南刻书丰富，故仅分类择其要予以介绍。同时将前人很少论述的书院刻书、寺观刻书、善书刻书、方志刻书、家谱印书、刻工刻价等列为专章"。

（10）澳门

澳门地区的藏书史研究著作有一种。邓骏捷所著《澳门古籍藏书》（香港三联书店 2012 年版），介绍了包括澳门何东图书馆、澳门博物馆、澳门大学图书馆、宗教机构等澳门多个藏书机构的重要古籍，对各机构所藏古籍的来源、具体情况等进行介绍，最后一部分"古籍藏书与澳门社会文化"，论述古籍所反映的澳门历史面貌和中西交融的人文底蕴。

4. 藏书家研究

以藏书家的生平为中心的研究，如评传、年谱等，这一类著作往往对藏书家的生平各阶段、各类活动进行整体研究。

张金平著《南朝学者任昉研究》（中国社会科学出版社 2015 年版），从六个方面对南朝学者、藏书家任昉进行了研究，包括任昉的生平和履历、与任昉相关人物考析、任昉笔体作品的卓越成就、任昉的诗作、任昉在文献学上的贡献。其中"任昉在文献学上的贡献"又从书籍典藏、目录学、书籍校雠、丛书编纂等四个方面进行论述。

张明华、房厚信著《王铚王明清家族研究》（黄山书社 2014 年版），对南宋王铚、王明清藏书世家进行研究，从家世行迹考、交游考、藏书与著述考、史学成就、文学成就等几部分展开研究。

焦桂美著《孙星衍研究》（上海古籍出版社 2017 年版），对清代藏书家孙星衍进行了较为全面的研究，包括孙星衍的生平、交游及著述、代表作《尚书今古文注疏》、小学成就、藏书与刻书、目录与版本之学、金石学成就、方志学特色及成就、诸子学成就、诗歌创作、骈文成就，最后总结了孙星衍作为典型乾嘉学派的五大特色，文后附孙星衍著述目录、刻书目录和批校、题跋本目录。

刘尚恒著《鲍廷博年谱》（黄山书社 2010 年版）。该书共分七卷，其中卷首为"'知不足斋奚不足，渴于书籍是贤乎'——一代书宗鲍廷博"，总论鲍廷博其人其事。卷一至卷五为清雍正六年（1728 年）至嘉庆十九年（1814 年），起其生年，迄于卒年，为鲍廷博一生事迹的年谱。卷六为"谱后纪要"，记谱主卒后之要事、影响及后人论述。书后附录有四篇文章，分别为刘尚恒《质朴清淡情亦豪——读鲍廷博〈花韵轩咏物诗存〉》，季秋华辑录的《鲍廷博传记资料辑录》，郑玲辑的《乾隆开四库馆鲍家进呈书目》，以及丁学松辑、季秋华补辑的《鲍氏知不足斋抄校本书辑目》。本书采用纲目体，以事迹标题为纲，以所引资料出处为目，凡有须说明、解释、辩证者，以按语注出。2017 年，作者又出版了《鲍廷博年谱长编》（国家图书馆出版社出版），该书由前书基础上搜集考证大量史料，并且修正一些讹误后而成。共分为四部分：卷首总论鲍廷博其人其事；卷一至卷五为年谱，起其生年，迄于卒年；卷六为《谱后纪要》，记其卒后之要事、影响及后人论述；附录为鲍廷博诗作、传记及书目资料。

关于鲍廷博的研究，另有周生杰著《鲍廷博藏书与刻书研究》（黄山书社2011 年版），从藏书、献书、校勘、刻书以及辑佚等方面研究鲍廷博藏书与刻书成就，论述其藏书、刻书与乾嘉考据学的互动关系，还原了这位清代中期著名私人藏书家和刻书家为文化事业付出毕生心血的感人史实。书后附有"馀论：鲍廷博辑佚成就述略"。周生杰、杨瑞还著有《鲍廷博评传》（凤凰出版社 2014 年版），分为辗转歙杭桐、藏书知不足斋、献书《四库》馆、刻书传天下、践行考据学、咏物"鲍夕阳"六章，完整展现了鲍廷博藏书、刻书的一生。

陈微著《明代藏书家徐惟起研究》（福建教育出版社 2016 年版），对明代福州藏书家徐惟起进行研究，内容分上、下两编，上编是关于徐惟起的家世、生平和藏书研究，下编是关于徐惟起的著作研究。

谢冬荣著《李慈铭研究》（国家图书馆出版社 2016 年版），对晚清学者、藏书家李慈铭进行研究，主要内容有李慈铭生平简述、交游研究、藏书研究、著述研究、学术研究。其中关于李慈铭的藏书研究，从藏书来源、概况、特点和流散四个方面进行论述。正文后附有《李慈铭年谱简编》和《国图藏越缦堂藏书简目》。

龚烈沸著《徐时栋年谱》（宁波出版社 2016 年版），是清代宁波藏书家徐时栋的年谱。全书共分为七个部分：卷首为"徐时栋先世与家族世系表"；卷一至卷四按徐时栋生前的藏书轨迹，以其四座藏书楼为名将其人生分为恋湖书楼时期、烟屿楼时期、城西草堂时期、水北阁时期四个阶段；卷五为"著述及藏书塾师录弟子录卒后大事系年"；卷末为附录。

许艳青著《莫伯骥评传》（广东人民出版社 2017 年版），是清末民初东莞藏书家莫伯骥的评传，从家世与生平、藏书事迹、著述、学术交往等四个方面进行评述。

易新农、夏和顺著《近代藏书家王礼培》（岳麓书社 2015 年版），是近代湖南藏书家王礼培的传记，从家世、求学、藏书、创作等方面展现了王氏的人生历程。

以藏书家文献典籍活动为中心的研究著述，主要有以下几种。

张玮著《祁承㸁藏书及文献学思想研究》（国家图书馆出版社 2016 年版），对明代藏书家祁承㸁的藏书及文献学思想进行研究，主要内容有澹生堂藏书的社会背景、祁承㸁的采访理论与实践、祁承㸁的目录学理论与实践、澹生堂藏书管理等。

金昱杉著《明代藏书家赵琦美研究》（山东人民出版社 2018 年版），对明代常熟藏书家赵琦美进行研究，详细考证了赵氏生平事迹、家世渊源、著作交友等。通过对其校跋研究，对赵琦美校勘、刻书情况作了评述，同时对郑振铎先生《脉望馆钞校本古今杂剧》校跋研究作了补正。

王红蕾著《钱谦益藏书研究》（南开大学出版社 2013 年版），对钱谦益的藏书缘起、藏书旨趣、藏书流散以及《绛云楼书目》进行了研究。国家图书馆李致忠先生在序文中认为该书"全面研究了钱谦益藏书及其书目编制的各个相关方面，给人以完整的概念、知识、学术享受外，尚有若干亮点夺人眼目"，并认为该书在对"《绛云楼书目》成书时间"等问题的考证上有着独到的见解。

胡卫平著《曾国藩的藏书与刻书》（岳麓书社 2014 年版），分为"藏书篇""藏书楼篇""藏书师友篇""刻书篇""目录篇"五部分，对曾国藩在京师、江西、安徽、金陵等地的藏书、刻书活动进行了介绍。

丁延峰著《清代聊城杨氏藏书世家研究》（中华书局 2013 年版），是对山东聊城杨氏藏书世家的研究。山东聊城的海源阁是晚清四大藏书楼之一，由聊城进士杨以增创建，历经四世，是私家藏书的典范。该书从杨氏家世、治家、治学、经世、社会交往等多个方面对海源阁藏书进行了研究，并附有杨氏四代藏书年谱。

刘振琪著《莫伯骥五十万卷楼藏书研究》（花木兰文化出版社 2010 年版），该书为台湾"古典文献研究辑刊"第 10 编第 1 册，对莫伯骥的生平、藏书以及《五十万卷楼藏书目录》进行了研究，书后附有《五十万卷楼藏书目录》的书目和著录藏书家索引。

鲍广东著《王国维图书版本、目录学著作书写研究》（花木兰文化出版社 2011 年版），该书为台湾"古典文献研究辑刊"第 12 编第 1 册，对近代学者王国维图书版本、目录学等思想、活动进行了研究。

王怡著《私人藏书与名家方树梅》（云南美术出版社 2012 年版），对近代学者、藏书家方树梅搜藏、整理与传播云南地方文献的活动进行了研究。

李俊著《学者藏书与学术研究的转型——以郑振铎为例》（安徽师范大学出版社 2015 年版），以近代著名学者郑振铎为研究对象，以其藏书为切入点，结合文学、社会学、历史学及统计学的相关研究方法，论述其藏书活动与治学经历、学术活动等之间的关系。作者在绪论中写道："本书试图透过书籍聚散情况，剖析文学的观念、内容、材料、方法等向现代研究模式发生转变的文献基础与转型路径。"

以藏书家著作为中心的研究专著，主要有以下几种。

刘平著《伦明〈辛亥以来藏书纪事诗〉研究》（世界图书出版公司 2017 年版），对近代著名学者、藏书家伦明所著《辛亥以来藏书纪事诗》一书进行研究。作者对《辛亥以来藏书纪事诗》的编撰缘由和特色、纪事诗所传达的历史人文内涵以及所反映出来的藏书文化等进行了论述。

王照年著《程俱及其〈麟台故事〉考论》（中华书局 2018 年版），该书对记述北宋官府藏书制度的著作《麟台故事》以及其作者程俱进行了系统研究。主要包括四部分内容：一是关于作者程俱生平考，考证出《新安文献志》、《麟台故事》四库提要等，所载程俱"举进士"属于误载；二是关于《麟台故事》的成书、流传及版本，从《麟台故事》成书的历史背景出发，陈述了其具体的成书经过；三是关于《麟台故事》体例与内容，以《麟台故事》所呈现出来的按照时间先后顺序、事以系年、分门别类、有始有终等特殊编撰形式，对该书进行分析；四是《麟台故事》的价值，从史料价值、专门史史料价值、文献学价值和文学史史料价值等方面进行论述。

蔡芳定著《叶德辉〈书林清话〉研究》（花木兰文化出版社 2011 年版），该书为台湾"古典文献研究辑刊"第 13 编第 9 册，是对晚清藏书家叶德辉及其研究书籍版本的著作《书林清话》的研究。内容主要包括叶德辉传略和藏书、著述、刻书等学术活动以及《书林清话》的编撰、内容述评、评价和影响等内容。

何广棪著《陈振孙〈直斋书录解题〉研核余沈》（花木兰文化出版社 2011 年版），该书为台湾"古典文献研究辑刊"第 13 编第 5 册，是对南宋藏书家陈振孙及其目录学著作《直斋书录解题》的研究，包括作者阅读《直斋书录解题》的系列札记以及对诸多问题的考论。

林育慈著《尤袤及其〈遂初堂书目〉研究》（花木兰文化出版社 2012 年版），该书为台湾"古典文献研究辑刊"第 15 编第 1 册，是对南宋无锡藏书家尤袤及其藏书书目《遂初堂书目》的研究。

对藏书家交游的研究有一种。日本三浦理一郎所著《毛晋交游研究》（华东师范大学出版社 2012 年版），专门研究明末藏书家毛晋的交游情况，分别从与东林党人士之交游、与明末清初文人社团之交游、与明遗民之交游、与僧侣之交游、与江南及各地文人之交游、藏书刻书活动之交游等六个方面展开。

对藏书家著述的整理有一种。由东莞图书馆整理的《伦明全集》（广东人民出版社 2017 年版），是清末民国时期东莞藏书家伦明先生的个人全集，共分五册，其中第一册、第二册为伦明的诗文集，包括伦明的诗作、学术札记以及提倡续修《四库全书》的各种材料、文章等；第三册、第四册为伦明撰写的续修《四库全书》目录提要；第五册为伦明藏书的目录以及清人的书目文献。南京大学徐雁教授认为，今人能够借助《伦明全集》的出版，获得文化情意的人文精神的滋养。

另有两种著作从较为特别的角度对藏书家进行研究。一种是由丁辉、陈心蓉著《中国进士藏书家考略》（黄山书社 2017 年版），专门对进士藏书家群体进行梳理。全书按唐五代、宋金元、明代和清代等四个板块，按时间顺序分地区介绍了 1312 位中国进士藏书家的生平和藏书故实，最后对科举制度对于中国进士藏书的影响、进士藏书家的地域性以及兼具官僚和学者属性的中国进士藏书家群体所体现的藏书特色等进行了专门的分析。另有韦力著《书魂寻踪：寻访藏书家之墓》（国家图书馆出版社 2016 年版），是作者亲自寻访分布在大江南北的 40 位古代著名藏书家之墓及古代遗址之后所形成。所寻访的藏书家之墓包括了从刘向、班固到范钦、黄丕烈、曾国藩、罗振玉、傅增湘，行程数千公里。作者自言："每次出门寻访期间，日与夜紧张的更替，毫无喘息之机，但是这个过程紧张而充实，自有一种快乐所在，而每当自己寻找到一处未见前人提起的藏书家遗迹时，就会感到为之所付出的辛苦瞬间荡然无存。"

5. 藏书楼研究著述

石祥著《杭州丁氏八千卷楼书事新考》（上海古籍出版社 2011 年版），对晚清四大藏书楼之一的杭州丁氏八千卷楼进行系统研究。该书分为上、中、下三编，上编为"八千卷楼藏书史考"、中编为"丁氏著述新证"、下编为"丁氏编刻丛书考"，附录《丁丙年谱述要及杭州图书馆所藏稿本〈丁丙年谱〉小考》。在研究范围上，该书"以'书事'为限，即以书籍为中心的访书、藏书、刻书、校书、编纂书志目录、师友交游等活动"（《导论：以研究史回顾为中心》）。

丁延峰著《海源阁藏书研究》（商务印书馆 2012 年版），对晚清四大藏书楼之一的山东杨氏海源阁进行研究，正文共八章，分别是藏书缘起与源流、藏书特色、目录学研究、版本学研究、刻书与抄书、藏书的学术利用、藏书的散佚与归宿、海源阁藏书研究的历史及现状。

关于海源阁的研究，另有李云所著《海源阁史》（中华书局 2015 年版）。该书共八章，从海源阁形成背景、杨氏聚书、海源阁藏善本书之递藏关系、海源阁藏书的储藏与保护，海源阁藏书规模及珍本典籍、杨氏藏书活动、海源阁藏书之散佚及去向等方面进行论述。

骆兆平著《伏跗室书藏记》（宁波出版社 2012 年版），对清末民初浙东藏书楼伏跗室的藏书往事进行概述，并对伏跗室主人冯贞群先生的学术成就、所藏善本书籍等进行介绍。全书分为五部分：史事、著述、善本、年表和附录。

刘金元著《悠远的书香——富厚堂藏书楼研究》（岳麓书社 2013 年版），对曾国藩的藏书处富厚堂进行研究，介绍了富厚堂藏书楼的历史和现状，对曾国藩的耕读文化思想、藏书活动进行阐述，并对富厚堂藏书楼的书目、管理情况等进行分析。

柯亚莉著《天一阁藏明代文献研究》（花木兰文化出版社 2013 年版）。该书为台湾"古典文献研究辑刊"第 17 编第 4 册和第 5 册，对始建于明代的宁波天一阁藏书楼及其所藏的明代文献进行研究。全书共两册，分为五章。第一章是关于天一阁创建者范钦生平、交游、藏书活动等的考论，第二章和第三章是对天一阁所藏明代文献的主要内容的介绍和举要，第四章是对天一阁藏明代文献的价值与意义的论述，第五章是对天一阁藏书散出情况的介绍，最后附有《〈全祖望集〉中所见天一阁藏书研究资料辑录》《范钦交游表》《天一阁散出之明代文献知见录》《天一阁藏明代文献总目》。

韦力著《寻访官书局》（江西高校出版社 2018 年版），是作者亲自寻访全国各地的官书局之历史踪迹的见闻和感悟。全书收录 32 篇寻访笔记，将历史研究与实地勘察相结合，对各书局的历史变迁、文化意义等进行诠释。

6. 其他专题研究

2010 年以来关于藏书史的专题性研究较多，大致可以总结为以下几方面。

（1）关于官府藏书、刻书机构和制度的著作

霍艳芳著《中国图书官修史》（武汉大学出版社 2014 年版），探讨从先秦至清代中国历代图书官修机构的组织、预修人员、官修成就及官修书的成书经过等，最后对中国官修活动的特点进行总结。

孙文杰著《中国图书发行史》（武汉大学出版社 2015 年版），按照历史顺序，探讨从先秦至晚清历代图书发行的国家政策、图书发行渠道、畅销书品种、图书价格、营销策略、书业中心、政府对图书发行管理等内容。

郭伟玲著《中国秘书省藏书史》（武汉大学出版社 2015 年版），对我国古代图书收藏机构秘书省的历史进行了研究。全书按照历史时期分为三编，即三国两晋南北朝、隋唐五代以及宋元，从藏书背景、官职沿革和藏书管理、利用等方面论述各时期的秘书省藏书情况。

黎文丽著《唐代校书郎与文学》（中国社会科学出版社 2014 年版），对唐代校书郎制度进行研究。校书郎是一种官名，掌校雠典籍，订正讹误。东汉朝廷藏书于东观，置校书郎中。后魏秘书省始置校书郎，唐代秘书省与弘文馆皆置。本

书重点论述校书郎与文学的关系。校书郎所从事的图书校雠、整理编次等事务，从某种程度上能反映唐代官府藏书的情况。

尹桂平著《北宋庆历前馆阁医学藏书研究》（光明日报出版社 2016 年版），选取北宋从太祖、太宗、真宗到仁宗庆历元年（《崇文总目》修成时间）的历史范畴，重点围绕所藏医书馆阁藏书机构和制度进行了研究，为藏书史和医学史的研究提供了新的思路。

朱赛虹编《清宫盛世典籍》（故宫出版社 2012 年版），该书对清代故宫藏书的介绍，是在 2005 年"盛世文治——清宫典籍文化"大展内容的基础上编成的。主要有六个部分：琅函秘笈——皇室藏书；典学治道——清帝读书；稽古右文——官府编书；锦囊翠轴——御书装潢；佛道同辉——宗教典籍；梨枣飘香——内府刻书。每一部分既展示相关典籍，还对与典籍相关的历史、人物、文物等进行阐释，图文并茂地反映出悠久的藏书、编书、刻书的历史。

曹红军著《康雍乾三朝刻书机构研究》（花木兰文化出版社 2013 年版），为台湾"古典文献研究辑刊"第 16 编第 18 册，对清代康熙、雍正、乾隆三朝的中央刻书机构进行了介绍，从中可以反映当时官府藏书的情况。

翁连溪著《清代内府刻书研究》（故宫出版社 2013 年版），对清代内府刻书进行全面研究，分上下两册。上册主要论述清内府刻书的发展历程以及不同类型的文献刊刻，下册主要是对不同印刷工艺的介绍。

陈清慧著《明代藩府刻书研究》（国家图书馆出版社 2013 年版），对明代藩府的刻书进行研究，分为上下两编：上编为"明代藩府刻书总论"，对藩府刻书的历史背景、学术成就、时间、地域、内容等进行阐述；下编为"明代藩府刻书个案研究"，选取若干个案进行具体介绍。

（2）从版本的角度专门研究某类历史文献的著作

李开升著《明嘉靖刻本研究》（中西书局 2019 年版），对明代嘉靖时期的刻本进行专门研究。全书分为三个部分：绪论和上编中提出实物版本学理论，由此将明嘉靖刻本划分为苏式本、京式本和建式本三类，并对其产生、发展和演变作了时间和空间两个不同层面的考察；下编对 135 种天一阁藏明嘉靖刻本作了详细的著录。

熊静著《清代内府曲本研究》（上海书店出版社2018年版），对清代的内府曲本进行专门研究。全书共六章，包括对相关概念的界定、对1924年以来清内府曲本和档案的流散情况进行梳理，选取仪典剧和连台大戏两类作个案研究，从内容和结构上对清内府本的来源进行了分析。作者根据前人对内府曲本整理编目的成果和近年来新出的多种影印丛书，对现存内府曲本的内容、数量、版本情况进行著录，并对部分稀见版本辅以实地调查，补充版本信息，形成了《清代内府曲本简目汇编》。

（3）关于古代藏书印的研究

王玥琳著《中国古代藏书印小史》（中国长安出版社2015年版），为"中国小史丛书"之一。作者在"绪论"中介绍该书"以一种介乎学术与通俗之间的论述视角和语言，从藏书印的起源与流变、藏书印的类别、藏书印的制作与使用制度、藏书印与藏书史之关系等方面，综合论述中国古代藏书印的发展历史"，内容包括藏书印源流概说、藏书印的类型、藏书印的制与用、方寸之间的藏书史、藏书印的文献史料价值。

吴芹芳、谢泉著《中国古代的藏书印》（武汉大学出版社2015年版），对藏书印的源流进行梳理，分别就藏书印的种类、官府藏书印、私家藏书印、闺阁藏书家藏书印、藏书印作伪、藏书印的识别、藏书印的价值等进行了介绍。

（4）研究早期大学图书馆藏书的著作

周旖著《岭南大学图书馆藏书研究》（广东人民出版社2018年版），通过对大量史料的梳理，对岭南大学图书馆的藏书展开研究，对岭南大学图书馆从初创、发展到停办的历史进行了梳理，并且对岭南大学图书馆藏书历史中各种史实之间千丝万缕的关联进行了分析。

杨国富著《书香百年》（浙江大学出版社2017年版），对浙江大学图书馆的藏书史进行了全面梳理。全书分为上下两编：上编为"浙江大学藏书纪略"，分四个阶段介绍了浙江大学图书馆120年的藏书史；下编为"书与图书馆的故事"，介绍浙江大学图书馆的馆藏特色和发展历程。

（5）关于私人藏书目录的研究

侯印国著《清代稀见私家藏书目录研究》（南京大学出版社2020年版），对清代稀见的私家藏书目录进行研究。作者选取清代若干种私家书目，论述其学术价值，以私家书目为中心对清代藏书聚散进行考察，分析清代学者的书籍社交。正文后附有《近三百年来私家藏书目录知见录》和《南宋临安府尹家书籍铺所刻书及其流传考》。

（6）关于藏书聚散的研究

马嘶著《学人藏书聚散录》（清华大学出版社 2010 年版）。作者根据学人藏书的目的，将学人藏书分为学人藏书家型、学者研究型、文人著述型以及博览藏珍型四类，立足于丰富翔实的史料，为读者展示了一幅学人藏书聚与散的历史画卷。

李玉安著《中国图书散佚史》（武汉大学出版社 2015 年版），按照历史顺序，对先秦至民国时期历代的图书散佚情况进行了梳理。此外，还介绍了散佚在域外的中国图书，并且对中国图书散佚现象进行了总结。

（7）从其他角度探讨藏书文化的研究

傅荣贤著《出土简帛与中国早期藏书研究》（知识产权出版社 2014 年版），以出土简帛为史料来源，对我国早期的藏书现状进行了研究。全书共八章，第一章为"绪论"，对出土简帛在中国早期藏书研究中的价值进行了论述。第二章至第七章分别介绍了先秦、战国、秦朝、西汉、东汉、魏晋的藏书，第八章阐述简帛文献的传抄。作者认为"'勾勒中国早期藏书的原初形态'是本书的最终旨趣，而'运用出土简帛'只是实现旨趣的工具性手段。因此，本书作为'证据'的材料并不局限于出土简帛，而是大量动用到了传世文献"（《前言》）。

金芷君著《中医古籍与藏书文化》（中国中医药出版社 2016 年版），对中医古籍所体现的藏书文化进行了探讨。该书分为上下两篇：上篇为"中医古籍的前世今生"，从文献载体的历史进行阐述；下篇为"明清官私藏书"，对明清官私藏书中的中医古籍概况以及《永乐大典》《四库全书》与中医古籍的关系进行了论述。

赵连稳、朱耀廷著《中国古代的学校、书院及其刻书研究》（光明日报出版社 2007 年版）。对我国古代学校、书院的演变进行论述，在学校和书院的教学管理、教学内容、教学改革等一些重大问题上进行了研究，并对我国古代学校和书院的刻书活动进行阐释。

林公武、徐雁编《书香盈室》（福建教育出版社 2019 年版），通过选载萧乾、来新夏、姜德明、白化文、马嘶等 40 位现当代知名读书人和藏书家，自述读书启蒙、淘书爱好、阅读方法、藏书特色及著述风格的文章，娓娓道出各自心中的人文情结，细节生动，故事有趣，具有知识性和可读性。

以上种种评介，仅限于笔者所知所见。实则该时期还有不少海内外文献学者如沈燮元、谢灼华等人的文集，姚伯岳《燕北书城困学集》及《惜古拂尘录》，徐雁《沧桑书城》及《苍茫书城》，以及日本学者高田时雄所著的《近代中国的学术与藏书》等，其中文章均涉及有关中国藏书史研究的论题。

此外，还有关于私人藏书目录、藏书题跋的整理成果，如李万健和邓咏秋编《清代私家藏书目录题跋丛刊》《民国时期私家藏书目录丛刊》、陈谊整理《嘉业堂藏书日记抄》、曾贻芬整理《五十万卷楼藏书目录初编》、上海图书馆编《翁氏藏书与翁氏文献》、天一阁博物馆编《清防阁·蜗寄庐·樵斋藏书目录》、湖南图书馆编《湖南近现代藏书家题跋选》、余鸣鸿和占旭东点校的《黄丕烈藏书题跋集》等，为中国藏书文化史的深入研究提供了丰富资料。

四、总结与展望

通过以上梳理，我们从中可以大致看出 1980 年以来关于中国藏书史的研究专著，至少呈现出以下三个新特点。

1. 中国藏书文化研究的专题性越来越强

自 2000 年以来，各类专题性研究明显增多，有关选题呈现不断深化的专精趋势。如凌冬梅著《浙江女性藏书》、陈心蓉著《嘉兴历代进士藏书与刻书》等，均将研究焦点集聚于区域的某一人群藏书家，研究范围虽然缩小了，但专题性增强了。与此同时，还有多种专门针对某类藏书、藏书机构、藏书制度、藏书思想等方面的研究，不断填补着有关研究的学术空白，呈现出中国藏书文化史研究的多样性。另外，对有关藏书家和藏书楼的研究也在不断走向深入。

2. 中国藏书文化研究的交叉性越来越强

相较以往研究多从文献学、图书馆学及文化史学的角度来着眼，当下学者对中国藏书文化史的研究更加注重新的研究视角。如金芷君著《中医古籍与藏书文化》、尹桂平著《北宋庆历前馆阁医学藏书研究》，均体现了中国医学史和藏书史研究的融合；韦力所著《书魂寻踪——寻访藏书家之墓》《寻访官书局》，启发了研究者可以将历史研究和实地勘察相结合的方法运用到藏书史的研究中；李俊著《学者藏书与学术研究的转型——以郑振铎为例》，以郑振铎的藏书为切入点，结合文学、社会学、历史学及统计学的相关研究方法，探讨藏书活动与治学经历、学术活动等之间的关系。

如今仅围绕着历代藏书家的研究，便有评传、年谱、长编、交游考、著述考等多种形式。如围绕安徽藏书家鲍廷博的研究，上述提及的便有《鲍廷博年谱》《鲍廷博年谱长编》《鲍廷博藏书与刻书研究》《鲍廷博评传》《鲍廷博〈知不足斋丛书〉之研究》等各类专著，这些新的研究视角和研究方法的引入，正在助推中国藏书文化史研究走向更加专深的状态。

3. 中国藏书文化研究的区域性越来越热

区域藏书史的研究学界关注已久，自2000年以来，各地的区域藏书史研究著作明显增多，涉及浙江、江苏、安徽、福建、山东、江西、云南、甘肃、澳门等多个地区。其中，仅浙江一省，便有十余种，更有关于杭州、宁波、嘉兴、台州等地的。

此外，藏书文化著作的科普性、通俗性趋势也逐渐呈现。如"宁波文化丛书"中有《甬藏书香：宁波藏书文化》（虞浩旭、张爱妮著），"台州文化研究丛书"中有《台州藏书史》，"衢州文库"中有《楮墨芸香——衢州纸韵》（刘国庆著），"名城镇江文史研究丛书"中有《京口书史》等。这一现象说明，藏书文化越来越显著地被作为重要的地方文脉之一而被重视。从"分地阅读推广"而言，一地知名的藏书楼及藏书家，也是"促进全民阅读，建设书香中国"不可多得的重要文化素材。

例如，浙江省公共图书馆优秀阅读推广人单骅副研究馆员编撰的《带着孩子去寻楼》问世后，在2018年6月10日下午，由作者在浙江图书馆一楼文澜报告厅，进行了一场形式生动、内容有趣的"大手牵小手，慧心去寻楼"——新书分享活动。作者介绍了该书写作的缘起，说到自己多年从事公共图书馆阅读推广工作，虽然看的书越来越多，但随着活动的深入和拓展，深感自己知识和学问的欠缺，因此很想更全面地寻根藏书文化，由之产生了寻找杭州内外各处藏书楼和老图书馆的念头，尤其是在读到韦力《书楼寻踪》（河北教育出版社 2005 年版）之后，这一信念愈加坚定。但仅仅是简单地寻觅"文澜阁""八千卷藏书楼""俞楼"等，还不能发挥这种"藏书人文"推广的作用，于是想到了以"大手牵小手，慧心寻书楼"的"亲子游"方式，将有关的书人书事用随笔的形式写出来，就足以让更多人了解这些藏书楼、藏书家，并传扬其读书、藏书、护书、著书的精神。

　　总之，有关专家学者积极创意中国藏书史选题，踊跃编著有关藏书文化的各种专题著述，正其时也。

私人藏书与书香世家

私人藏书亦称私家藏书，在我国典籍与文化传承中举足轻重。我国私人藏书兴起于春秋战国时期，经秦汉至隋唐各代的发展，至宋元时期得以繁荣，重心逐渐转移至江南；明代时，江浙一带藏书独领风骚；清代进入高峰，并形成地区性藏书群体；近代以来逐步由盛转衰。藏书家收藏书籍的建筑，常以室、楼、斋、阁、堂、轩、亭名之，统称为藏书楼。古代私人藏书楼一般不对外开放，藏书只供后世子孙使用。家族藏书累世相传者，便是藏书世家，世代传承的不仅是藏书，更是家学与书香，是真正的书香门第，对我国文化学术发展有着特殊贡献。

第一节　私人藏书概述

一、私人藏书概念发展

私人藏书迄今已有 2000 多年历史，对其称呼经历"藏书""藏孙吴之书者家有之""多书之家""藏书之家""藏书家""私家藏书""私人藏书家""私人藏书"等的漫长历史。

"藏书"一词首见《韩非子》中"知者不藏书""知者不以言谈教，而慧者不以藏书箧"[①]的说法，及《庄子·天道篇》记载："孔子西藏书于周室，子路谋曰：

---

① 韩非子.韩非子［M］.长沙：岳麓书社，2015：60–61.

'由闻周之征藏史有老聃者，免而归居，夫子欲藏书，则试往因焉。'"①之后，《韩非子·五蠹篇》云："今境内之民皆言治，藏商、管之法者家有之……境内皆言兵，藏孙、吴之书者家有之。"②南北朝时，据檀道鸾《晋阳秋》记载，桓石秀、郗俭之等皆为"多书之家，官家借抄其书"③。《北齐书·文苑篇》记载"太常卿邢子才、太子少傅魏收、吏部尚书辛术、司农少卿穆子容、前黄门郎司马子瑞、故国子祭酒李业兴并是多书之家"④，此时已有私家藏书之意。北宋末，晁说之在《刘氏藏书记》中云"昔之时，如任昉、沈约辈号为藏书之家者，今不复论"⑤，提出了"藏书之家"的称谓。稍后，叶梦得在《过庭录》中言"公卿名藏书家如宋宣献、李邯郸。四方士民如亳州祁氏、饶州吴氏、荆州田氏，吾皆见其目，多止四万卷"⑥，约为"藏书家"成为固定专有名词之始。此后，陆游等人相继使用而使之普及化。近现代以来，又有"私人藏书""私家藏书"等不同称谓。私人藏书最突出的贡献是保存流传了大量珍贵典籍。

二、私人藏书特色

私人藏书主要为满足藏书家个人所用，因此藏书内容依据各人旨趣而异。藏书为著述者（即藏书供著述所用），如宋代司马光、明代杨士奇、清代黄宗羲等，虽注重善本但不刻意追求，总体收藏较杂，主要用于著述时的考订；收藏为求取功名者（即藏书为科举仕途），则藏儒家经典为主；藏书为修身养性者，如晋代葛洪，多收藏宗教书籍；藏书为校勘者，如宋代宋绶、晁公武、陈振孙，明代叶盛、吴宽、陆容，清代卢文弨、顾广圻、黄丕烈等，极注重收藏宋元旧本；藏书为博采者（即以博采广贮为目的，为收藏而收藏），如唐代李泌、宋代方略、明代杨循吉、清代钱曾等，藏书量动辄十万、数十万，不仅多有罕见秘本，且大多对藏书有严格的管理措施及一整套防火、防潮、防蛀的方法；藏书为贩卖者（即以藏书为基础，以贩书为营生），如宋代陈起、陈思，明代童佩，清代钱听默、施佩章、陶廷学、

① 庄周.庄子［M］.北京：北京燕山出版社，2014：107–108.
② 韩非子.韩非子［M］.王先慎，集解；姜俊俊，校点.上海：上海古籍出版社，2015：547.
③ 范凤书.中国私家藏书史.修订版［M］.武汉：武汉大学出版社，2013：5.
④ 李百药.北齐书·卷四十五·文苑［M］.北京：中华书局，1997：159.
⑤ 晁说之.景迂生集.卷十六.刘氏藏书记［M］//四库全书：1118.上海：上海古籍出版社，1987：307.
⑥ 叶昌炽.藏书纪事诗［M］.北京：北京燕山出版社，2008：18.

陶蕴辉、韩心源等，则多收藏流通量大的书，且非常注重书籍的装潢。

三、私人藏书来源

私人藏书的主要来源有购买、抄录、继承、受赠、获赐。购买是最主要、最普遍、最便捷的方式，如：出身富商的张焃，通过购书 8 万余卷，成为元代屈指可数的藏书大家；明代杨士奇的俸禄主要用于购书，购书记录在其著作《东里续集》中有五六十条之多；明代胡应麟为购书籍不惜倾家荡产，世人称其为"毁家藏书"。抄录包括自抄或雇人抄录。对于家财不足或不易购得之书，抄书是非常有效的获取方式，如：唐代李延寿通过昼夜抄录而成为藏书家；宋代尤袤发动子女一起抄书，以至家人女稚无不识字；明初杨循吉每抄一书便亲自作跋，记录底本来源和抄书过程，引得吴宽、朱性甫、阎秀卿、都元敬等藏书家纷纷仿效，掀起了一股重视抄本的风尚，以至明中期藏书家多推重抄本。有些藏书家则是从祖父辈继承而来，如唐代徐修矩的万余卷藏书均为祖上所传，明代祁承煠藏书的起点是祖上留下的 5 至 7 橱遗书……继承家藏在我国古代藏书文化中意义特殊，正是家族藏书和藏书精神的世代传承，才造就了藏书世家和藏书风气的不绝如缕。少部分藏书家还得益于其他藏书家（非家族成员）馈赠或朝廷赐书，其中东汉蔡邕赠予王粲藏书之举，开创了我国藏书史上与人共读的优良风气。当然，大部分私人藏书是多渠道汇集的，购买、抄录、继承者有之，获赠、获赐者有之，不过主次之分罢了。

第二节　私人藏书历史

一、先秦时期

我国私人藏书可追溯至春秋战国时期。其时，夏商周三代"学在官府"现象被打破，私学兴起，学术和教育逐渐为我国传统知识分子——士阶层所掌握、推广与发展，百家争鸣局面逐渐形成。这些文士著书立说，需一定的书籍作为参考，而所著书籍的流传，亦促进了私人藏书的兴起，孔子、老子、墨子、惠施、苏秦等都具有早期藏书家的身份。先秦时期私人藏书呈现以下特色：

1. 藏书多呈流动状态

因春秋战国时期的学者或游学各地，或周游列国游说诸侯以呈政治抱负，故其藏书亦随之到处流动。据《韩非子·喻老篇》记载："王寿负书而行，见徐冯于周途，冯曰：'知者不藏书，今子何独负之而行？'"[①]可见"负书而行"被看成是当时普遍的私人藏书形式。藏书量少的，可负书而行，藏书量大者，则多装在车中随行，故当时多以"车"来计量私人藏书的规模。

2. 藏书用以教学，利用率高

先秦时期书籍的载体以竹帛为主，尚无书籍的印制及商业行为，因此私人的藏书主要源自著书立说。藏书家重视发挥书籍的作用，或用于兴办教育，作为教材，或用来游说诸侯，宣扬书籍中的政治主张和谋略。

图 2-1　中国邮政发行的《孔子讲学图》邮票

二、秦汉至隋唐五代

秦始皇执政期间的"焚书坑儒"政策，造成了中国藏书史上首次"书厄"[②]，

---

① 韩非子［M］. 王先慎，集解；姜俊俊，校点. 上海：上海古籍出版社，2015：194.
② "书厄"指历史上出现的文献重大散佚毁损现象。隋代牛弘最早提出了著名的五厄论，即秦始皇焚书、王莽之灾、孝献移都、刘石凭凌、侯景之乱五件史事，奠定了我国书厄研究的理论基础。之后唐代封演，宋代谢采伯、郑樵、洪迈发展了五厄之说。明代胡应麟提出"十厄论"，谢肇淛提出"七厄论"。至近代，邓实、孙毓起等学者继续补充古代及近代的书厄实例，如：祝文白又续五厄，即李自成之陷北平、钱氏绛云楼之烈焰、清高宗之焚书、咸丰朝之内忧外患、民国中日之战役；张舜徽更强调人为因素对图书损毁的影响；而陈登原将书厄论从微观上升到宏观，将书厄的原因概括为政治、兵燹、藏弆、人事四大范畴，为书厄论研究提供了一种新体系。

但民间仍有不少人甘冒风险将大量"违禁书籍"秘密藏于住宅墙壁中，形成了极具特色的私人藏书活动。入汉后，一方面统治者允许并鼓励民间藏书，秦代秘密埋藏的典籍陆续被发掘并得以保存；另一方面随着造纸术的发明，用纸张抄书既轻便又廉价，极大促进了私人藏书的发展，不仅藏书家人数、藏书数量均有所增长，还出现了西汉河间献王、东汉蔡邕等万卷藏书家。

魏晋时期，随着书籍制作技术的改善，纸本书籍逐渐成为主要形态，私人藏书呈直线上升趋势。北方地区藏书尤其兴盛，涌现了人称"书淫"的皇甫谧、号为"杜武库"的杜预及以藏"世间罕本"著称的张华等著名藏书家。晋末大乱，部分藏书家迁徙至江南，带动了江南藏书的发展。两晋时，万卷藏书家频现，萧绎藏书已达8万卷。南朝时，江南藏书家在数量上首次超过了北方，北方藏书则仍以长安、洛阳为中心。

隋唐至五代，私人藏书迅速发展，藏书家人数和藏书质量均非前代可比，收藏范围亦得以扩大，古书画、古器物、书帖均为藏书家收藏。隋朝历史短暂，藏书家人数和数量均不多，许善心为当时第一藏书大家。唐代国力强盛，文化兴盛，不仅万卷藏书家超过以往历代之和，甚至部分藏书家所藏可与国家藏书媲美。安史之乱后，私人藏书发展放缓，加之长安、洛阳屡遭战乱而引起藏书家或亡于战火或迁徙外地，以长安、洛阳为中心的北方藏书格局发生变化。五代时，尽管社会再度动乱，但随着雕版印刷的发展，书籍量得以增大，交换渠道得以多样化，私人藏书发展并未放缓，并形成了河南、山东、蜀中、江南等多个私人藏书中心，营建藏书楼现象较为普遍，校勘学逐渐兴盛。

三、宋元时期

宋代刻书业繁荣，极大地推动了私人藏书，并呈现以下特色：

1. 藏书规模大增

在藏书家人数上，有文献记载的藏书家达700人，是周至唐五代藏书家总和的近三倍。[①]在藏书家地域分布上，几乎遍布全国，涉及今之河南、河北、四川、山东、安徽、江西、湖北、福建、山西、江苏、浙江等地。在藏书数量上，收藏

---

① 范凤书. 中国私家藏书史. 修订版[M]. 武汉：武汉大学出版社，2013：65.

逾万卷者频现，据南宋周密记载："宋承平时，如南都戚氏、历阳沈氏、庐山李氏、九江陈氏、鄱阳吴氏、王文康、李文正、宋宣献、刘壮舆，皆号藏书之富。邯郸李淑五十七类，二万三千一百八十余卷，田镐三万卷，昭德晁氏二万四千五百卷，南都王仲至四万三千余卷……近年惟直斋陈氏书最多，概尝仕于莆，传录夹漈郑氏、方氏、林氏、吴氏旧书至五万一千一百八十余卷……吾家三世积累……凡有书四万二千余卷，及三代以来金石之刻一千五百余种。"①据范凤书考证，当时藏书逾万卷者达213人，约占宋代藏书家总数的三分之一。②藏书处被赋予特别名称，如朱昂之"万卷阁"、沈立之"万卷堂"、李茂德之"书城"，以示藏书之富；司马光之"有读书堂"，以明读书之志；周密之"有书种堂"，以期子孙不绝读书种子。

2. 私人藏书目录编制蓬勃兴起

私人藏书的兴盛促进了目录学的发展，在我国目录学史上占有重要地位。在目录数量及存佚上，自南北朝至唐代编撰的私人藏书目录仅十余部且皆失传，而宋代所编至少有64种③，且有欧阳修《集古录》、赵明诚《金石录》、晁公武《郡斋读书志》、尤袤《遂初堂书目》、陈振孙《直斋书录解题》等数种存世。这些目录著录书籍量非常大，如《郡斋读书志》著录1937部、24500余卷，《直斋书录解题》著录3096部、51180卷，而当时的国家书目《中兴馆阁书目》才著录44486卷。在编撰体例上，突破了传统的叙录目录形式，形成较成熟的提要书目形式，并产生了版本目录。

3. 藏书重心转移至江南

随着经济中心在南方的确立，南方文化更趋兴盛。而北宋灭亡后，大批北方藏书家南渡，极大促进了原本极具基础的南方私人藏书的发展。据《中国藏书通史》对潘美月《宋代藏书家考》的统计，在宋代128位大藏书家中，南方藏书家多于北方藏书家近一倍，其中浙江省最多，达31人。④私人藏书自此进入兴盛期，逐渐与国家藏书、书院藏书、寺观藏书四分秋色。

---

① 周密. 齐东野语［M］. 高心露，高虎子，校点. 济南：齐鲁书社，2007：144–145.
② 范凤书. 中国私家藏书史. 修订版［M］. 武汉：武汉大学出版社，2013：87.
③ 范凤书. 中国私家藏书史. 修订版［M］. 武汉：武汉大学出版社，2013：123.
④ 傅璇宗，谢灼华. 中国藏书通史［M］. 宁波：宁波出版社，2001：354.

元代短暂，因此无论在藏书数量还是规模上，私人藏书都难以与宋代及之后的明清两代相比。但元代文化环境相对宽松，拓展了藏书空间，故私人藏书具有一定时代特色：涌现了诸多少数民族藏书家，畏兀儿蒙古武臣在汉族文化熏陶下，逐渐养成了读书、藏书习惯。此一时期，江浙地区逐渐发展成我国私人藏书中心。

四、明代

明代战争较少，社会相对稳定，加之统治者普遍重视教育，社会读书风气兴盛；与此同时，出版业发展空前，刻书业几乎遍布全国各地。在此背景下，私人藏书空前繁荣，呈现以下特点：

1. 藏书规模大增

在藏书家人数上，多达897人，藏书人数几乎与宋元两代持平。[①]在地域分布上，除今之新疆、西藏、黑龙江、吉林、台湾等少数几个省（自治区）外，几乎遍布中国大地；在藏书规模上，藏10万卷以上者不在少数，如明中叶杨循吉、钮石溪藏书均达10万余卷，明末山阴祁氏家族藏书14万余卷，毛晋则藏20万余卷。

2. 江浙地区藏书独领风骚

尽管藏书地域分布广泛，但地域之间极不平衡，藏书大家主要集中在江浙一带。据《中国藏书通史》研究，明代私人藏书大致经历了四个阶段：初期（1368—1464年），主要藏书家有浙江宋濂、郑澜，江西杨士奇，江苏叶盛；兴盛期（1465—1521年），藏书活动主要集中在江苏苏州、华亭（今松江，属上海市）及上海，著名藏书家有苏州的朱存理、杨循吉、都穆、文征明，华亭的徐献可、何良俊、朱可韶，上海的陆深、黄标等；藏书风气大炽期（1522—1572年），藏书集中于江浙两省，浙江有鄞县范钦、秀水项元汴、乌程沈节甫、归安茅坤等，江苏有武进唐顺之、太仓王世贞、长洲钱谷、海虞杨仪等；余辉时期（1573—1644年），江浙两省代表该时期藏书的最高水平，江苏有赵琦美的脉望馆、钱谦益的绛云楼、毛晋的汲古阁，浙江有祁承爜的澹生堂、钮石溪的世学楼、黄宗羲的续抄楼等。

---

① 范凤书. 中国私家藏书史. 修订版［M］. 武汉：武汉大学出版社，2013：167.

3. 藏书理论与管理进一步丰富

在藏书理论上，邱浚撰有《论图籍之储》《访求遗书疏》，高濂《遵生八笺·论藏书》，祁承㸁《澹生堂藏书约》，张萱《西园见闻录·藏书》；在目录学领域，胡应麟撰有《经籍会通》；在访书方面，沈国元撰有《征书法》，陈贞铉撰有《聚书十难》。在藏书管理实践上，建造藏书楼时普遍重视防火、防潮、防虫蠹，如虞守愚将藏书楼建在池中央以备火灾，胡应麟的藏书室"上固而下隆其阯，使避湿"①，天一阁将芸草放入书籍中，将石英置于书橱下，以辟蠹、吸潮。

4. 开明的藏书观念产生

部分藏书家摒弃了历史上"借书与人为不孝"的旧观念，藏书思想渐趋开放。如胡震亨认为"秘不示人，非真好书者"（《津逮秘书·题辞》）②，姚士粦认为："以传布为藏，（是）真能藏书者矣"（《尚白斋秘笈序》）③。沈守正与吴符远相约若有秘本则互通有无；梅鼎祚与焦弱侯、冯开之、赵元度订约搜访，并"三年一会于金陵，各书所得异书逸典，互相雠写"④；黄宗羲、刘城、许元溥结"抄书社"；丁雄飞与黄虞稷结"古欢社"，相约抄书。这在古代极为可贵。

五、清代

清代是我国古代私人藏书的鼎盛期。一方面，明代私人藏书的繁盛为其奠定了基础，继承家藏是诸多清代藏书家的直接来源，如黄虞稷继承父亲黄居中6万余卷藏书，毛扆继承汲古阁8万余册藏书。另一方面，印刷出版业空前发达，不仅有武英殿修书处等庞大的官方刻书机构，坊刻与家刻亦极兴盛，书籍成了大量流通的商品。与此同时，北京、金陵、杭州、苏州等地古旧书业也异常繁荣。因此，购书极为方便，只要有足够资产，通过购买即可成为藏书家。据学者研究，清代有文献记载的藏书家至少有2082人⑤，超过此前历代藏书家之总和。清代私人藏书呈现以下显著特色：

---

① 王世贞.二酉山房记［M］//藏书四记.武汉：湖北辞书出版社，1998：89–94.

② 范凤书.中国私家藏书史.修订版［M］.武汉：武汉大学出版社，2013：166.

③ 叶昌炽.藏书纪事诗［M］.北京：北京燕山出版社，2008：227.

④ 钱谦益.列朝诗集小传：丁集下［M］.上海：上海古籍出版社，2008：627.

⑤ 范凤书.中国私家藏书史.修订版［M］.武汉：武汉大学出版社，2013：266.

1.区域性藏书群体形成

尽管以江浙为中心的藏书格局未被打破，"其收藏之地，于吴则苏、虞、昆诸剧邑，于浙则嘉、湖、杭、宁、绍诸大郡，大都一出一入，此散彼收，朱玺鸿泥，灿然罗列"[①]。但北方诸省不时出现可与江浙藏书家媲美的藏书大家，北京成为北方藏书家荟萃之地。此外，山东、福建等省亦是藏书家集中之地。

2.藏书世家涌现

私人藏书历经近2000年的发展，风气已极浓厚，并涌现了大量藏书世家。仅以浙江一省为例，传承三代以上的藏书世家就有钱塘钱氏、洪氏、吴氏（宝名楼）、吴氏（瓶花斋）、鲍氏、赵氏、金氏，仁和孙氏、黄氏、王氏，杭州丁氏，塘栖卓氏，长兴王氏、归安姚氏、陆氏，乌程蒋氏，吴兴刘氏、张氏，秀水朱氏，海宁周氏、蒋氏，海盐张氏，桐乡汪氏，平湖葛氏，诸暨陈氏、骆氏，山阴祁氏、张氏、沈氏，会稽姚氏，鄞县全氏、范氏，慈溪冯氏、郑氏，余姚黄氏，瑞安孙氏，临海谢氏，太平金氏等。

3.追崇宋元版刻之风盛行

宋版典籍因年代久、存世稀、讹误少，备受藏书家青睐。追崇宋版典籍风气兴起于明代中期，至清代乾嘉时期，随着考据学、校勘学、辑佚学的盛行而推向极致。部分藏书家不惜重金收购，以多获为荣，并建专门善本书室，编善本书志，制宋元专章。如黄丕烈自号"佞宋主人"，先后收藏宋版典籍百部之多，专辟一室藏之，名曰"百宋一廛"；吴骞有"千元十驾"，以示不弱于"百宋一廛"。此风气一直延续至清末，晚清四大藏书楼之一即名曰"皕宋楼"，气势远超"百宋""千元"。

4.藏用结合，相关学术成果空前繁盛

在藏书理论上，孙从添的《上善堂藏书纪要》被誉为"整个十九世纪唯一的一部向私人藏书家交代藏书技术的参考书"[②]，甚至"直至今日还对现代中国的图书馆发生着影响"[③]。在目录学上，私人藏书目录种类繁多，几乎包含了传统

---

① 杨守敬.藏书绝句［M］.上海：古典文学出版社，1957：3.

② 谭卓垣，伦明.清代藏书楼发展史·续补藏书纪事诗［M］.徐雁，谭华军，整理.沈阳：辽宁人
　　民出版社，1988：46.

③ 同上。

书目的各种类型，还出现了日记体、赋注体、题跋体、评价体等多种体例，总体编制数量达 670 种，流传至今者约有 350 种。在辑佚书、编丛书领域成绩斐然。辑佚在清代发展至顶峰，成绩突出者有黄奭和马国翰：黄奭《汉学堂丛书》辑经书 85 种，纬书 56 种，子史 74 种；马国翰《玉函山房辑佚书》共辑 632 种、700 余卷。编辑丛书更为普遍，如黄丕烈曾计划将所藏宋元善本全部刻印，此计划虽未全部完成，但其刻印的《士礼居丛书》就包含书籍 19 种、194 卷；张海鹏一生致力于刻书，著名者有《学津探讨》《墨海金壶》《借月山房汇抄》《太平御览》等；其他如卢见曾、鲍廷博、钱熙祚、阮元、毕沅、潘仕成、蒋光煦等，均积极编刻丛书，为保护与传播文献做出了极大贡献。

5. 开明的藏书理念初步形成

清代发展了明代开明的藏书思想，曹溶是清初第一个系统阐释开放藏书思想的藏书家，所撰《流通古书约》指出历代藏书家重收藏轻流通的危害，建议藏书家互相传抄所缺书籍，或将所藏珍本刻版刊行。至乾隆年间，周永年创《儒藏说》，中心思想即跳出私人藏书的小圈子，提倡由社会承担起藏书的责任，使藏书得以为社会服务，尤其裨益于广大寒门子弟。周永年不仅为藏书进一步开放作了初步设想，还和桂馥合办借书园并付诸实践。至晚清，开放意识更趋强烈，孙衣言等许多藏书家将私藏嘉惠学林，徐树兰创办的古越藏书楼则完全效法西方图书馆，将开放藏书思想推向极致。

六、中华民国时期

清末战乱多发，太平天国运动、鸦片战争、义和团运动等均给全国藏书带来极大破坏与不可估量的损失，而图书馆等文教机构的兴起，也给私人藏书带来了极大冲击。辛亥革命一举推翻清王朝统治，建立中华民国，但并未能扭转近代中国遭受列强欺辱的局面。整个民国时期战争频发，尤其是日本帝国主义的入侵，灾难深重。西方印刷技术的传入，促使书籍形式由线装转变为平装或精装；五四新文化运动的开展，促进了书籍内容向广泛性和知识载体多样性发展。总之，传统私人藏书由盛转衰，同时进入近代化。

1. 江浙为中心的私人藏书格局逐步解体

受清末战乱的影响，江南藏书遭受了重创，楼毁书亡现象异常严重。辛亥革命后，北京、天津逐渐成为李盛铎、傅增湘、周叔弢等藏书大家的寓居地，形成了南北对峙的新格局。

2. 藏书家群体得以拓宽

一方面，工商实业家藏书群体崛起，如《辛亥以来藏书纪事诗》中云："近来银行家，多喜藏书，武进陶兰皋、庐江刘晦之，其最著者也。闻杭州叶揆初者，亦浙江兴业银行董事，收藏稿本、抄校本甚夥。往日藏书之事，多属官僚，今则移之商家。"[①]另一方面，学者藏书群体极其活跃，并呈现专藏多样化特色，如冯恩缓专藏报刊，况周颐、吴昌绶、林葆恒、徐乃昌、叶恭绰、吴梅等有词书专藏，王体仁、张国淦、任凤苞以藏方志为特色，宋春舫、齐如山、周明泰以戏曲为专藏，马廉、周越然广收通俗小说，方树梅、刘文嘉等以乡邦文献收藏为己任。

3. "化私密为公开"，私人藏书走上了公用共享道路

一方面，大批以私人藏书为基础的图书馆创立，并向社会开放，如张骞之南通图书馆，范柳堂之柳堂图书馆，卢靖木之木斋图书馆，郑建侯之益众图书馆，孙文青之雨湘图书馆等。另一方面，张端、汪康年、孙延钊、李鸿章、黄体芳等大批藏书家将私藏捐赠给公共图书馆或高校图书馆，仅《中国私家藏书史》的统计，私藏捐公的藏书家就有 61 人。

七、中华人民共和国时期

中华人民共和国的成立，是中国社会发展史上的重大变革，对藏书最深刻的影响则是公私藏书的兴替。各类图书馆的崛起，传统私人藏书楼迅速衰落和瓦解，大部分以线装古籍为代表的私人藏书或捐赠、或寄存、或出售给了各类公共机构。只是公共藏书机构并不能完全满足人们对书籍的需求，故嗜书而竭力收藏者仍大有人在。现代图书生产技术日新月异，收藏书籍极其便捷，藏书群体得以进一步拓宽至普通工农家庭。但因各大类型藏书机构的蓬勃发展，电子书籍的兴盛，个

---

① 伦明.辛亥以来藏书纪事诗［M］.杨琥，点校.北京：北京燕山出版社，2008：122.

人已没有必要进行超大规模的纸质收藏。在藏书风气上，追崇宋元版书籍的风尚已失去土壤；在藏书内容上，多依据个人偏爱或专业去搜藏；在藏书思想上，传统私有独占、遗传子孙的观念已相当淡化。

第三节　历代藏书家举隅

一、孔子

孔子（公元前 551—公元前 479 年），名丘，字仲尼，鲁国陬邑（今属山东曲阜）人，春秋末期思想家、教育家、文献学家、儒家学派创始人，是有文献记载的我国最早的藏书家。《公羊解诂》称孔子编修《春秋》时，曾派子夏等学生 14 人求周史记，并得百二十国宝书。《尚书正义》记载，孔子还得到了黄帝玄孙帝魁至秦穆公时的典籍共计 3240 篇。孔子藏书的主体为《诗》《书》《礼》《乐》《春秋》等"六艺"及各国史书，主要用于教育，作为教授学生的教材。

二、惠施

惠施（公元前 390—公元前 317 年），宋国（今属河南商丘）人，战国时期政治家、哲学家、藏书家，以善辩知名，著有《惠子》。据《庄子·天下篇》记载，惠施学问广博，有书五车之多。藏书量达五车在当时已是非常大的数字，成语"学富五车"即出于此。

三、刘德

刘德（公元前 171—公元前 130 年），西汉景帝次子，景帝前元二年（公元前 155 年）封为河间献王，一生致力于古籍的收集与整理。为搜求古籍，他走遍燕、鲁、赵、魏之地，除重金购之，还命人抄录一份留与百姓。若遇不愿出让者，则好言求之，从不凭借身份强夺，以故求书贤名远扬，多有不远千里前往献书者。经几十年努力，藏书规模宏大，几与当时中央政府藏书量相媲美，且多为《周官》

《尚书》《礼》《礼记》《孟子》《老子》《诗》《左传》等先秦古籍。为收藏、整理藏书，专门建造"日华宫"，召集上百儒学之士整理编校。武帝元光五年（公元前136年）冬十月，刘德将整理出的大批正本藏书赠给了朝廷。

四、蔡邕

蔡邕（133—192年），字伯喈，陈留圉县（今属河南杞县）人。少博学，好辞章、数术、天文，是有文献记载的我国第一位万卷藏书家。张华《博物志》记载："蔡邕有书万卷，汉末年载数车与王粲"[①]。《三国志·魏书·王粲传》对此事有更生动的记录。蔡邕还将4000余册藏书传给了女儿蔡琰（字文姬），惜毁于战乱。据《后汉书·列女传》记载："（曹）操因问曰：'闻夫人家先多坟籍，犹能忆识之不？'文姬曰：'昔亡父赐书四千许卷，流离涂炭，罔有存者，今所诵忆，裁四百余篇耳。'"[②]可见蔡琰不仅藏书，而且熟读以至了然于胸。蔡邕是我国历史上第一位能将私人藏书传赠给善读者的藏书家，开创了与人共读的优良风气。

五、张华

张华（232—300年），字茂先，范阳方城（今属河北固安）人，西晋著名学者、藏书家。据《晋书·张华传》记载，其"雅爱书籍，身死之日，家无余财，惟有文史溢于机箧。尝徙居，载书三十乘。秘书监挚虞撰定官书，皆资华之本以取正焉。天下奇秘，世所希有者，悉在华所"[③]。藏书之富，乃至执掌官府藏书的官员在撰定官书时，也前往张华处查证。张华则因饱读藏书，而博文强识，世无与比。一生著述丰硕，有《博物志》10卷、《杂记》15卷、《集》10卷。后人辑《张司空集》行世。

六、许善心

许善心（558—618年），字务本，高阳北新城（今属河北徐水）人。出生于

① 张华. 博物志［M］. 王根林等，校点. 上海：上海古籍出版社，2012：27.

② 范晔. 后汉书·卷八十四·列女传［M］. 北京：中华书局，1997：725.

③ 房玄龄等. 后汉书·卷三十六［M］. 北京：中华书局，1997：282.

官宦书香门第，家藏祖上所传书籍万余卷。许善心遍读藏书，并在此基础上编撰了《灵异记》《西域图记》，及《方物志》20卷、《符瑞记》10卷、《皇隋瑞文》13卷、《梁史》70卷，与虞世基合撰《区域图记》600卷。对藏书进行编目、整理，所编私家目录《七林》体例较为完善，其成就超过《七志》《七略》。

七、李泌

李泌（722—789年），字长源，京兆（今属陕西西安）人。少聪敏，博涉经史，唐代德宗时官居宰相之位，封为邺侯。据王应麟《困学纪闻》记载，其父李承休已藏书2万卷。李泌继承父亲藏书，构筑书楼，积书3万余卷。每类书籍均有特殊标记：经书用红牙签，史书用绿牙签，子书用青牙签，文集用白牙签。据《历代名画记》记载，为加强对藏书的管理，李泌还在全部藏书上都钤盖"邺侯图书刻章"之印。李泌的藏书为时人所推崇，世称"邺侯插架"。

八、白居易

白居易（772—846年），字乐天，号香山居士，唐代文学家、藏书家。贞元十六年（800年）进士及第。贞元十八年（802年）授秘书省校书郎，之后又任集贤校理，参与国家藏书整理工作，为其收藏书籍提供了方便。此后，无论是任京官还是外放，时刻不忘用功读书和收藏典籍。为管理藏书，在洛阳宅中修建藏书室，名"池北书库"。白居易藏书主要为著述所用，并以家藏为基础，编制了一部专供辞藻之用的类书《白氏六帖》，分为1367门。作为我国历史上高产且高质的作家之一，白居易的个人著作不仅是其藏书的重要组成部分，也是我国文学史上的宝贵财富。

九、徐锴

徐锴（920—974年），字楚金，原籍会稽（今属浙江绍兴），后迁居广陵（今属江苏扬州）。自幼爱读书，又喜精研文字学。南唐李璟时，以校书郎起家，累官至中书舍人，至后主时供职集贤院，日事校勘，朱黄不离手，家中藏书逐渐增多。徐锴遍读所藏，知识渊博。后主得《周载齐职仪》，初时江东无此书，人无知者，而徐锴能一一条述且无遗漏，世人皆叹服其博学。《十国春秋》记载："江南藏书之盛为天下冠，锴力居多。"[①]徐锴藏书而读书，勤于著述，在文字学、文学上成就突出，著述等身，计有《说文解字系传》40 卷、《说文通释》40 卷、《说文隐音》4 卷、《方舆记》130 卷、《赋苑》200 卷、《广类赋》25 卷、《甲赋》5 卷、《灵仙赋记》2 卷及《古今国典》《岁时广记》《历代年谱》等。

十、欧阳修

欧阳修（1007—1072 年），字永叔，号醉翁，晚号六一居士，吉州庐陵（今属江西吉安）人，北宋著名文学家、史学家。幼而丧父，家贫，母亲获画地教字，成语"画获教子"便出此典故。自幼好读书，然家贫无书可读，便常常借读邻家之书，并大多抄录之。成名后，始得大量收藏书籍，连同幼时所抄，达万卷之多。别人问他为何晚号"六一居士"，他说："吾家藏书一万卷，集录三代以来金石遗文一千卷，有琴一张，有棋一局，而常置酒一壶……以吾一翁，老于此五物之间，是岂不为六一乎？"[②]可见万卷藏书在他心中地位之高。

十一、司马光

司马光（1019—1086 年），字君实，号迂叟，陕州夏县（今属山西运城）人。好藏书，其洛阳"独乐园"中有读书堂，收藏文史书籍 1 万余卷；嗜读书，常手不释卷，乃至不知饥渴寒暑，在文学、经学、哲学乃至医学等领域均有建树。著述丰硕，除《资治通鉴》294 卷外，尚有《易说》《注古文孝经》《类篇》《通鉴举要历》《稽古录》《本朝百官公卿表》《注太玄经》《注扬子》《书仪》《医问》《涑水纪闻》《司马文正公集》等。

十二、叶梦得

叶梦得（1077—1148 年），字少蕴，号石林，江苏吴县（今属江苏苏州）人，著名藏书家、文献学家、文学家。通过购买和抄写，藏书量达 10 万余卷，晚年

① 吴任臣. 十国春秋：第 1 册［M］. 徐敏霞，周莹，点校. 北京：中华书局，1983：404.
② 欧阳勇，刘德清. 欧阳修文评注［M］. 南昌：江西人民出版社，2012：255.

在浙江吴兴建"石林别馆"藏之。除藏书外，还尽力刊刻流布，主持建立了绅书阁公共藏书楼。他亲自作《绅书阁记》，阐述建阁藏书缘由为使"有司退食之暇，素习未忘，或时以展诵"，并希望"后有同志，日月增溢之，愈久愈多，亦足风示吾僚，使知仕不可不勉于学"[1]。叶梦得对书籍的内容和生产进行了多方面研究，在书籍版本及雕版印刷史研究、书籍的研读校勘、书籍编纂等领域取得了较多成就。绍兴十七年（1147 年），石林别馆遭火灾，藏书悉数焚毁。

十三、李清照

李清照（1084—1155 年），号易安居士，齐州章丘（今属山东章丘）人，著名女诗人。建中靖国元年（1101 年），适金石名家赵明诚，从此相伴开始了金石、藏书和研究之路。婚后二年，因政治牵连，屏居青州，筑归来堂，专事藏书与读书。经过 20 余年辛苦搜寻与求购，收藏了大量金石古器、碑刻铭文和典籍。《金石录》是赵明诚在青州时始撰，所记内容一定程度上为归来堂收藏之反映。"右《金石录》三十卷者何？赵侯德父所著书也。取上自三代，下迄五季，钟、鼎、甗、鬲、盘、彝、尊、敦之款识，丰碑、大碣、显人、晦士之事迹，凡见于金石刻者二千卷，皆是正讹谬，去取褒贬，上足以合圣人之道，下足以订史氏之失者，皆载之，可谓多矣。"[2]宋人张淏曾总结金石学在宋代的兴起说"本朝欧阳始酷嗜之，所藏至千卷。后来赵公明诚所蓄尤富，凡二千卷，其数正倍于欧阳公，著《金石录》三十卷"[3]。此可推知北宋承平时赵、李夫妇的藏书当远逾此数。北宋亡后，1127 年，李清照携书籍 2 万卷、金石刻 2 千卷颠沛流离于浙江，足迹遍及临海、嵊州、建德、黄岩、椒江、温州、绍兴、衢州、杭州、金华，最后定居杭州，于晚年作《金石录后序》。

十四、晁公武

晁公武（1105—1180 年），字子止，号昭德先生，宋代潭州清丰（一说为山

---

① 肖东发.中国私家藏书：先秦至明代［M］.贵阳：贵州人民出版社，2009：105.

② 赵明诚.金石录校证［M］.金文明，校证.桂林：广西师范大学出版社，2005：531.

③ 王利伟.青州归来堂考略［J］.古籍整理研究学刊，2004（2）：83–86.

东巨野）人，好藏书、读书。其先世几代都藏书，惜毁于北宋末之战乱。南渡后，晁公武宦四川，四处访书、求书，购买、抄录，藏于"郡斋"。后得藏书大家井度 50 箧藏书的馈赠，总计藏书逾 24500 卷。他任荣州知府时，对藏书予以校勘、整理，撰成我国现存最早的提要目录《郡斋读书志》，对后世目录学影响颇大，郡斋藏书楼也因此目录而为后人所知。

十五、陈振孙

陈振孙（约 1183—约 1262 年），字伯玉，号直斋，湖州安吉（今属浙江湖州）人，著名目录学家、藏书家。自嘉定之末（1217—1224 年）任官后的 30 余年中，通过求购、抄录搜集典籍：官江西时，从当地藏书之家抄录了《龙髓经》《疑龙经》《辨龙经》《杂相书》《庞氏家藏秘室方》等诸多罕见秘籍，所购唐代元度撰《九经字样》乃五代开运丙午年（946 年）刻印的古京本，珍贵异常；官福建莆田时，抄录的珍异典籍有《奉诏集》《亲征录》《龙飞录》《思陵录》等官方禁止刻印之书；任国子监司业时，抄录了国子监和秘书监的诸多官藏秘书。藏书楼名"直斋"，藏书 50000 余卷。约官国子监时，着手整理藏书，并历 10 余年编撰成《直斋书录解题》。《直斋书录解题》原 56 卷，著录藏书 3096 种、51180 卷，而当时国家书目《中兴馆阁》著录仅 44486 卷（其续编收书 14943 卷），可见陈氏藏书之富。56 卷本《直斋书录解题》失传于明代，现行本为 22 卷本，系清代《四库全书》馆臣从《永乐大典》中辑录所成。

十六、宋濂

宋濂（1310—1381 年），字景濂，号潜溪，别号龙门子，祖籍金华潜溪（今属浙江义乌）。官至翰林学士，有明代"开国文臣之首"的美誉。幼年家贫，以借书、抄书为读书途径。成名后，开始大量购书、藏书。元末携万余卷书籍迁至浙江浦江的青萝山，筑室隐居，读书其中。不久，得到当地藏书家郑氏的 80000 卷书籍，遂建书楼"青萝山房"以藏之。在遍读家藏基础上，著述丰硕，除奉命主编《元史》外，还著有《宋学士全集》30 卷、《宋景濂未刻集》2 卷、《洪武圣政记》1 卷、《潜溪邃言》1 卷、《文原》1 卷、《萝山杂言》1 卷、《浦阳人物记》

1卷、《燕书》1卷、《龙门子凝道记》2卷等。

十七、项元汴

项元汴（1525—1590年），字子京，号墨林，又号香严居士、退密庵主人、惠泉山樵、鸳鸯湖长、静因庵主人等，秀水（今属浙江嘉兴）人。家境富裕，得以大量收集书籍、字画。因得一架铁琴上刻有"天籁"二字，便名其藏书楼为"天籁阁"。藏书多为海内珍异品，并以法书、名画、鼎彝、古玩为著名。清顺治二年（1645年）闰六月，清兵攻破嘉兴府城，天籁阁藏品被千夫长汪六水劫掠。其后，部分藏品归于皇宫，现仍藏于北京故宫博物院和其他博物馆。

十八、钱谦益

钱谦益（1582—1664年），字受之，号牧斋，晚号蒙叟、东涧遗老、峨眉老衲、石渠旧史等，江苏常熟人。一生嗜书成癖，为访书、借读、抄录，足迹遍天下。藏书处有荣木楼（或称荣木堂）、佛水山庄、半野堂、绛云楼、红豆山庄、含晖阁等，并以绛云楼藏书名满天下，黄永年藏《绛云楼书目》著录藏书达2951种。钱谦益是典型的读书者之藏书，"自及第后再朝，退食里居，杜门读书，寒暑无间，于书无不读，而尤熟于有明一代之文献"[1]，"老而好学，每手一编，终日不倦。暑月夜读苦蚊，辄以足置两瓮中"[2]。文名极盛，号为一代文宗，与吴伟业、龚鼎孳并称"江左三大家"，而谦益为冠。以个人力量编撰《明史稿》250卷，另编成《楞严经蒙钞》《金刚心经注疏》等书。著有《国初群雄事略》《投笔集》《牧斋诗抄》《牧斋初学集》《牧斋有学集》《列朝诗集小传》等十几种。

十九、毛晋

毛晋（1599—1659年），初名凤苞，字子久，后改名晋，字子晋，号潜在，晚号隐湖。江苏常熟人。明末清初著名藏书家、出版家。藏书达84000余册，主要通过购买和抄录所得，并建汲古阁收藏善本，建目耕楼收藏普通版本。30

---

① 钱陆灿等.康熙常熟县志［M］//中国地方志集成本.南京：江苏古籍出版社，1991：442.
② 王晫.今世说［M］//清代笔记小说大观本.上海：上海古籍出版社，2007：136.

岁左右开始经营校勘刻书业，因选用本为宋椠元刻，校勘精审，颇受市场欢迎。从明代万历末年到清代顺治年间的 40 余年中，毛晋刻书约 600 余种，内容包罗万象，如唐宋别集、经史词曲、百家九流，乃至小说。形式上多刊大部头的丛书，如编刻的《十七史》共 22293 页，《津逮秘书》共 16639 页，《六十种曲》共 7986 页等。毛晋刻书为历代私家刻书最多者，对保存和传播古代文化发挥了极大的推动作用。汲古阁名声因之大振，成为明末清初最具特色的藏书楼之一。

二十、孙庆增

孙庆增（1692—1767 年），字从添，江苏常熟人，清初藏书家、目录学家。藏书楼名"上善堂"，藏有宋版书 55 种，元版书 76 种，影宋抄本 72 种，名人抄本 89 种，校本 36 种，且多是毛晋"汲古阁"、钱谦益"绛云楼"，以及赵琦美、季振宜、陆贻典、冯班、叶树廉、赵宧光等藏书家旧藏，编有《上善堂书目》。所著《上善堂藏书纪要》从购求、鉴别、抄录、校雠、装订、编目、收藏、曝书八则入手，全面论述了收集、整理、保藏书籍的方法、心得和收获，为我国全面论述藏书技术的第一本专著。近代图书馆学家谭卓垣称该书是"整个十九世纪唯一的一本向私人藏书家交代藏书技术的参考书"[①]。

二十一、黄丕烈

黄丕烈（1763—1825 年），字绍武，一字承之，号荛圃、绍圃、百宋一廛翁、佞宋主人等，藏书家、刻书家、目录学家。乾隆五十三年（1788 年）举人，嘉庆六年（1801 年）被发往直隶知县不就，弃官归里，专事收藏、校雠和著述，有藏书楼"士礼居"，自称"书魔""痴绝""惜书不惜钱"。收藏善本、秘本、珍本极丰富，宋版书达百余种，专辟一室收藏，曰"百宋一廛"，意为百种宋版书集于一室。此外，尚有求古斋、读未见书斋、陶陶室、复陶室、太白楼、学山海居、红椒山馆、求古精舍等藏书处。每得好书，往往约顾之逵、陈

---

① 谭卓垣，伦明 . 清代藏书楼发展史·续补藏书纪事诗［M］. 徐雁，谭华军，整理 . 沈阳：辽宁人民出版社，1988：46.

鳣、吴骞、顾广圻等好友一起欣赏，吟诗作赋，寓乐其中；或请画家绘制得书图，如得宋刻本《孟浩然诗集》而绘《襄阳月夜图》，得蒋篁亭藏宋刻本《三谢诗》而绘《三径就荒图》，得《咸宜女郎诗》而绘《鱼元机诗思图》。每年除夕，他还进行"祭书"活动，沈士元曾为之作《祭书图说》。长于校书，读过、校过并留下校勘文字的典籍有近千种。《清史列传》赞誉其校书成就说"（黄氏）尤精校勘之学，所校《周礼郑氏注》《夏小正》《国语》《国策》，皆有功来学"①。擅刻书，《清史列传》称其"每刻一书，行款点画，一仍旧本，既有讹误，不敢擅改，别为札记，缀于卷末。钱大昕、段玉裁甚称之，谓可矫正近世轻改古书之弊"②。精于古书鉴别，经他校勘而留下题跋的书，往往能身价百倍，世称"黄跋"，让收藏者珍若拱璧。

二十二、朱彝尊

朱彝尊（1629—1709年），字锡鬯，号竹垞，又号醧舫、行十，晚号小长芦钓鱼师、别号金风亭长，朱茂曙子，秀水（今属浙江嘉兴）人。清初著名学者，50岁时以布衣之身举博学鸿词科，授翰林院编修，参与《明史》编纂。藏书活动始自青年，第一次贬官的直接原因系"私挟小胥入内写书被劾"③，时人誉之"美贬"。乞假还秀水时，藏书已有30000余卷，后又陆续添购40000余卷，总计80000余卷。为搜访古书，他几乎跑遍了半个中国，足迹北到河北、山西、内蒙古一带，南抵两广、云南，东至山东沿海、江浙诸地。每到一地，便遍访城乡、庙寺、墓阙，四处搜求典籍及金石铭刻之文。构筑藏书处"潜采堂"，将藏书分经、艺、史、志、子、集、类、说八门妥加收藏。另有晒书处"曝书亭"，其诗文总集、藏书楼即以此亭名为名。

---

① 清史列传［M］.王钟翰，点校.北京：中华书局，1987：5931.

② 同上。

③ 赵尔巽.清史稿［M］.北京：中华书局，1977：13339–13340.

图 2-2 朱彝尊曝书亭

二十三、吴骞

吴骞（1733—1813 年），字槎客，又字葵里，号兔床，海宁人，诸生。乾嘉时著名藏书家，有"拜经楼"，以藏书之富、之精著称，全靠其辛苦搜集所得，这在《愚谷文存》"桐阴日省篇"中有详细记载。据陈鳣为《愚谷文存》所作的序言可知，吴骞不仅藏书数十万卷，还收藏有大量图绘、碑铭、鼎彝、剑戟、币布、圭璧、印章、象犀。尤嗜宋本书，因好友黄丕烈有"百宋一廛"，便将自己的善本收藏处命名为"千元十驾"，意为千部元版书足抵百部宋版书。所得善本，均亲手校勘，据《拜经楼藏书题跋记》著录，其亲手抄校之善本有几十种之多。藏书目录有《拜经楼书目》2 卷、《兔床山人藏书目录》1 卷。藏书、校书亦读书，常晨夕坐楼中读之。著述丰硕，撰有《拜经楼诗集》12 卷、《拜经楼诗集续编》4 卷、《拜经楼诗集再续编》1 卷、《万花渔唱》4 卷、《拜经楼诗话》4 卷等，并以所藏为底本刻《拜经楼丛书》，收典籍 30 种。

二十四、陆心源

陆心源（1838—1894 年），字刚甫，号存斋，晚号潜园老人，浙江归安（今属浙江湖州）人，清末四大藏书家之一。咸丰九年（1859 年）举人，曾任广东南韶兵备道台十余年，光绪六年（1880 年）调高廉道，后官至福建盐运使。晚年归故里，以藏书、校书终老。凭借丰厚家产，陆心源先后购得郁松年、周星诒、严元照、刘桐、陈徵芝等藏书家流散之书达 10 万余卷。至光绪八年（1882 年），所藏善本书已多达 15 万余卷，筑皕宋楼藏之。与常熟瞿氏铁琴铜剑楼、山东聊城杨氏海源阁、浙江钱塘丁氏八千卷楼并称晚清四大藏书楼。陆心源先后编撰有《皕宋楼藏书志》《仪顾堂题跋》《陆心源捐资建阁归公书籍目录》《吴郡陆氏藏书目录》等藏书目录与藏书题跋。遗憾的是，在其去世后，全部藏书被售卖给了日本人，入藏日本静嘉堂文库，在当时引起了强烈的社会舆论，谓之"皕宋楼事件"。此事引起了端方、张之洞等清政府官员的注意。为防止此类事件再度发生，清政府出资买下了八千卷楼的藏书，创办了江南图书馆，并随时关注铁琴铜剑楼藏书的动向。

二十五、叶昌炽

叶昌炽（1849—1917 年），字颂鲁，又字鞠裳、鞠常，晚号缘督庐主人。原籍浙江绍兴，后入籍江苏长洲（今属江苏苏州）。晚清金石学家、文献学家、收藏家，有藏书楼名"五百经幢馆"。藏书主要源自辛苦搜集。在甘肃为学政的四年间，他几乎访遍了甘肃全省，收集了大批碑版、经卷和经幢，使五百经幢馆闻名遐迩。藏书目的主要为治学，又因好读文人学者著述，故以明清集部书为主。其中《藏书纪事诗》记录了五代至清末藏书家史实，达 400 余人，附见 290 余人，并对每位藏书家各缀绝句一首，以抒其人特征或写其心爱珍藏，被称为"中国藏书史诗"，开创了专门藏书家研究的先河，对图书馆史、中国藏书史、文化史等研究有极高的参考价值。伦明《辛亥以来藏书纪事诗》、莫伯骥《藏书纪事诗补续》、吴则虞《续藏书纪事诗》、徐信符《广东藏书纪事诗》等数种记述古今藏书家著作在此后陆续问世。

二十六、徐树兰

徐树兰（1837—1902 年），字仲凡，号检庵，山阴（今属浙江绍兴）人。光绪二年（1876 年）举人，授兵部郎中，封一品官职，后因母病告归，热心于社会公益。受西方文化影响、西式图书馆启迪，他在绍兴城西古贡院购地一亩六分，建设了古越藏书楼。此后每年捐洋 1000 元作为日常开销。古越藏书楼除收藏徐氏家藏外，新购新式图书、标本、报章及外国文献等，总计藏量 70000 余卷。仿西式图书馆模式，古越藏书楼辟有阅览室，并设置《古越藏书楼章程》。借阅方式为：以室内阅览为主，除万寿节、新年、中秋、清明等节日外，每日上午 9 点至 11 点、下午 1 点至 5 点均对外开放阅览。为对藏书进行分类整理，创设了一种全新的图书分类体系：将全部藏书分为学、政两大部，共 48 类，将中西书籍融为一体，成为我国图书分类史上的重要突破。古越藏书楼的出现，标志着我国私人藏书楼向公共图书馆的过渡，也标志着我国近代图书馆的诞生。

二十七、傅增湘

傅增湘（1872—1949 年），字润元，号沅叔，别署双鉴楼主人、藏园居士、藏园老人、清泉、逸叟、长春室主人等，四川省江安县人。光绪二十四年（1898 年）进士，翰林院庶吉士。1917 年 12 月至五四运动前，曾入内阁任教育总长。其双鉴楼为现代最大的私家藏书楼[①]，藏书 20 余万卷，其中宋金刻本约有 150 种、4600 余卷，元刻本善本数十种、3700 余卷。傅增湘热心于典籍的传布，出资刊刻了《双鉴楼丛书》《蜀贤丛书》等丛书以及《周易正义》《资治通鉴》等多部单行本书。1947 年，他将所藏宋、金、元、明、清精刻、名抄、名校善本 300 余部、4300 余册捐赠给了北平图书馆。去世后，家人遵其遗嘱，再度捐赠给北平图书馆善本 400 余部、3500 余册，剩余者全部捐赠给了家乡四川。

第四节 藏书世家的书香传承

"世家"之称始见于《史记》，主要指古代世袭爵位的贵族，或因政治优势而世代为官的家族历史。汉唐之后，随着政治体制的演变，尽管世家大族始终以科

---

① 肖东发 . 中国私家藏书：清前期及近现代［M］. 贵阳：贵州人民出版社，2009：298.

举入仕为依归，但含义日广，如"经学世家""中医世家""文化世家""梨园世家"，已偏重于传世久远或家族兴旺。在藏书领域，家族藏书累世相传者，便可称之为藏书世家。藏书世家是我国文化事业中的大族，累世传承的不仅是藏书，更是家学与书香，是真正的书香门第，对我国文化学术发展有特殊贡献。因篇幅所限，本书仅以 5 家代表性藏书世家简述之。

一、钱塘钱氏

钱塘钱氏为五代十国吴越国武肃王钱镠家族，有"千年名门望族，两浙第一世家"之称。钱氏藏书缔造者钱镠非常重视对后代的教育，此后钱氏一族藏书、读书风气极盛。五代至宋间，钱传瑛、钱文奉、钱昱、钱易、钱昭序、钱惟治、钱惟演、钱勰、钱俅等皆以藏书名，至少持续六代。自五代至今，人才辈出，出进士、举人无数。当代更是人才济济，钱穆、钱伟长、钱易均为院士，钱玄同、钱钟书、钱学森、钱三强等，均为各自领域中之翘楚。这大概得益于钱氏家族传承千年的崇文好学、藏书重教的家风的濡染。钱氏主要藏书家及藏书史实如下：

钱镠（852—932 年），字具美，一作巨美，虽以武起家，却勤奋好学，深知文化对于一个家族的重要性，故非常重视对后代的教育，被认为是钱氏藏书的开创者。[①]

钱传瑛（878—913 年），初名传锴，后改名元瑛，钱镠第三子，封云国公。善骑射，嗜藏书。据《十国春秋》记载，其"天性英敏，颇敦儒学，聚书数千卷，擅骑射，工草隶"。

钱文奉（909—969 年），字廉卿，自号知常子，钱镠第六子（一说第四子），五代吴越大臣。《十国春秋》记载，其"所聚图书古器无算，雅有鉴裁"。

钱昱（943—999 年），字就之，钱镠曾孙。卒赠太师，封富水侯。据《宋史》记载，昱"好学，多聚书，喜吟咏，多与朝中卿大夫唱酬。"著有《贰卿文稿》20卷、《太平兴国录》1 卷、辑《竹谱》3 卷。

钱惟治（949—1014 年），字和世，钱镠曾孙，卒赠太师。《宋史》记载，惟治"好学，聚图书万余卷，多异本"，"善草隶，尤好二王书，家藏书帖图书甚众……尝

---

① 史宁，陈心蓉.浙江藏书世家研究［M］.杭州：浙江大学出版社，2016：15.

以钟繇、王羲之、唐玄宗墨迹凡七轴为献，优诏褒答"。著有《钱惟治集》10卷。

钱昭序（生卒年不详），字著明，钱镠曾孙，官至如京副史。据《宋史》记载，昭序"好学，喜聚书，书多亲写"。

钱易（968—1026年），字希白，又字宝月，号慧昭大师，钱镠曾孙。咸平二年（999年）进士，累迁翰林学士。喜好收藏佛书，尝校《道藏经》。著有《钱氏家话》1卷、《金闺瀛洲西垣制集》150卷、《洞微志》130卷、《滑稽集》4卷及《青云总录》《青云新录》《南部新书》等。

钱惟演（977—1034年），字希圣，钱镠曾孙，北宋初期文坛领袖之一。好读书，尝对僚属言"平生惟好读书，坐则读经史，卧则读小说，上厕则阅小辞，盖未尝顷刻释卷也"。藏书丰富，《宋史》称其"于书无所不读，家储文籍侔秘府"。著有《秦王贡奉录》2卷、《家王故事》1卷、《逢辰录》2卷、《枢密集》5卷、《典懿集》30卷、《伊川集》5卷、《枢庭拥旄前后集》及《金坡遗事录》《飞白书叙录》《奉藩书事》等。

钱勰（1034—1097年），字穆父，钱易子。宋元祐初年，知开封，拜中书舍人，入翰林，守越州，知池州。卒后追复龙图阁学士。藏书富裕，为时所称，据宋代张邦基《墨庄漫录》记载："藏书之富，如宋宣献、毕文简、王原叔、钱穆父、王仲至家，及荆南田氏、历阳沈氏，各有书目。"

钱龢（约1037—？），字岊仲，一作岊甫，钱勰弟。官至秘阁校理，后知荆南府。钱龢以藏书之富知名，《武林藏书录》记载："居九里松之间，尝建杰阁，藏书甚富，东坡榜之曰'钱氏藏书'。"

二、鄞县范氏

宁波天一阁是现存传世最久的一座私人藏书楼，也是我国现存最早的私人藏书楼，传世400余年。范氏藏书始于范钦，止于范鹿其，延续十三世。范钦大约在嘉靖九年（1530年）开始藏书，主要聚书途径为购买、抄录、刊刻和受赠，并以实用为主要特色。约在嘉靖四十年（1561年）至四十五年（1566年）间建造藏书楼"天一阁"。范钦去世后，长子范大冲继承藏书，并改革了藏书的保存制度，"代不分书，书不出阁"的族规成为后世子孙代代恪守的祖训，有效防止了藏书散佚。范大冲之子范汝楠、范汝桦均严守族规，藏书亦有增长。因谨守"书不出阁"的训诫，天一阁藏书处于封闭状态，在明清易代中得以保存完好。之后，范光文、范光燮、范光交、范正辂、范廷辅、范懋柱、范懋敏、范邦甸等相继传藏。传至范邦绥时，因太平军进攻鄞县而散落，当时"阁既残破，书亦败亡"。太平军退后，经范邦绥多方求购而使书稍稍复归。民国时期，因盗窃、战火而损失部分藏书。至1946年，抗战中转移的藏书才得以重回天一阁。中华人民共和国成立前夕，周恩来曾指示保护天一阁。宁波解放后，中国人民解放军派专人保护天一阁。1949年6月9日，宁波军事管制委员会接管天一阁，并使之成为事业单位。宁波多位本地藏书家将个人藏书捐献给天一阁，极大丰富了天一阁藏书。范氏主要藏书家及藏书史实如下：

范钦（1506—1585年），字尧卿，一作安卿，号东明，嘉靖十一年（1532年）进士，官至兵部右侍郎。好藏书，是明末最负盛名的藏书家，藏书处有东明草堂、宝书楼。在其为官30余年间，宦迹遍于江西、广西、云南、福建、陕西、河南等地，收集书籍数万卷。辞官归故里后，购书、藏书、读书、校书、抄书、刻书、著述构成了其生活的主要内容，至晚年，建书楼天一阁，庋藏书籍7万余卷。关于范钦建天一阁一事，《清稗类钞》中有详细记载。

图 2-3 天一阁宝书楼

范钦亦多刻书、著述。天一阁所藏《范氏奇书》（即《范氏丛书》共计20种），即经范钦亲自校订、刻印，主要包括《乾坤凿度》2卷、附《周易乾凿度》2卷、《周易古占法》2卷、《穆天子传》6卷、《商子》5卷、《素履子》3卷、《竹书纪年》2卷等。编有《范氏东明书目》1册。著有《天一阁集》《烟霞小说》《拊掌录》《奏议》《草朝遗忠录》《明文臣爵谥》《古今谚》等。

范大冲（1540—1602年），字子受，号少明，别署昆仑山人，范钦长子，官光禄寺大官署丞。范大冲是天一阁第二代主人，改革了藏书的保管制度，取消家产与藏书各选其一的析产方法，改为家族共有共管，"代不分书，书不出阁"的族规，成为范氏子孙世代恪守的祖训，使天一阁藏书保存达数百年之久。范大冲撰有《三史统类臆断》。

范汝楠（1581—1622年）、范汝桦（1584—1652年）兄弟。范大冲子，恪守"书不出阁"训诫，使天一阁在明清交替之时基本处于封闭状态，躲过了兵祸。

范光文（1600—1672年），字耿仲，号潞公，顺治六年（1649年）进士，授礼部主事，迁吏部文选司，曾为陕西省乡试正考官。罢归后，购书以充实天一阁所藏。著有《闵行随笔》《癗忆》《七松游》《潞公诗选》等。

范光燮（1613—1698年），字友仲，一字鼎仍，晚号希圣老人。康熙十五年（1676年）任嘉兴府学训导，抄录天一阁藏书百余部，供士子阅读。

范正辂（1638—1694年），字载瞻，范光燮长子。康熙五年（1666年）举人，官至福建泉州府德化县知县。与叔父辈笃守先世遗书，并增益不少。著有《三瑞记咏》，纂《德化县志》《秀水县志》。

范懋柱（1721—1780年），字汉衡，号拙吾。乾隆三十八年（1773年），朝廷诏修《四库全书》，范懋柱进呈珍本图书641种，收入《四库全书》者96种，列入存目者377种。因献书之多，乾隆三十九年（1774年）获赐《古今图书集成》1部，乾隆四十四年（1779年）获赐御笔题词的《西域得胜图》32幅，乾隆五十二年（1787年）获赐《金川得胜图》12幅。天一阁因此闻名天下。

范懋敏（生卒年不详），字苇舟，号逊斋。嗜法书。编成《天一阁碑目》2卷，附刻于文选楼本《天一阁书目》之后，是现存唯一一部天一阁藏碑帖拓本目录。

范邦甸（1777—1816年），字禹甫，号小愚，范懋敏孙。清嘉庆八九年间

（1803—1804），以范邦甸为主的范氏子弟六七人，编成《天一阁书目》10卷、《补遗》1卷。

范邦绥（1817—1868年），字履之，号小西，咸丰六年（1856年）进士。咸丰十一年（1861年），太平军攻占鄞县，天一阁藏书遭毁严重，经范邦绥多方努力才稍始恢复。

三、山阴祁氏

明代中叶，浙东藏书世家首推山阴（今浙江绍兴）祁氏。自祁承爜祖父祁清开始，便有收藏书籍活动，至祁承爜时藏书达到鼎盛。大约在16世纪末到17世纪初的10年间，祁承爜建造了澹生堂藏书楼，藏书9000多种，10万余卷，分为四部46类，主要有四大特色：一是收藏全面，据《澹生堂藏书目》统计，经部占13%，史部占27%，子部占36%，集部占24%。四部重要的书籍基本收集无遗，数量分配较均衡。二是注重实用、突出重点。注意搜集地方文献、俗文学以及当时政治经济相关史料，其中府志94种、县志320种，《古今杂剧》20册、《名家杂剧》16册。三是重视书籍的类别，强调它们的源流。四是版本精良，抄校出众。据高儒《居易录》记载，祁氏所抄之书，多人所未见。祁承爜去世后，藏书归5个儿子共同拥有。明末战乱，祁彪佳将澹生堂及自己创建的八求楼藏书转移到云门山化鹿寺，期间损失一部分。明朝灭亡后，祁彪佳投水取义，由其子祁理孙继续保藏。祁理孙去世后，祁氏逐渐没落，藏书大规模散佚。黄宗羲、吕留良等曾买走不少，另有一部分散落于杭州赵氏小山堂。剩余藏书万余卷经历代子孙保存，至新中国成立后捐赠为公。祁氏主要藏书家及藏书史实如下：

祁清（1510—1570年），字子扬，号蒙泉，嘉靖二十六年（1547年）进士，曾知福州府，以廉洁称。嗜书，是祁氏一族藏书最早者。《澹生堂藏书约》记载其"在仕二十年，有遗书五七架"。

祁汝森（？—1572年），号秋宇，南京国子监生，祁清子。去世时祁承爜仅十岁，留下遗书七架。

祁承爜（1563—1628年），字尔光，号夷度，又号旷翁、密园老人。有藏书楼澹生堂，藏10万余卷，以收藏全面、实用、版本精良、抄校出众著称。祁承燫总结了一套关于藏书的理论——《藏书训略》，为《澹生堂藏书约》一部分，分"购书""鉴书"两篇。购书篇讲述搜集书籍的原则和方法：如购书须眼界欲宽（要有大视野）、精神欲注（选书时要专心）、心思欲巧（多动脑筋、多想办法收集图书）；在郑樵提出的求书八法之外，总结了三种求书途径，即重视辑佚工作、通过分析图书来增加种数、做好调查研究，从而有目的地去求购。"鉴书"篇指出鉴别藏书的五项内容：审轻重（按书的内容和成书时间的先后区分先后次序）、辨真伪（要注意辨别书的真假）、核名实（对书的实际情况进行考证，不被表面现象所迷惑）、权缓急（根据书籍实用价值的大小，分别给予不同的重视，从而反映出藏为用的思想，主张经世致用之书应重点收藏）、别品类（要分辨图书流派，主要阐述图书的分类编目，指出分类应"博询大方，参考同异"）。上述方法至今仍有参考价值。著述丰富，有《澹生堂杂著》《数马记》《出白门历》《江行历》《归航录》《白门二吟》《旷亭小草》《两浙古今著述考》《国朝征信丛录》《辽警》等 27 种。

祁彪佳（1602—1645 年），字虎子，一字幼文，又字弘吉，号世培，别号远山堂主人，世称为世培先生。祁承燫子。万历四十六年（1618 年）举人。曾掌河南道事，为权奸所挤，罢官回乡。明亡后，与史可法等人迎福王入南京称监国，彪佳为大理寺丞，升为右金都御史，转任苏、松巡抚，因秉性刚直而为奸佞小人所嫉，遂引疾归。崇祯十七年（1644 年）甲申五月，南都失守，六月杭州继失，为保名节，自沉寓园。卒后，谥忠敏，清追谥忠惠。祁彪佳受父影响，喜聚书，建有自己的藏书楼——八求楼。所谓"八求"，意出郑樵论求书之八道，即"一曰即类以求，二曰旁类以求，三曰因地以求，四曰因学以求，五曰求之公，六曰求之私，七曰因人以求，八曰因代以求"，并著文《八求楼》自述。"八求"之说，亦是祁彪佳的藏书理论。祁彪佳藏书特色之一是收有大量杂剧和传奇，在明代藏书家中首屈一指。惜仅有《远山堂曲品》《远山堂剧品》两本稿本保留下来。编有《御寇》《古今救荒书》，著有《祁忠惠公遗集》8 卷。

祁理孙（1627—1675 年），字奕庆，号杏庵，法名智垦，祁彪佳次子。一生守制尽礼，聚书赋诗，临池作画，念佛诵经。建有奕庆藏书楼，但因自己不出仕而没有经济收入，所以他自己所购藏的只是一小部分，大部分是继承父辈所藏。奕庆藏书楼书目著录有藏书 1600 种、42600 卷，其中明代杂剧和传奇部分与父亲祁彪佳《远山堂明曲剧品校录》所著录基本相同。《奕庆藏书楼书目》五卷留存至今。该目录中，理孙将四部汇编，上升到与经、史、子、集并列的一级书目，为中国图书分类之首创。

祁班孙（1632—1673 年），字奕喜，小字季郎，祁彪佳第三子。继承父志而好藏书，黄裳《〈远山堂明曲品剧品校录〉后记》注释记载：明刊《唐宋八大家文抄》28 册，祁班孙手批阅本。有藏书印曰"道僧""五云头陀""班孙印""班孙""奕喜印"等。

四、海盐张氏

浙江海盐张氏藏书逾十代，百数十年世代相承。最早可溯至清初张元济九世祖张惟赤创涉园藏书处；后经张皓、张芳湄、张芳湄等子孙的历代努力，到乾嘉之际张宗松一辈时达到鼎盛。道光后期，随着张氏家族中落，传承了 200 余年的藏书陆续散出。太平天国运动时又遭兵燹，涉园遂荒废。至张元济时，继承先世之志，使涉园藏书传统重放光华，纷呈异彩。张元济先后担任商务印书馆编译所所长、监理、董事长等职，被学界誉为近代有魄力、有远见的藏书家。20 世纪30 年代，张元济还创办了涵芬楼、东方图书馆及合众图书馆，成为中国近代图书馆事业的开拓者之一。

张氏主要藏书家及藏书史实如下：

张惟赤（1615—1676 年），字君常、桐孩，号螺浮，顺治十二年（1655 年）进士，曾任刑部给事中。一生以书为友，归田后拓大其父的城南书屋"涉园"以藏书，并遍搜书以充其中，藏图书彝鼎甚富。著有《思退轩诗集》1 卷，《入告初编》《二编》《三编》各 1 卷，编有《涉园张氏书目》4 册、《涉园图卷》1 卷。

张皓（1640—1709 年），号小白，别号嫡亭，惟赤长子，康熙十一年（1672 年）举人。张皓所藏颇多珍本秘籍，如宋本《源流至论》等。尝请王补之绘《涉园图咏》长卷，遍征当时名人题咏。

张芳湄（1665—1730 年），字象贤，号葭士。《清稗类钞》记载："（芳湄）归隐，增葺台榭，啸歌之暇，率族人读书其中。是以藏书极富，积百数十年，未稍散佚。"

张宗松（1690—1760 年），字青在，一字楚良，又字蟪庐，芳湄子。是清代张氏藏书之最著名者，在其本人名下藏书有 1559 部，不下万册。精鉴别，遇有善本手自抄录，曾得到华山马氏大德间撰刻李雁笺注《王荆文公诗笺注》50 卷，乾隆六年（1741 年）清琦斋复刻行世，为海盐张氏涉园所刊书中最著名之本，国家图书馆、上海图书馆、浙江图书馆有藏。还喜校勘、刻书，与当时江南著名藏书家黄丕烈、吴骞、鲍廷博等往来借书校勘。编有《清琦斋书目》，著录有宋、元刊本 50 余种，抄本 290 余种。

张宗柟（1704—1765 年），字汝栋，号吟庐，又署含广，晚号花津圃人，芳湄子。性喜藏书，所藏明万历刊本《陶渊明集》10 卷乃查慎行手批本。刻有《汇刻渔洋诗话》10 卷；辑有《带经堂诗话》30 卷，著有《藕村词存》1 卷、《度香词》1 卷、《吟庐小稿》1 卷、《词林纪事》22 卷。

张宗橚（1705—1775 年），字泳川，号藕村，又号思岩，芳湄子。遇善本而手自抄录，藏书达万卷。著有《晴雪轩雅词》，辑有《藕村词存》2 卷，于乾隆四十三年（1778 年）刊《词林纪事》22 卷。

张载华（1718—1784 年），宗松弟，字佩兼，号芷斋，别署观乐生、乌夜村农，芳湄子。其藏书有万卷之多，遇有善本手自抄录。所藏有唐李德裕《李文饶集》、宋黄庭坚《山谷刀笔》等珍本。刻有《初白庵诗评》。

张柯（生卒年不详），字晋樵，一字东谷，张芳潢之子，宗松从弟。继承祖传遗书，又多加搜集，故藏书甚富。精于鉴别，对藏书、彝鼎等，望之便知何物；好与友人交流，尝与朱笠亭、陆太冲辈日坐藏书楼中，批阅讨论古籍。其藏书处为攓云楼、筼心堂等。著有《攓云楼诗稿》。

张鹤徵（1748—1808 年），字选岩，号云汀，别号鸥舫，张载华子、宗楠嗣子。清代嘉庆道光年间，张氏藏书中落，时以张鹤徵藏书为族中最有名者。著有《鸥舫小稿》，刻有《涉园图咏》。

张元济（1867—1959 年），原名元奇，字菊生，号筱斋，张惟赤九世孙。张元济通过"求之坊肆、丐之藏家、近走两京、远驰域外"，使涉园藏书在民国时期重放光芒。主要表现为：

1. 致力于善本收录

张元济收藏了不少古本秘籍，尤其嗜好宋本，故其藏书亦颇多善本。由于他从未为自己涉园中的宋本汇编目录，因此，除刻入《四部丛刊》《续古逸丛书》等部分外，难以确知他究竟收藏有多少部宋本书。

2. 致力于张氏先世旧藏的搜罗

凡获悉钤有"涉园"印记的图书，张元济都不惜高价购回，如曾落入于右任之手待售的宋本《荀子》《庄子》等善本便是重金购得的。日积月累陆续收回善本52部之多，最早的可溯至他的八世祖张皓旧藏。1936年杭州举办浙江省文献展览会，送展的原为张氏涉园旧藏，如：唐蒲卢纶《卢户部诗集》10卷，明抄本；唐代莫休符《桂林风土记》1卷，明抄本；参展时均标明"藏张菊生家""海盐张菊生藏"。

3. 致力于家乡地方志的收集

如数十年中搜罗海盐及嘉兴府地方文献极多，嘉兴先贤遗著476部、海盐先贤遗著355部、涉园先世著述及旧藏104部，计935部3793册。1936年杭州举办浙江省文献展览会，张元济所送展之书有清嘉兴李澧《意香阁诗词草》2册（李氏后人抄本）、清秀水朱耒《童初公遗稿》1册（嘉庆间抄本）、清海盐黄仙仑《仑山堂壬戌诗》1册（抄本）、清嘉善魏允札《魏东斋先生残稿》1册（抄本）、清海盐董湖《红豆诗人诗抄》2册（抄本）及明海盐彭孙贻选《明诗五言律》1册（手稿本）。

4. 致力于图书馆创办与建设

抗战时，张元济与叶景葵等人在上海创办合众图书馆，将所藏嘉兴乡邦文献全部捐入图书馆，包括三个部分：嘉兴先贤遗著476部，1822册；海盐先贤遗著355部，1115册；涉园先世著述刊印及旧藏104部856册及石墨图卷各一；共计935部3793册。

五、常熟瞿氏 [①]

常熟瞿氏铁琴铜剑楼与山东聊城杨氏海源阁、浙江钱塘丁氏八千卷楼、浙江

---

① "常熟瞿氏藏书"由藏书文化研究专家、常熟理工学院曹培根教授提供。

归安陆氏皕宋楼合称为晚清代四大藏书楼，有"南瞿北杨"之美称。瞿氏继承了常熟派藏书家好宋元刻本、抄本和稿本的传统，藏书多为精品，仅瞿氏铁琴铜剑楼捐赠北京图书馆并载入《北京图书馆善本书目》的就达 242 种 2501 册。藏书以求精、重用见长，历经瞿进思、瞿绍基、瞿镛、瞿秉渊、瞿秉清、瞿启甲、瞿济苍、瞿旭初、瞿凤起等递藏，在中华人民共和国成立后捐献归公，事迹感人。瞿氏主要藏书家及藏书史实如下：

瞿进思（1738—1793 年），笃志好学，因父老，弟早殁，弃制举业代父总理内外，内行醇备，为善于乡，课子甚严。黄廷鉴《恬裕斋藏书记》载瞿进思"延名师，庋置经史坟素，教诸子咸有声庠序"①。可见，瞿氏藏书始于瞿进思。

瞿绍基（1772—1836 年），字厚培，号荫棠，瞿进思子，瞿氏铁琴铜剑楼第一代楼主。乾隆五十八年（1793 年）补廪生，援例以训导分发试用，署阳湖县学训导，因母年老不复求仕，读书乐道。好聚书，不惜重金广购书籍，旁及金石，经、史、子、集均手自校雠，历十年而积书至 10 万余卷，曾请无锡张式绘《荫棠先生检书图》以明志。喜抄书，专用的抄书纸印上墨格，书版心有"恬裕斋"三字，抄存之书有宋程大昌《考古编》10 卷等。又购置稽瑞楼、爱日精庐两家散出宋元善本之半，增置插架，于是额其书斋"恬裕斋"，取《尚书·周书·梓材》"引养引恬"、《尚书·商书·仲虺之诰》"垂裕后昆"中"恬"与"裕"两字，意即让子孙后代享受读书乐道这份恬静安逸的生活。邑人黄廷鉴在道光二十年（1840 年）应绍基子镛嘱所撰《恬裕斋藏书记》。著有诗集《诗草》1 卷，曾补《两汉会要》。

瞿镛（1794—1846 年），字子雍，瞿绍基子，瞿氏铁琴铜剑楼第二代楼主。受父熏陶，好读书藏书。曾请邑人蒋宝龄绘《子雍先生柴门临水图》，以示读书藏书乐此不疲。瞿镛藏书之外更兼及其他收藏，曾得铁琴、铜剑各一。著有《恬裕斋藏书目录》24 卷、《恬裕斋藏书记》4 卷、《古里瞿氏邑人著述目》1 卷、《海虞诗苑续编》10 卷、《续金石萃编》、《集古印谱》3 卷、《铁琴铜剑楼词草》1 卷，及《恬裕斋碑目》。

瞿秉渊（1820—1886 年）、瞿秉清（1828—1877 年），瞿镛子，铁琴铜剑楼

---

① 孙雄．菰里瞿氏四世画卷题词［M］．铁琴铜剑楼民国十二年（1923 年）铅印本（常熟市图书馆藏本）．

第三代楼主。秉渊，字镜之；秉清，字浚之。秉渊、秉清精心呵护铁琴铜剑楼遗书。咸丰十年（1860年）四月至同治二年（1863年）五月太平天国战乱4年中，瞿氏将藏书七次大迁移，战乱平定后运回古里。同治五年（1866年）秋，秉渊、秉清兄弟请画家吴俊绘成《虹月归来图》，以志庆幸。其后两兄弟经历多年访求补购，悉心整理藏书，校跋、抄录、刊刻古籍，整理瞿镛所编《铁琴铜剑楼集古印谱》，校补《恬裕斋藏书目录》，并且延聘季锡畴、王振声长期分任校勘旧稿与增补新目的工作。

瞿启甲（1873—1940年），字良士，瞿清子，铁琴铜剑楼第四代楼主。启甲精心呵护先辈藏书不受损失，也险遭三劫：一是光绪末年，启甲力避清廷购书；二是民国十三年（1924年）冬军阀齐、卢混战时，启甲及时将藏书转移到上海爱文义路1475里11号租屋内密藏；三是日寇侵华战争时，启甲再次将藏书移藏于租界。

瞿炽邦（1900—1972年）、瞿耀邦（1905—1980年）、瞿凤起（1908—1987年），瞿启甲子，瞿氏铁琴铜剑楼第五代楼主。三兄弟遵父遗命，将藏书捐赠归公。

第三讲

宫廷藏书与官府藏书

宫廷藏书、官府藏书统称国家藏书，最早可追溯至夏代。秦汉后，各个朝代都设有专门的国家藏书机构，拥有数量可观的藏书，对典籍的保护与传承发挥了一定作用。一方面宫廷藏书主要为皇家所用，官府藏书具有一定独占性，布衣知识分子很难加以利用；另一方面每当改朝换代时，国家藏书大多遭兵燹之难，因而在典籍保存与知识传播上不及私人藏书。

第一节　宫廷藏书概述

一、宫廷藏书及其功用

秦汉之前，"宫"为房屋的总称，秦汉以后，"宫廷"专指帝王的居所，今所谓"宫廷"即取后者之意。宫廷藏书指帝王居所中收藏的书籍，亦称皇室藏书。由于我国各个朝代的都城建筑方式有所变化，宫廷藏书处也各具特点。如汉、魏、西晋、隋、唐建都于长安或洛阳，东晋、宋、齐、梁、陈建都于建康（今江苏南京），故上述各代的宫廷藏书集中于长安、洛阳和建康三地，尤以长安为中心。北宋建都于汴梁（今河南开封），南宋建都于临安（今浙江杭州），元、明、清三代均建都于北京（明初建都南京），以北京为中心。自汉代以后，历代宫廷所建藏书处均非一处，而是分处宫廷的不同位置，有不同的名称，如汉代有石渠阁、天禄阁、麒麟阁，唐代有弘文馆、崇文馆、司经局、集贤殿书院，宋代有太清楼、龙图阁、天章阁。总体而言，隋代以前，皇宫和中央机构、王公府第乃至居民杂处，隋代开始专辟皇城领地，皇城内只置宫城和中央机构。因此隋代之前的宫廷藏书相对明确，主要集中于皇室，中央机构藏书较少；隋代以后情况愈加复杂：中央机构如国子监、翰林院藏书与宫廷藏书关系密切，宫城之外的皇室宫殿如唐代大明殿、清代圆明园等处亦属宫廷藏书。

宫廷藏书的初始目的在于供皇帝及皇族使用，甚至仅为生活在宫廷内的皇帝本人及其近亲使用，一般情况下秘不示人。但至清代，开始有限开放给官员，如清代主藏《四库全书》的文渊阁就允许官员阅读和抄录："如翰林及大臣官员欲观秘书者，准其告之领阁事，赴署请阅。有愿持笔札就署抄录者，亦听之。"[①]

二、宫廷藏书特色

宫廷藏书与朝代兴衰息息相关，其兴盛和衰亡，往往标志着一个封建王朝的开始和终结。宫廷藏书在版本、装帧、内容、规模上都有异于私人、寺观、书院等藏书系统。在藏书版本上，不仅收藏只供皇室使用的珍稀本、孤本、秘本，即使是普通书籍，选用的版本也是精心制作，而非民间一般书籍可比；在内容上，各种民间奇、怪、异、秘、趣、谋、神魔、野史应有尽有，对一些威胁其统治地位或十分珍奇的书，往往外禁内用；在装帧形式上，往往追求唯我独尊的品质，华贵性突出；在藏书形式上，绝大多数为秘藏独用。如清宫"天禄继鉴"藏书，所藏皆宋元珍本，外部装帧统一为线装形制，并依据成书时代配以不同颜色和质地的书函：宋版、金版和影抄本皆函以锦，元版以蓝色绨，明版以褐色绨。对玉玺的钤盖亦有严格规定：每册首页、末页钤"乾隆御览之宝"，上、下书面盖"五福五代堂古稀天子宝""八征耄念之宝""太上皇帝之宝"外，又首页有"天禄继鉴"白文方印，末页有"天禄琳琅"朱文方印。

三、宫廷藏书来源

宫廷藏书来源主要有继承前朝、民间征集及抄、编、刻书。以清代宫廷藏书为例，其藏书以明代皇室遗存为基础，囊括了自宋迄清 6 个朝代、900 余年间的

---

① 中国第一历史档案馆.纂修四库全书档案［M］.上海：上海古籍出版社，1997：527.

传世典籍，藏书之源可追溯至宋代宫廷收藏。① 定鼎北京后，在前代宫廷藏书遗存基础上，历代皇帝广搜博采天下遗书，充实宫廷藏书，尤以乾隆开四库馆而征天下遗书为甚。据汪启淑《水曹清暇录》②记载，其时共征得书籍 13781 种，其中：武英殿移取 900 种，在京各官进呈 983 种，直隶总督进呈 238 种，奉天府尹进呈 3 种，两江总督进呈 1365 种，安徽巡抚进呈 523 种，江苏巡抚进呈 1726 种，浙江巡抚进呈 4588 种……加上因"违碍"而禁毁的 2929 种，进呈总数达 10 万部之多。③抄、编、刻书亦为清宫藏书的一大来源。康熙在位时刻印书籍大约 50 多种、5000 余卷；雍正在位时编刊有几十种，著名者有《朱批谕旨》360 卷、《御制律历渊源》100 卷、《骈字类编》240 卷；乾隆时大约刻有 150 多种，18000 余卷（不含《满文大藏经》），从儒家经典到文赋辞章，四库皆有，如《十三经注疏》360 卷，《二十四史》3358 卷，《四库全书》（辑录古今图书 3505 部、79337 卷）装订成 36000 余册，并缮录成 7 部。据不完全统计，整个清代内府编刊书籍约千种以上，构成了清宫藏书的主体。④

第二节　宫廷藏书兴衰

宫廷藏书最早可追溯至夏代，其时所藏文献以竹帛、金石、钟鼎、龟甲等为载体，藏于宗庙，由大史保管。商代时，藏书种类逐渐丰富，有史官所记商王言行的《商书》，有《夏书》《三坟》《五典》《河图》《洛书》《连山》《归藏》《夏时》《夏小正》等前朝王室藏书，还有极具特色的刻辞甲骨。商代宫廷藏书处亦为宗庙，且专设收藏刻辞甲骨的处所，由史官掌管。周代宫廷藏书更为丰富，不仅藏有《易》《书》《礼》《乐》《诗》《春秋》六艺，还藏《考工记》《司马法》，天文、地理类典籍以及甲骨文献等，主要藏书处仍为宗庙。

秦朝结束七国分裂状态的同时也接收了六国的藏书，建立起"石室""明堂""金

---

① 齐秀梅，杨玉良 . 清宫藏书［M］. 北京：紫禁城出版社，2005：9.

② 汪启淑 . 水曹清暇录［M］. 杨辉君，点校 . 北京：北京古籍出版社，1998：65.

③ 齐秀梅，杨玉良 . 清宫藏书［M］. 北京：紫禁城出版社，2005：7.

④ 齐秀梅，杨玉良 . 清宫藏书［M］. 北京：紫禁城出版社，2005：10.

匮""周室"等多个藏书处。秦相吕不韦组织门客，利用秦宫藏书，编成《吕氏春秋》，轰动一时。执掌书籍的官员为御史大夫，位同上卿。然而，秦始皇在公元前213年进行焚书坑儒，掀起了我国文化史上的浩劫。

西汉初年，推行休养生息政策，文化政策宽容，对各种学说、思想、流派兼容并蓄，汉宫藏书在不断收集佚书和刻印新书中日盛。武帝广开献书之路，成帝广求天下遗书，藏书得以迅速发展，百余年间建立"石渠阁""天禄阁""兰台""石室"等多个藏书处。刘向父子校勘、整理藏书，编成《别录》《七略》，为宫廷藏书目录之鼻祖。据《七略》著录，汉宫典籍有13219卷。西汉末，王莽攻入长安，都城一片火海，所幸未央宫未遭焚烧。公元25年，赤眉军数万人拥护刘盆子为帝，火烧长安宫室，典籍尽为灰烬。

东汉时，光武帝刘秀大力采求阙文、补缀漏逸，四方士子积极进献，宫廷藏书逐渐兴旺，至迁都洛阳时，仅经籍秘书便装有2000余车。刘秀还专门设藏书官，专职管理宫廷藏书。明帝、章帝、和帝均十分重视藏书建设，藏书持续丰富。东汉末年，藏书在战乱中遭严重破坏，损失惨重。史书记载："光武迁还洛阳，其经牒秘书载之二千余两，自此以后，参倍于前。及董卓移都之际，吏民扰乱，自辟雍、东观、兰台、石室、宣明、鸿都诸藏典策文章，竞共剖散，其缣帛图书，大则连为帷盖，小乃制为滕囊。及王允所收而西者，载七十余乘，道路艰远，复弃其半矣。后长安之乱，一时焚荡，莫不泯尽焉。"①

三国时，魏文帝曹丕设置掌管典籍的官员，并征集书籍，采掇补亡，充实中外三阁，使魏宫藏书初具规模，并诏令整理藏书，撰成《皇览》一部；明帝时，编撰宫廷藏书目录《中经》。蜀汉和东吴的宫廷藏书建设依汉制，设置东观，逐渐丰富。

西晋继承了曹魏宫廷藏书，在广泛搜罗基础上，晋宫藏书得以建立。咸宁五年（279年），汲郡人不准发魏襄王墓，得竹书数十车，入藏宫中秘府。孙吴降后，吴宫藏书尽归晋宫。据荀勖所编晋宫廷藏书目录《中经新簿》（又称《晋中经簿》）著录，有书籍29945卷。永嘉五年（311年）六月，西晋京师洛阳倾覆，"渠阁文籍，靡有孑遗"②，魏晋以来积累的丰富藏书几乎无存。

---

① 范晔.后汉书·卷七十九·儒林列传［M］.北京：中华书局，1997：661.
② 长孙无忌等.隋书·经籍志［M］.许啸天，整理.上海：群学社，1931：7.

东晋艰难建立宫廷藏书，惜中期后日渐散乱。大学士李充以荀勖旧簿校订，见存典籍仅 3014 卷。李充删繁整理，以类相从，分为四部，成《四部书目》，确立了古代藏书经、史、子、集四部体制，成为秘阁永制，延至清末。之后，"中朝遗书，稍流江左"[①]，东晋宫廷藏书烟消云散。

南北朝时，刘宋宫廷藏书在元嘉初年（424 年）仅 40 卷（据《四部书目》），至元嘉八年（431 年），谢灵运整理秘阁藏书，编成《四部目录》，已达 64582 卷。元徽元年（473 年）所编《四部目录》，著录书籍 15704 卷。齐代宋后，宫廷藏书有所发展。至齐末，秘阁被焚，所藏几尽。梁武帝建立了丰富的宫廷藏书，"梁初，秘书监任昉躬加部集，又于文德殿内列藏众书，华林园中总集释典，大凡 23106 卷"[②]，惜毁于梁末侯景之乱。梁元帝时，又发展至 14 万余卷，惜在易代时为元帝焚毁。

隋代继承了北周宫廷藏书遗存，加之文帝广征遗书，藏书达 3 万余卷。炀帝不惜人力、财力、物力以丰富藏书，曾组织儒臣将珍贵典籍抄写数部至数十部，仅长安嘉则殿便藏 37 万余卷。隋末烽烟四起，嘉则殿藏书大多被毁；东都洛阳的宫廷藏书为唐高祖李渊接收，惜在水路运至长安途中发生意外，仅存留十之一二。

唐代在接收隋宫廷藏书基础上，多方征集，至开元初，所藏至 7 万卷，学士张说等 47 人分司典簿，唐宫廷藏书至此于鼎盛。藏书处有弘文馆、崇文馆、司经局、集贤殿书院。安史之乱，宫廷藏书损失惨重，以致尺简不藏。安史之乱后，代宗以千钱购书 1 卷，并四处搜罗遗书，至开成初年（836 年），藏书达 56476 卷。广明元年（880 年），黄巢起义军攻入长安，藏书再度被毁。此后，唐宫廷藏书情况如下："昭宗即位，志弘文雅。秘书省奏曰：当省元掌四部御书十二库，共七万余卷，广明之乱，一时散失，后来省司购募，尚及二万余卷。及先朝再幸山南，尚存一万八千余卷。"[③]五代时，战乱频发，宫廷藏书损失严重。

北宋宫廷藏书盛况空前。太祖赵匡胤建隆初年，崇文院三馆已有藏书 12000 余卷。之后，平复荆南，尽收其藏；平定后蜀，得蜀宫书籍 13000 余卷；平定南

---

① 长孙无忌，等 . 隋书·经籍志［M］. 许啸天，整理 . 上海：群学社，1931：8.

② 同上 .

③ 刘昫，等 . 旧唐书·经籍志：卷上［M］. 丛书集成初编本 . 北京：中华书局，1985：2.

唐，得书 20000 余卷。太祖、太宗都曾颁诏天下，征集遗书。至开宝年间，藏书已逾 80000 卷。原有馆阁已无法容纳，太宗下令在汴京（今河南开封）宫廷内别建三馆，赐名"崇文院"。真宗广开献书之路，总计得书 10754 卷。时藏书十分丰富：龙图阁藏太宗御制、御书、文集共 5115 卷，太清楼有藏书 25192 卷及太宗御制诗 375 卷、文 92 卷；玉宸殿藏书 8000 余卷。仁宗时，编《崇文总目》，著录 30669 卷。此后，继续广开献书之路，并编《嘉祐搜访阙书目》1 卷。靖康之变，汴京陷落，秘阁所藏图书、古器，悉数为金人所掠。南宋偏安江南，高宗建秘书省，设专人管理藏书。经多次诏求天下遗籍，藏书得与汴京时媲美，后在战乱中大多被焚或流散于民间，余者为元宫廷继承。

辽、夏、金、元的宫廷藏书均达到一定规模。元代基本继承了宋、金宫廷旧藏。世祖忽必烈尊儒重教，迁平阳经籍所入燕京，赐名"弘文院"，纂修经史图籍；设秘书监，掌管历代图籍。攻克南宋都城后，继承宋室藏书。

明代接收了元代宫廷旧藏，但在接管过程中损失者不计其数。朱元璋建大本堂，取古今图籍充实其中。洪武三年（1370 年），置秘书监，掌管宫廷藏书。成祖朱棣迁都北京，南京旧藏运至北京藏于文渊阁，并诏令不惜代价广求遗书，宫廷藏书得以丰富。在此基础上，修成著名的《永乐大典》。经仁宗、宣宗增藏，至英宗时，编纂《文渊阁书目》，著录文渊阁藏书 43200 册、10 万余卷。但因不太注重管理，藏书失窃严重，以致神宗万历年间张萱奉旨编《内阁藏书目录》时，"视前所录，十无二三，所增益者，仅近代文集、地志，其他唐宋遗编，悉归子虚乌有"[1]。明末战乱，宫室焚荡，藏书遭浩劫。

清代宫廷藏书可追溯至皇太极时设立的文馆，专事经书翻译。明清易代后，悉数接受了明宫藏书遗存。清代诸帝在采取高度封建集权统治的同时，致力宫廷藏书建设，多次颁诏天下，广求遗书，设立众多大小书库，开展古籍整理、新书编纂、刻印出版、学术研讨等工作。尤其是乾隆年间广征天下书籍，集 200 余名学者，历时 20 年，修成旷世盛典《四库全书》，凡 36000 册，缮成 7 部，分藏文渊阁、文溯阁、文源阁、文澜阁、文汇阁、文津阁、文宗阁。《四库全书总目》，

---

① 万斯同.明史艺文志［M］.二十五史艺文经籍志考补萃编·24 卷.王承略，刘心明，主编.北京：清华大学出版社，2014：5.

著录藏书 3458 种、存目 6788 种，合计 10246 种。继后，取四库精华，编《四库全书荟要》，计 12000 册，分缮 2 部；辑《永乐大典》385 种，由武英殿以聚珍版刊行。当时各省献书 10000 余种，除《四库全书》外，阮元补《四库全书》未收书 450 种、刊《皇清经解》1412 卷，王先谦刊《皇清经解续编》1315 卷，使清宫藏书成为我国封建社会末期最为完备的文化宝藏，"其藏书量之大，藏书地之多，内容之博，校勘之精，书品之佳，雕版技术之高，装潢之美，利用之广，都超过了历朝各代"[①]。清末战争频繁，加之管理不严，藏书散佚严重，尤以圆明园所藏《四库全书》被毁、《永乐大典》损失惨重为憾。但留存至今者，仍十分丰富，仅我国北京及台北"故宫博物院"即藏有 50 多万册（15 万余册藏于台北，30 万余册藏于北京）。

第三节 宫廷藏书举隅

一、汉宫兰台藏书

兰台为西汉宫廷藏书处，建于长安（今陕西西安）未央宫内，具体年代已不可考，隶属于御史台，由御史中丞掌图籍秘书。据《汉书·王莽传》记载，甘忠可、夏贺良等人谶纬之书亦藏于兰台。王莽之乱中，兰台遭破坏。光武帝迁都洛阳，沿用兰台之名，设兰台作为中央图书档案库，藏西汉残余书籍。东汉前期，包括皇家秘书、儒学经典在内的国家藏书大部分藏于兰台，先后有一批文人学者奉诏于兰台负责档案文献的整理、点校及编史修志。后人从"兰台"引申，宫廷内的典籍收藏府库、御史台和史官，都曾被称为兰台。

二、唐宫集贤院藏书

集贤殿又名集贤书院、集贤殿书院，与汉、隋、唐诸朝以来的天禄阁、文德殿、文林馆、麟趾殿、观文殿等一脉相传。唐代开元十三年（725 年），诏改"丽正殿"

---

① 齐秀梅，杨玉良.清宫藏书 ［M］.北京：紫禁城出版社，2005：6.

为集贤院，有学士、直学士、侍讲学士等 18 人，成为唐代最大的图书典藏机构，兼有修撰、侍读之功能。隶中书省，形成一套完善的职官系统，职官设置大致如下：知院事 1 人，副知院事 1 人，判院 1 人，押院中使 1 人。其他直接从事藏书事业的有：专知御书典 4 人；知书官 8 人；校理若干人，掌刊正典籍；书直、写御官 100 人，抄写书籍；画直 8 人，掌图画的典藏校写；拓书 6 人；造笔直 4 人；装书直 14 人。另有侍讲 4 人，辅导皇帝读书，讲论文史；待制若干人，起草诏书；修撰若干人，"承旨撰集文章"。[①]

藏书丰富，据相关资料，藏书单本数量已从隋代 3 万多卷增加至 8 万多卷，见于目录著录者 5 万多卷。[②] 所藏复本数量至今难以确认，只知所藏均具有正副本之分，分藏于东西两京，正本供保存，但由于是御本书，故副本也仅供皇帝个人使用。编书亦丰富，主要有《唐六典》《初学记》《博闻奇要》《书语类》《续文选》《注文选》《闽史》《唐书》《玄宗实录》《老子疏》等。

三、宋宫太清楼藏书

太清楼是北宋宫廷最重要的藏书楼之一，建于太平兴国四年（979 年），位于崇政殿西北，迎阳门内后苑，主要收藏御书墨迹、秘籍善本以及利用三馆秘阁藏书复制的四部图籍。藏书皆用黄绫装裱，称为太清本。咸平五年（1002 年），编制了《太清楼书目》4 卷。大中祥符八年（1015 年），崇文院失火，三馆秘阁藏书大部分被焚毁，真宗下诏借太清楼藏本予以补写重抄，得 17600 卷，因崇文院无处放而收藏于太清楼。据《玉海》记载，太清楼藏有太宗御制及墨迹石本 934 卷轴，四部书籍 33725 卷，其后四部书籍增 11293 卷，太宗御集、御书增 753 卷。太清楼作为专供皇帝藏书、读书处所，自真宗时起，也是各帝与宗室、辅臣宴饮欢娱，并一起阅览太宗御集、墨迹之地，这在《玉海》《续资治通鉴长编》《宋会要》等文献中多有记载。太清楼在北宋藏书史、文化史上曾发挥了巨大作用，《续资治通鉴长编》《宋史》均记载。大中祥符年间宫中失火，中央政府藏书精华殆尽，幸而太清楼收藏有馆阁藏书副本，为崇文院提供了复制的底本，使国家藏

[①] 李楠，李杰 . 中国古代藏书［M］. 北京：中国商业出版社，2015：38.
[②] 李楠，李杰 . 中国古代藏书［M］. 北京：中国商业出版社，2015：39.

书在火灾后迅速恢复了元气。

四、清宫天禄琳琅藏书

即昭仁殿天禄琳琅，我国著名皇家善本收藏处，建于乾隆九年（1744年），位于乾清宫之东。乾隆赐名曰"天禄琳琅"，意为内府藏书琳琅满目、价值非凡。此后，昭仁殿一直为清宫专藏宋、辽、金、元、明各代善本书之地。目前所见的昭仁殿系1797年乾清宫火灾后所重建，为单檐歇山式顶，上覆琉璃瓦。殿内中设宝座，三面环以书架两层；各书均按"天禄琳琅"排架庋藏。藏书外部装帧规格统一，如前所述乾嘉时期将"天禄继鉴"所藏宋元珍本几乎全部改装为线装形制，依据各书成书时代配以不同颜色和质地的书函，并严格规定玉玺的钤盖。1775年，乾隆下令整理天禄琳琅藏书，并编制目录。于敏中等奉敕编校成《钦定天禄琳琅书目》10卷，系我国首部官方善本书目，收录善本书籍429部。嘉庆二年（1797年）十月二十一日晚，乾清宫、交泰殿失火，殃及昭仁殿，天禄琳琅所藏珍本化为灰烬。同年，嘉庆帝敕命重修昭仁殿，并命先将御花园内各殿所藏秘籍移置殿中，同时从各地征集的善本书中择优入藏之，藏书逐渐恢复旧观。彭元瑞奉命编成《天禄琳琅书目续编》20卷，收录善本659部。民国十三年（1924年），清室将宫禁全部让出，经清室善后委员会点查，属"天禄琳琅"者仅剩311部：宋版21部，元版62部，明版219部、抄本9部，且均为"天禄继鉴"之品。民国十四年（1925年），故宫博物院图书馆成立时，从昭仁殿提入的书籍计1933种、25137册。之后，由于文物南迁等缘故，我国台北故宫博物院和北京图书馆都收藏有一部分。1996年以来，散于民间的部分天禄琳琅藏书陆续出现在古籍图书拍卖会上。

五、清宫北四阁藏书

1. 文渊阁藏书

文渊阁位于北京故宫博物院东华门内文华殿后，是紫禁城中最大的一座皇家藏书楼，坐北朝南，阁制仿鄞县范氏天一阁。建成于1776年，专藏《四库全书》。据《国朝宫史续编》记载，文渊阁"阁三重，上下各六楹。层阶两折而上，瓦青绿色。阁前甃方池，跨石梁，引御河水注之。左右列植松桧，阁后叠石为山，山后垣门一，北向。门外稍东，设直房，为直阁诸臣所居"①。文渊阁藏书以《四库全书》《钦定古今图书集成》（以下简称《古今图书集成》）为主，按经、史、子、集四部分架放置。据施廷镛描述，藏书具体如下："东内室，南床上，面西，原设有宝座，三面仙楼。东仙楼，南床上，面西，原亦有宝座，而今俱无。上层楼明间，中设方式书楠一，南北向，各设宝座一。前楹后庑，均贴有乾隆题咏诸诗。阁内上下，均储书籍。下层中三楹，两旁储《图书集成》12架。左右两楹储经部20架。中层储史部33架。上层中储子部22架，两旁储集部28部。经、史架高7尺4，宽4尺，深2尺。每架4楠，各12函。总百有3架，6144函，36275册，2290916页""每册首页盖有'文渊阁宝'；末页盖有'乾隆御览之宝'。封面内均有缮校官姓名，黄签，书皮及带，均以色列。经部绿色，史部红色，子部蓝色，集部灰色，而目录则用香色。函以木楼。"②1925年，文渊阁《四库全书》为故宫博物院管理，现藏于我国台北"故宫博物院"。

图 3-1　文渊阁外景

2. 文溯阁藏书

文溯阁兴建于乾隆四十六年（1781年），位于盛京故宫（今辽宁沈阳故宫），样

① 庆桂.国朝宫史续编：下册［M］.左步青，校点.北京：北京古籍出版社，1994：422.

② 施廷镛.故宫图书记［J］.图书馆学季刊，1926（1）：53–57.

式亦仿天一阁。据《盛京内务府档》记载，乾隆四十七年（1782年）冬，已开始陆续收藏《四库全书》和《古今图书集成》，具体为：乾隆四十七年十一月十三日收藏第一批，计《古今图书集成》576函，《四库全书》1000函；一个月后收藏第二批，计《四库全书》1491函；乾隆四十八年（1783年）正月二十五日收藏第三批,计《四库全书》1500函；二月二十七日收藏第四批，计《四库全书》1500函；三月二十日收藏第五批，计《四库全书》290函，另有空书匣364个，九月收藏《四库全书总目》20函、《四库全书简明目录》3函、《四库全书考证》12函。乾隆四十八年九月，乾隆第四次东巡谒至盛京时，当已收藏齐全。据《盛京皇宫》记载，文溯阁下层放置《四库全书》经部20架、960函，《四库全书总目》《四库全书简明目录》《四库全书考证》共35函，《古今图书集成》12架、576函；阁中仙楼（即二楼）陈放《四库全书》史部33架、1584函；阁之顶层陈放《四库全书》子部22架、1584函，集部28架、2016函。总计藏《四库全书》6179函，36000多册。①

图 3-2　文溯阁外景

藏书在1900年后遭损，当时沙俄侵略军窃据盛京皇宫达两年半之久，皇宫内各宫、殿、阁、库均遭劫掠，所藏《四库全书》丢失39卷。②1912年，日本

① 肖东发. 中国官府藏书［M］.贵阳：贵州人民出版社，2008：181.
② 同上。

人内藤虎次郎借口进入文溯阁，偷拍《满文档案》，并抄录《四库全书》中的珍本，带至日本。1914年，《四库全书》《古今图书集成》及一些重要典籍转移至北京，置于保和殿等处。1925年，文溯阁得以修缮，并对藏书进行补抄。1927年，外迁之书回归文溯阁，结束了十余年"书阁分离"的历史，详情可参阅1931年教育会镌《文溯阁〈四库全书〉运复记》。"九一八"之后，东北沦陷，《四库全书》与沈阳城一起落入日本人手中，以"伪满洲国国立图书馆"之名代为封存。1945年日本无条件投降后，文溯阁及藏书由国民政府教育部接管。新中国成立后，政府为妥善保管这套书，进行了认真清理。1950年6月，朝鲜战争爆发，《四库全书》被运往黑龙江省讷河县的一所小学校里保管。1951年，因当地洪灾，又被运到北安县存放。1954年1月，朝鲜战争结束，《四库全书》运回沈阳。20世纪60年代中期，在中苏关系影响下，全书于1966年10月转移至甘肃，并保存至今。

3. 文源阁藏书

文源阁位于圆明园，兴建于乾隆三十九年（1774年），亦仿天一阁格式。乾隆四十八年（1783年）入藏《四库全书》，以色区分类别，函套式样如一。各册首页有"文源阁宝"，还盖"古稀天子"印，末页盖有"圆明园宝"及"信天主人"印。文源阁藏书在乾隆五十二年（1787年）曾有复校事宜。此前，乾隆在文津阁阅读《四库全书》时，发现讹误甚多，便考虑到文渊阁、文源阁的书籍也会有讹误，于是，乾隆五十二年（1787年），乾隆谕令校阅文源阁《四库全书》。当时规定：文源阁书籍，在圆明园朝房阅看，其中天文、音乐和医学等专门著作，由钦天监等官吏阅看；文源阁书籍，由伊龄阿、巴宁阿专司收发；其挖页、改页等事，由八阿哥、刘墉专管。经过此次大规模复校活动，文源阁按宫廷藏书之通例管理，无大的利用。咸丰十年（1860年），文源阁藏书为英法联军所毁。

4. 文津阁藏书

文津阁兴建于乾隆四十三年（1778年），位于清廷行宫承德避暑山庄。《文津阁记》云："山庄千尺雪之后，卜高明爽垲之地，以藏《四库全书》，题曰文津阁，与紫禁、御园三阁遥峙，前为趣亭，东则月台，西乃西山，盖仿范氏之成规，兼米庵之胜概矣。"[①]在仿天一阁样式基础上，造园艺术上学习了宋代书法家米芾在京口的住

---

① 沈云龙.热河志·卷四一·行宫十七［M］.第3册.台湾：文海出版社，1966：1637.

处宝晋斋，更体现了利用山庄地形，使之融成一体。文津阁藏《四库全书》各书首页盖"文津阁宝"，末页盖"避暑山庄"及"太上皇帝之宝"。乾隆五十二年（1787 年），乾隆发现文津阁藏《四库全书》有讹误，便下令进行复校。是年 10 月，纪昀到文津阁复校并办理换匣和排定。辛亥革命后，《四库全书》全部移藏京师图书馆（今国家图书馆的前身），后归北京图书馆，至今保存完好。1954 年，文津阁重建。

图 3-3 《文津阁图》（《热河志》卷四一）

第四节 官府藏书概述

官府藏书包括中央官府与地方官府藏书。中央官府藏书主要指中央各机构收藏的图书典籍，地方官府藏书指各州、府、县等官署内收藏的供官员阅读使用书籍的处所。因我国古代帝制社会的独特性质，中央官府藏书与宫廷藏书的界限并不分明，甚至多有交集。官府藏书的种类与来源主要体现在以下几方面：

1. 朝廷颁赐

主要包括御敕诏书与御书御札及国子监雕印的经史典籍。历代君王大多喜好舞文弄墨，留下了数以千万计的御书御札，除赐予近臣外，还赐给佛寺、道观以及地方官府和书院。地方官府为表示得到君王赏赐的荣耀和褒扬，往往专门建筑书阁珍藏之，多称之为御书阁。

2. 地方刻书

既有中央一级机构的监司、转运司、茶盐司、提刑司刻印的书籍，又有州府、县刻书籍及州学、府学和县学刻印的书籍。历代地方政府官方刻书事业大都十分兴盛，所刻书籍是为当地官府藏书的组成部分。

3. 向社会征集、购买书籍

历代各级地方行政长官一般都比较注意收集典籍，除请朝廷颁赐外，还通过购买和从民间征集书籍以增加藏书。朝廷往往也对地方政府实行一定的优待政策，尤其在经济上减轻各地官府购置书籍的压力。

第五节　官府藏书举隅

一、明代国子监藏书

南京国子监为明太祖建都南京时所设。明代初年，朝廷征调杭州西湖书院所藏国子监书版与元杭州西湖书院所刻书版，总数约 20 万片。南京国子监刊书数量多，如《孝经》即有《孝经集解》《孝经注疏》《玄宗孝经》《鲁斋孝经》《范氏孝经》等多种，《大学》有《大学丛说》《大学白文》《鲁斋大学》等多种。从四部分类看：经部书有《孝经集解》等 54 种，子部书有《颜子》等 20 种，史部书有《史记》等 40 种，集部书有《雅颂正书》《皇明文衡》等诗文集 30 种。此外尚有《玉海》等杂书 91 种《大明令》等本朝书 13 种及《四箴书体》等法帖 9 种。从书目看，明代以前诸史皆全。据《江苏刻书》记载，南京国子监除利用元杭州西湖书院旧版印成著名的三朝本"二十一史"外，自成化至万历年间刻有不少史书和其他书。

成祖朱棣迁都北京后，于北京设国子监（原南京国子监仍保留），是为明代教育管理机构和最高学府，并兼管书籍刊印，所印书籍称为监本。据《中国藏书通史》记载，北京国子监刊书有《临川文集》《淮海集》《东莱集》等 41 种。

二、明代浙江官府藏书

明代浙江辖杭州府、嘉兴府、湖州府、宁波府、绍兴府、台州府、金华府、衢州府、严州府、温州府、处州府等 11 府，各府刊书数量颇多。除周弘祖所载各府外，省级衙门有布政司刊《东汉文鉴》等 8 种、按察司刊《疑狱集》等 6 种。据《浙江出版史研究——元明清时期》，除上述外尚有巡抚都察院刊《皇明经济录》等 13 种、两浙运司刊《两浙盐志》等 11 种，以及浙江布政司刊《礼经会元》

等 27 种、浙江按察司刊《文章正宗》等 16 种。[①]

三、清代南三阁藏书

1. 文宗阁藏书

文宗阁约建于乾隆四十四年（1779 年），在康熙二十三年（1684 年）建成的行宫左侧，由驻守扬州的两淮盐运使督造，样式仿天一阁，乾隆赐名"文宗阁"，并御书"文宗阁"和"江山永秀"匾额。文宗阁坐北朝南，有门楼三间与阁相对，两侧有廊楼各十间，将阁楼联成四合院形式。据《续金山志》记载，文宗阁藏《四库全书》有经部 947 匣 5402 本，史部 1625 匣 9463 本，子部 1583 匣 9084 本，集部 2042 匣 12398 本。《四库全书总目》计 22 匣，127 本；《四库全书简明目录》2 匣 8 本。藏《古今图书集成》520 匣 5020 本。咸丰三年（1853 年）春，太平军攻占镇江，战火殃及金山，文宗阁及藏书俱成灰烬。同治四年（1865 年）五月，莫友芝受两江总督曾国藩委托，专程赴镇江访求文宗阁的幸存藏书。光绪年间，先后有王先谦、王仁堪倡议修复文宗阁。20 世纪 30 年代初，当地实业家吴兆曾主持，联络丁传科、赵宗标、冷御秋等人，于镇江伯先公园云台山上复建藏书楼。1933 年建成，称"绍宗国学藏书楼"，抗战期间再度被毁。2010 年再次进行修复工程，2011 年 10 月 26 日竣工，并正式对外开放。

2. 文澜阁藏书

文澜阁兴建于乾隆四十七年（1782 年），位于浙江杭州孤山圣因寺。文澜阁的构建亦仿天一阁，为六开间楼房，外观二层，中实三层。顶层通作一间，取"天一生水"之意，底层六间，取"地六成之"之义。屋面重檐，背山轩立。阁前凿水池，池中一峰独耸，名"仙人峰"。再前有御座房，有狮虎群假山一座，

图 3-4　文澜阁外景

上建月台、趣亭，遥遥相对，假山中开洞壑，可穿越、可登临。阁东南侧有碑亭，

① 顾志兴. 浙江出版史研究——元明清时期［M］. 杭州：浙江古籍出版社，1993：120–125.

上刻乾隆皇帝题诗及颁发《四库全书》上谕。文澜阁藏书情况在《文澜阁志》中有较详记载：第一层中藏《古今图书集成》，后及两旁藏经部，第二层藏史部，第三层藏子、集二部，皆分庋书格，总计凡《四库全书》35990 册，《古今图书集成》5020 册，《四库全书总目》和《四库全书考证》227 册。至于收藏方法，《文澜阁志》记载颇详："其储藏之书格，经、史部及《古今图书集成》，每架四屉，子、集部每架六屉。屉各四撞，撞各三函。《图书集成》黄绢面，经部葵绿绢面，史部红绢面，子部月白绢面，集部黑灰绢面"，"每册底面绢裹粘钉，不压线。每函用香楠木匣收储，匣内衬以香楠夹板，便抽纳也。素绫牙签，册中夹冰麝香樟脑包各二，以辟蠹"。[①]咸丰十一年（1861 年）太平军进攻杭州，文澜阁受损，藏书多流散。光绪六年（1880 年）重建，丁丙、丁申对《四库全书》进行搜集与抄补，恢复大半。1923 年，时任浙江省教育厅长的张宗祥倡议补抄文澜阁阙书，并组织人力在北京举行第三次补抄，史称"癸亥补抄"。历时两年多，共补抄阙书 211 种、4497 卷、2046 册，校正丁抄四库 213 种、5660 卷、2251 册，重抄 577 页。抗战时期，浙江省图书馆转移《四库全书》，并在抗战胜利后安全运回杭州，今存浙江省图书馆。

3. 文汇阁藏书

文汇阁始建于乾隆四十五年（1780 年），位于扬州天宁门外天宁寺右，建筑结构和样式均仿天一阁，为五开间大楼一座，明两层，暗三层，悬有乾隆御书"文汇阁"和"东壁流辉"二匾。文汇阁藏书情况，《扬州画舫录》有较详细记载："御书楼在御花园中。园之正殿名大观堂，楼在大观堂之旁，恭贮颁定《图书集成》全部，赐名'文汇阁'和'东壁流辉'匾。壬子间奉旨：江、浙有愿读中秘书者，如扬州大观堂之文汇阁，镇江金山之文宗阁，杭州圣因寺之文澜阁，皆有藏书。着四库馆再缮三分……文汇阁凡三层……最下一层，中供《图书集成》，书面用黄色绢；两畔橱皆经部，书面用绿色绢；中一层尽史部，书面用红色绢；上一层左子右集，子书面用玉色绢，集用藕合色绢。其书帙多者用楠木作函贮之，其一本二本者用楠木版一片夹之，束之以带，带上有环，结之使牢。"[②]文汇阁由驻扬州的两淮盐运使代管，设典书官一人，并聘一些有才识之士负责日常的典藏、借阅等事宜。19 世纪中叶，文汇阁藏书毁于战火。

---

① 傅璇琮，谢灼华.中国藏书通史［M］.宁波：宁波出版社，2001：785–786.
② 李斗.扬州画舫录［M］.潘爱平，评注.北京：中国画报出版社，2014：70.

第四讲
书院藏书与儒学传承

书院藏书兴起于唐，繁盛于宋元，曲折发展于明代，又兴盛于清前期，于清末进入近代化。书院的兴衰直接关乎书院藏书的兴衰，书院的变迁史亦是书院藏书的变迁史。书院藏书最根本目的在于方便书院读者使用，在管理上形成了一套具有公共性、开放性的藏书制度，在功能上促进了儒学的传承。

第一节　书院藏书概述

一、书院与书院藏书

书院是我国古代特有的一种教育机构。在书院中，士人围绕书籍，开展包括藏书、读书、教书、讲书、校书、著书、刻书等各种活动，进行文化积累、创造与儒学传播。书院的萌芽可追溯至汉代的"精舍""精庐"，名称始自唐中叶设立的丽正书院和集贤殿书院，繁盛于宋代，衰亡于清末，历时千年，遍布除今西藏以外的全国所有省的城镇与乡村，数量高达7000余所[①]，不仅极大推动了我国教育、学术、文化、出版、藏书的发展，还传布到意大利、美国、朝鲜、日本及东南亚各国，为中华文明的传播做出了极大贡献。

书院与书籍密切不可分，《玉海》对书院的解释为"院者，垣也"，即指用一

---

① 陈薛俊怡.中国古代书院［M］.北京：中国商业出版社，2015：2.

圈矮墙将建筑物围起来而形成的藏书之所。藏书、供祭和讲学构成了书院的"三大事业"。书院藏书处往往以阁楼式建筑存在，以"楼""堂""舍""阁""馆""屋"等称之，如宋代南阳书院有"尊经阁"、明道书院有"六经楼"、丽泽书院有"遗书阁"，明代正学书院"建楼广收书籍"，清代问津书院设"藏书馆"、敬敷书院有"经正阁"，清末致用书院有"十三本梅花书屋"。藏书楼可能是书院建筑群中唯一较高大的楼阁，大多建在书院的中轴线上，或在讲堂之后的突出位置，以示重要性。

二、书院藏书管理

为方便书院读者，书院在藏书管理上形成了一套具有公共性、开放性的制度，至清代而臻成熟。

1. 管理者的设置

一般而言，书院设掌书一职（即管理者，又称司书、管干、监院等），由具有较高文化素养和一定目录学知识者担任，主要工作包括购书、保管、借阅、刻书与藏书等相关事务，其中最基本职责是保管和借阅。最早设藏书管理者的，是南宋的白鹿洞书院。当时朱熹主持白鹿洞书院，制定了一套详细的藏书管理制度，设"管干"对书籍进行日常管理，大规模的校勘、清理、曝晒等工作，则临时由山长组织人员进行。由于白鹿洞书院名声很大，其管理制度才得以在全国各地书院推广，并延及后世。至清代，书院藏书有监院负责、斋长负责、董事负责、山长负责等四种形式。

2. 书籍的典藏

通过各种途径收集书籍后，首要工作便是书籍的登录，即对书籍的来源、收购日期、卷册等予以登记，然后分类编目。如岳麓书院编有《岳麓书院新置官书总目录》《岳麓书院新捐书目》和《捐助岳麓书院书籍题名》等三部书目。莲州书院的学古堂藏书，经部下置十三经、易、书、诗、礼等 11 个下位类，史部下设正史、编年、纪事本末、别史、杂史等 13 个下位类。书院还采用"悬榜"方式，向读者公布藏书情况。

3. 藏书的借阅

大体而言，凡是本书院的学者和生徒都可借阅书院藏书。书院也从实践中形成了一套完备而方便的借阅制度，从借阅的手续、期限、册数、范围到对毁损书籍者的惩罚，都有明确规定。如白鹿洞书院的借阅制度大致为："在洞生徒借阅者，写一票于管干处，领出以便稽考，缴书销票，不许耽搁延捱，致误后来借阅，遗失者勒限赔补。"① 上述写一票借书票，其内容具体为："某于某月日借洞中藏书某样一部，计几本看阅，交书销票，损失赔还，不致久淹时日，此照。"② 每年年终，书院会催还未还之书。清代的丰湖书院专门制定有《借书约》，对借阅数量、期限以及损坏、遗失的赔偿等进行了规范，"借书不得全帙携取（五本为一部者，许借一本，一本读毕，再借第二本。若一本为部者，许在书籍桌中翻阅，不得借出）"，"凡书五本一部以上者，以四本为限，不得多借（期止十日，易于终卷一也；卷数无多，便于携带二也）"，"凡借书不得过三种（种数过多，难于查检，且贪多则不实，好博则不专，非读书有得之道）。污损卷面，罚令重订；破烂遗失，罚令赔偿，后不复借（董事、掌书生徒徇情不究者，赔偿斥退）"。③

4. 藏书的保管

除专门设置藏书管理员对书籍进行日常管理外，往往还设有一些专门用于防火、防潮、防鼠、防蛀、防盗、防散、曝晒及修补等特别措施。如中江书院规定："每月，专管须开书橱晾风一二次。每年六七月，专管者觅精细人晒书一次，晒后邀各总理清查一次。"④ 其中惠州丰湖书院《藏书约》中涉及通风、去湿、防潮、防蚁、防漏、检书、晒书、防污、防火、防鼠、防蠹、分类存放、书箱编号等保管环节，是传统书院藏书保护的代表者，具体如下：

书箱布列不可太密，宜疏行以通气（大箱两个一行，小箱三个一行，取书方易）。箱脚拟用瓦器盛之，中藏石灰，可去湿，可避蚁。

每日清晨，看守书藏之人开楼窗，开箱门（分行按次放在架外勿乱），日落时一一关闭完密，不得误忽（地方尤宜洁净，每遇雨后，须细看有无渗漏，有则

---

① 任继愈.中国藏书楼［M］.沈阳：辽宁人民出版社，2001：893.

② 曹晓帆.略论古代书院藏书的管理制度［J］.图书馆学研究，1996（5）：96–97.

③ 傅璇琮，谢灼华.中国藏书通史［M］.宁波：宁波出版社，2001：995.

④ 任继愈.中国藏书楼［M］.沈阳：辽宁人民出版社，2001：75.

速治）。

每楼一层，置书架四个，为检书放书之用（并多置扫布等件）。

每楼一层，置长木桌四张，为检书晒书之用（有椅可坐，便于看书）。

每年按季晒书一次（二月二十二日、五月二十二日、八月二十二日、十一月二十二日，均至二十五日）。

晒书要择晴日无风，要按次布晒，收时勿乱，要两面翻晒，晒凉透后，方可收回（有须重订者，检出存记，寄省重订）。

楼上禁食水烟（一切食物并行禁止，杂乱桌几，污点签帙，都不相宜）。

晚上禁止上楼（灯烛要谨慎，晚间不能借书，不开楼门，锁钥交看守之人管理）。

院内墙壁，每生白蚁，最宜小心（凡安放书架，均勿近墙）。

箱内书头处有空地，易于鼠耗，最宜留心。

箱内易生蠹鱼（用辟蠹散最好，否则用香烈之品亦可防避，然总以人力为主，能勤检理，所胜多矣）。

每格内放书不可太密，不可太高，密则难取，高则逼紧，易于皱折。

凡放书每行末一本卷尾最易抽坏，宜分二次放好，要齐整，勿忙急。

四部书籍皆分列目录，查检时各手一本，按次清查。外省书籍多用布套、纸套，最易生虫，切勿有此。

外省书籍都非干订，如有捐书未重订者，寄省重订。

每箱分别字号，每号先定三箱（如有续捐，系某部之书，即陈入四号以下，虽数十号亦可如此办理，免致书满易号，不合部居）。

楼上两廊可放书架，不宜庋箱，此外风日喧曝，易损书籍。

装订书箱要用粗珠线干订，齐墨深色纸皮加丹反叠，方称雅观。书脚必要号字，易于查检（以目校字，审其舛漏）。[1]

三、书院藏书内容

古代书院以研究和讲解理学为主，藏书主要是为了配合教学，在内容上以儒家经典为主，在版本上以通行本为主。

---

[1] 傅璇琮，谢灼华. 中国藏书通史 [M]. 宁波：宁波出版社，2001：999—1000.

1. 藏书内容

一是理学家提倡的儒家经典，如《大学》《中庸》《论语》《孟子》《诗》《书》《礼》《易》《春秋》等；二是阐释儒家思想的宋明理学大师的著作、讲义、语录、注疏等，如反映周敦颐思想的《太极图说》和《明道学案语录》和《伊川语录》，朱熹的《小学集注》《近思录》《朱子语录》，陆九渊的《语录》，记录王守仁与学生论学问答之语的《传习录》，湛若水的《心性图说》《心性总筏二图说》《四勿总箴》等著述。此外，各书院会依据自身的教学内容、学术流派、地域位置等不同而有所差别。需注意的是，清末书院藏书进入近代化，在藏书内容、藏书类型等方面与传统藏书有所区别，具体参见本章之"书院藏书历史"。

2. 藏书版本

书院藏书重在为教学服务，故藏书以通行版为主，以教学类书籍的收藏与刊刻为重点，并不追求版本是否珍贵。书院藏书的主要来源（即颁赐、购置、抄刻、捐赠），也限制了书院藏书不可能片面追求版本。因此，在版本、品种上，书院藏书无法和私人藏书、国家藏书相比。但书院藏书仍具有很大价值，诚如谭卓垣所言："书院藏书楼数量很多，但其藏书一般说来并不珍贵而且收藏量也小。但是它们是值得一记的，因为它们对中国的学术发生过很大的影响。"①

四、书院藏书来源

1. 朝廷颁赐

书院作为培养人才的重要机构，朝廷常以赐书形式对其进行鼓励与嘉奖，所赐多为代表正统思想的御纂、钦定和官刻的经史类书籍。如：白鹿洞书院在太平兴国二年（977 年）获赐《诗》《书》《易》《礼记》《仪礼》《周礼》《左传》《公羊传》《谷梁传》等儒家九经；嵩阳书院分别在至道三年（997 年）和大中祥符二年（1009 年）获赐九经；岳麓书院分别在咸平四年（1001 年）、大中祥符八年（1015 年）获赐国子监经释文、义疏，以及《史记》《玉篇》《唐韵》等典籍；万松书院在康

---

① 谭卓垣.清代藏书楼发展史·续补藏书纪事诗传［M］.徐雁，谭华军，整理.沈阳：辽宁人民出版社，1988：66.

熙五十五年（1716 年）获赐《古文渊鉴》《渊鉴类函》《周易折中》《朱子全书》等，且乾隆六下江南时均亲临书院，并赐书、赋诗、题额。御赐书籍往往能提高书院的身价。

2. 书院购置

历代书院均有经费收入（如政府拨给田地，私人捐献田地），书院收取的田租中，有一部分用于购置书籍。如清代贵山书院因地处僻远而无法从近处得书，便派遣官到江南，购经史群籍数千卷。

3. 书院抄书、刻书

宋代开始，书院十分注重刻印书籍，宋初的书院就设有手抄经文的日课。据《书林清话》记载，仅宋代八大书院的刻书就达到了 12 种、602 卷，宋版书中的"书院本"即书院刊刻的版本。至清代，书院刻书达到鼎盛，江阴的南菁书院、成都的尊经书院以及广州的学海堂书院和广雅书院等，都专门设置了"书局"刻印书籍，其中学海堂书院共刻印 3334 卷，南菁书院共刻印 1495 卷，广雅书院所刻书籍囊括了唐宋以来史部书籍的大部分，总计达 5746 卷。[①]

4. 社会捐赠

包括地方官吏捐赠和社员人士捐献。官吏通常通过向社会征书进行捐赠，以清代为盛。如江西南昌府学使王恩训于康熙五十六年（1791 年）捐赠给豫章书院《十三经》《二十四史》及唐宋八大家文集等书籍，广东雷州知府黄锦于乾隆十一年（1746 年）捐赠给雷阳书院 5000 余卷。私人捐赠亦是历代传统，如朱熹曾将私藏《汉书》44 部赠给白鹿洞书院。不少书院还针对社会赠书一事，专门制定了书籍验收、登记、编目及向捐赠者致谢函等一系列制度。

第二节　书院藏书历史

书院藏书始于唐代。唐玄宗开元六年（718 年）创设丽正修书院，设置学士，

---

① 杨建东. 古代书院藏书概述［J］. 四川图书馆学报，1985（5）：67–73.

收藏、整理、编校典籍，后改名为集贤殿书院，被认为是我国书院之鼻祖。需注意的是，丽正书院和集贤殿书院主要为朝廷掌管经籍、校理图书、储备人才、侍讲侍读、撰述待制、辨明邦国大典及准备顾问应对的机构，与从事教学的书院有较大区别。唐代还兴起了许多民间创办的书院，《全唐诗》中提到有 11 所，相关地方志记载有 17 所。①民间书院藏书量较官府书院要少很多，一般为千余卷或数千卷。义门书院制定了相关管理制度："除现置书籍外，须令添置。于书生中立一人掌书籍，出入须令照管，不得遗失"，被认为是我国书院藏书制度发展进程中的重要里程碑。②唐末五代时，社会动荡，书院与书院藏书均发展缓慢。

宋代书院发展兴盛，尤以江南地区为密集，北及今山东、河北、山西、陕西，西达四川、贵州，南抵海南岛，③著名者如白鹿洞书院、应天府书院、岳麓书院、嵩阳书院。加之宋代印刷技术不断提升、刻书业兴盛，书院藏书获得了极大发展，尤其藏书规模获较大提升，时梁山书院藏书约 20000 卷，南园书院藏书约 30000 卷……鹤山书院藏书达十万卷，远高于当时的国家藏书目录《中兴馆阁书目》所著录的 44486 卷。至南宋，随着官办学校的难以为继、理学兴起等诸多因素，书院创办再度达到高潮，书院藏书持续发展。

元代时，据《历代书院名录》记载，新建书院 296 所，加上宋代留传者，书院几遍天下。④书院藏书规模继续扩大，成都草堂书院藏书多达 27 万卷。同时，书院刻书发达，几乎所有书院都有刻书活动，甚至部分书院事实上成为私家刻书作坊。

明代前期，由于政府重视官学和科举，规定非官办学校出身者不准应试，故书院受冷落达 100 余年。但随着官学制度的败坏和科举考试中腐败现象的滋生蔓延，教育出现了空白地带，一些有见地的士大夫纷纷复兴和创建书院，整个明代总计有书院 1962 所。⑤明末，书院再遭禁毁。加之明代书院教育以"会讲"为特点，重清谈，轻藏书，一定程度上影响了书院藏书的发展。总体而言，明代书院

---

① 肖东发，赵年稳.中国书院藏书［M］.贵阳：贵州人民出版社，2009：3.

② 任继愈.中国藏书楼［M］.沈阳：辽宁人民出版社，2001：693-694.

③ 傅璇琮，谢灼华.中国藏书通史［M］.宁波：宁波出版社，2001：396.

④ 任继愈.中国藏书楼［M］.沈阳：辽宁人民出版社，2001：899.

⑤ 傅璇琮，谢灼华.中国藏书通史［M］.宁波：宁波出版社，2001：718.

藏书的规模和质量远不如宋代，亦不如宋代时备受重视，但仍取得了一些进展。如在藏书管理方面，形成了包括征集、整理、分类、编目、保管、借阅在内的一套完整而独具特色的制度。在藏书管理制度方面，白鹿洞书院《整书事宜》中提出的书籍修整、保证流通的制度可谓独一无二，具体为："修整书籍，每五年一大修，三年一小修。南康府呈委主洞教官，慎选博识谨笃洞生四名，查理损坏书籍若干本，动支洞租，召募书匠逐一修整"[①]；在书目编制上，仅书院志中，便记载有《岳麓书院书籍目录》《白鹿洞书院书籍志》《白鹿洞书院续增书籍总目》《白鹿洞书院类分书目》《白鹿洞书院藏书目录》（载 1592 年刊周伟《白鹿洞书院志》）、《白鹿洞书院藏书目录》（载 1622 年序刊李应升《白鹿洞书院志》）、《百泉书院书籍目录》《虞山书院书籍志》《东林书院书籍目录》《共山书院典籍志》等书目，被认为是明代书院藏书管理制度化的标志。[②]

清代时，尽管满族贵族对书院有过压制，但总体仍以支持、引导为主，故书院得以普及，遍布除西藏以外的各个省区：最东为今中国台湾鹿港文开书院，最南为今海南澄迈天池书院，最西为今云南腾冲来凤书院，最北为今黑龙江齐齐哈尔经义书院（又名卜魁书院）。书院藏书经历唐、宋、元、明各代的发展，至清代呈盛大之势，主要表现如下：一是书院藏书受到普遍重视，人们认为藏书和师长、膏火同等重要，三者缺一不可，凡建书院即谋求藏书，各地书院创建了诸如书楼、书库、御书阁、御书楼、万卷楼、藏书阁、藏书楼、尊经阁、经正阁、冠冕楼、芸香楼、小琅环精舍、云章阁、稽古阁、书廨、斋馆、博文馆等名目的藏书处所，时各地藏书有确数可考的书院有百余所之多，超过唐、宋、元、明四代之总和[③]；二是书院藏书规模宏大，数量最多者是台湾鹿港的文开书院，藏书20000 余部、30 余万册，惜大部分书院的藏书没能得以流传；三是编制了大量藏书目录，总计不下一百种，流传至今者仍有 66 种[④]。

清代后期，一方面迭经战乱，书院藏书大多灰飞烟灭，甚至偏僻如贵州遵义的启秀书院都未能幸免。另一方面，随着封建制度的逐渐崩溃，旧有书院制度逐渐解

---

① 傅璇琮，谢灼华 . 中国藏书通史［M］. 宁波：宁波出版社，2001：735.
② 傅璇琮，谢灼华 . 中国藏书通史［M］. 宁波：宁波出版社，2001：729.
③ 傅璇琮，谢灼华 . 中国藏书通史［M］. 宁波：宁波出版社，2001：965.
④ 傅璇琮，谢灼华 . 中国藏书通史［M］. 宁波：宁波出版社，2001：968.

体，西方国家的基督教会却兴办了一些教会书院。受西方教育影响而建立的新式书院，如上海格致书院、直隶河北书院，大多仿照西方的大学图书馆建立书院藏书楼。在此背景下，书院藏书开始了近代化进程。在藏书内容上，中西兼蓄，涉及传统典籍与反映洋务、新学、时务、西学的书籍。如光绪年间的大梁书院所藏包括数学、地理、外国军政、商务、铁路、工程、化学、物理、煤矿、天文、植物、英语、法语、日语等书。在藏书形式上，除传统线装书外，还有以金属类订书针装订即"洋装"书籍。此外，铅印版与木刻、石印版书籍并存。在读者服务上，一方面突破了为本书院生徒服务的范围，如南京惜阴书院借书局向江苏"士子无书者"开放，上海格致书院藏书楼对读者对象未作任何限定；另一方面，开始开设阅览之所，如惠州丰湖书院"每楼一层，置长木桌四张，为检书晒书之用""有椅可坐，便于看书"，上海格致书院藏书楼设有阅览室，读者填写借书联单即可入内阅读，已类似今之公共图书馆。此类书院是我国书院教育的余绪，也是近代新式教育的先声。光绪二十七年（1901 年），朝廷两次诏令将书院改设为学堂，省城书院改为大学堂，各府和直隶州的书院改为中学堂，各州县的书院改为小学堂，并多设蒙养学堂，书院在我国教育史上画上了句号，藏书也陆续为各地图书馆接收。

第三节　书院藏书与儒学传承

我国古代书院以儒家理论为指导，弘扬儒家学说。作为研究和传承儒学的文化教育机构，藏书即是儒学研究与传承的载体。反映在藏书内容上，经、史、子、集构成藏书主体；反映在藏书利用上，学者讲学以说书为重，士子求学以读书为要，书院的教学活动围绕书籍而展开。诚如班书阁在《书院藏书考》一文中言："书院之所以教士者，而书籍为教士之具。使有书院而无书，则士欲读不能，是书院徒有其名，已失教士之实。故凡教士之所，皆有广搜典籍之必要，以供学者之博览，不独书院而已也。"[①] 在书院发展过程中，不仅在办学和教学上积累了丰富经验，培养了诸多学子，还逐渐发展了著书、编书、校书、刻书、传书等业务，

---

① 李希泌，张椒华．中国古代藏书与近代图书馆史料（春秋至五四前后）［M］．北京：中华书局，1982：465-466．

均促进了儒学的研究与传播传承。

书院作为古代教学机构之一，往往是学派活动的基地，甚至是某些学派的发源地。书院藏书首先在于培养学子，而一代代学子成长后，又成为学派的继承者。北宋的文学家、史学家，南宋的理学家，明代的心学家，清代的汉学家及桐城派、阳湖派等，大都是通过书院来进行门人、弟子的培养。甚至许多学派即以书院来命名，诸如"丽泽诸儒""沧州诸儒""岳麓诸儒""槐堂诸儒"等等。以嵩阳书院为例，自五代后唐创建到清末的 970 余年间，培养了诸多在政治、经济、文化、教育方面做出杰出贡献的人才，见于文献记载者有 80 余名。[①]

历代儒家学者留下了大量儒学典籍，成为中华文明的经典。为了能够系统深入地研究儒家思想文化，把儒家经典及其在各个时期的注解，把历代儒家学者的著述，把体现儒家思想文化的各种文献编纂成一部大文库，2003 年北京大学开启了《儒藏》工程。该工程包括收入近 500 部儒家典籍的《儒藏》"精华编"（约 1.5 亿字）和收入约 5000 余部儒家典籍的《儒藏》（约 10 亿字），以及著录万余部儒家典籍的《儒藏总目》，将使我国拥有一部齐备和完整的儒家思想文化著述的总汇。

第四节　书院藏书举隅

一、岳麓书院藏书

岳麓书院位于今湖南省长沙市的岳麓山下，是世界最古老的学府之一。北宋开宝九年（976 年），潭州太守朱洞在僧人办学基础上，正式创建岳麓书院。咸平二年（999 年），建藏书楼，始称书楼。大中祥符八年（1015 年），真宗赐"岳麓书院"门额。此后经南宋、元、明、清各代，藏书楼屡毁屡建，名称也相继改为藏经阁、尊经阁等。康熙二十六年（1687 年），建御书楼于今址，其后屡经战火，数度重修。嘉庆末，藏书达 10054 卷，咸丰初年毁于战火，同治年间恢复并

---

① 宫嵩涛，嵩阳书院［M］.长沙：湖南大学出版社，2014：251–262.

增至 14130 卷。光绪二十九年（1903 年），与湖南省城大学堂合并，改制为湖南高等学堂，沿用书院旧址。1926 年，湖南高等学堂正式定名湖南大学，仍就书院基址扩建至今。1938 年，御书楼遭日机炸毁，今存建筑为 1986 年重修。2005 年，湖南大学正式恢复岳麓书院，下设中国哲学研究所、历史研究所、中国思想文化研究所、中国书院研究中心和中国软实力文化研究中心等多个部门。

图 4-1　岳麓书院外景

1. 藏书来源

（1）朝廷赐书

北宋咸平四年（1001 年），获赐国子监《释文》《义疏》，及《史记》《玉篇》《唐韵》等典籍；大中祥符八年（1015 年），获赐内府秘籍，建"御书阁"藏之。康熙二十五年（1686 年），获赐《日讲经义》《明史》《数理精蕴》《性理精义》等 18 种"御书"，改称为"御书楼"；康熙五十二年（1713 年）获赐《朱子全书》等典籍。

（2）刊刻书籍

一是刊刻书院志。如明正德九年（1514 年）刊刻陈凤梧主修、陈论实编的《正德岳麓志》，惜不存；万历十八年（1590 年）刊刻吴道行纂修的《万历岳麓志》，今存我国台湾；崇祯六年（1633 年），刊刻吴道行重修《岳麓志》，惜散佚。清康熙二十六年（1687 年），赵宁修纂《康熙岳麓志》，于咸丰十一年（1861 年）重刊，传世较多，雕版藏于书院半学斋；同治十二年（1873 年）增补纂修了《同治岳麓志补编》。二是刊刻书院的学术成果及同门录，如《岳麓书院课艺》《岳麓书院课文》《岳麓诗文钞》《岳麓书院同门齿谱》等。最具影响的数《岳麓诗文钞》，成于道光十年（1830年），总计57卷，收诗、词、赋、文计1090首（篇），涉及作者558人。

（3）社会捐赠

据《岳麓书院史略》记载："咸丰初年，太平军攻打长沙，书院藏书荡然无存。战后，院长丁善庆积极着手恢复藏书，带头捐献《御制日讲四书解义》《御定佩文韵府》《十三经注疏》《困学纪闻三笺》等862卷。因此带动士绅学子纷纷捐献。"[①]累计有巡抚李翰章、粮道谢煌等数十人之多。光绪二十四年（1898年），熊希龄、蒋德钧、刘麒祥等捐赠《电学》《数学理》《铁甲丛谈》《保富述要》《数理精蕴》《弦切对数表》《工程致富》《类症活人书》《炼石篇》《美国水师考》《海军调度要言》等120种"新学"书籍，使书院藏书建设进入新阶段。

2. 藏书管理

宋代始，书院专设"监院"对书籍进行包括购买、分类、编目、登记、借阅、清理、修补等在内的日常管理。清嘉庆年间，制定《岳麓书院捐书详议条款》，对书籍的征集、收购、整理、编目、借阅、保管等进行了规范。

（1）书籍的征集、收购

规定征集、收购书籍的范围非常广泛，凡殿版、官刻、家刻、坊刻、官绅士民家藏著作及书籍、雕版均在征集范围内，对于时任湖南地方文武各县及通省各属士民，捐书、捐资均可。征集到的书籍应随时交监院收贮，其中"官捐者，官为购买，随时饬交监院收贮；民捐者，民为购买，亦随时呈请监院收贮"。征集之书籍均令即行登入册档，并申报院司道衙门存案。

（2）书籍登录、整编、入库

通过各种途径获得书籍后，首先进行登录工作，即对书的来源、收购日期、卷册数予以登记，然后进行分类编目。对于新颁发的或刚征得的书籍，都要在各书名下注明"几卷、几本，系某年月日收到字样"，登记翔实，其中"内捐置及购买者，除照前注明外，并添注何员何人捐购字样"，并"每书于壳面上俱钤用监院钤记，并于逐页加钤'岳麓书院藏书'图记一颗，以免偷换"；对于新捐购

---

① 杨慎初，朱汉民，邓洪波.岳麓书院史略［M］.长沙：岳麓书社，1986：123–124.

的书，则"每书每本首页尾页，俱钤盖'岳麓书院官书戳记'"，以区别整理。书院曾先后编有《岳麓书院新置官书总目录》《岳麓书院新捐书目录》《捐助岳麓书院书籍题名》等三部藏书目录。

（3）书籍的借阅

规定凡本书院师生均能借阅，制度完备："院长及住斋诸生，取阅书籍，应由监院发交，造册存查，随时登号记数，阅后缴册销号"；还书时，管理者记明还书时间，对逾期不还者进行催缴；每年年终统一进行催书，催缴后仍不归还者则进行罚款（院长和生徒的处罚方式有所不同），罚金主要用作重购图书的资金；为避免散失，规定监院不得假手书吏，代其办理图书收发工作。

（4）书籍的保管

书籍保管制度很严格，不仅对于各种书籍都有交代，管理人员在交替与轮换时都须办理申报与移交手续。若未及时进行统计移交，也会受到一定惩罚。其他的安全保卫措施：如凡书院书籍都集中存放在御书楼上、下两层，专配监院教官一员，全面经管；配看守一名，在馆居住，严禁闲游人等入内，并不许肄业诸生借住楼下；每年梅雨月份，禀请监院，跟同晒晾书籍；等等。

二、白鹿洞书院藏书

白鹿洞书院位于江西省九江市庐山五老峰南麓，有"海内第一书院"之誉。其创建可追溯至唐代贞元年间（785—804年），时李渤与其兄李涉在此隐居读书，养一白鹿，甚驯，人称白鹿先生。宝历年间，李渤任江洲刺史，觉隐居地俯视似洞，便名之白鹿洞。唐永泰元年（765年）颜真卿被贬而居此地，阙后其裔孙颜翊率弟子30余人授经洞中。南唐时在此建庐山国学。宋初置书院，白鹿洞书院名从此始，惜不久即废，直至著名理学家朱熹重修书院之后，才扬名国内，并成为宋代传习理学的重要基地。元末，书院毁于战火。明代时，历正统、成化、弘治、嘉靖、万历年间的多次维修。入清后，书院有多次维修，办学不断，至光绪二十九年（1903年）停办。宣统二年（1910年），改为江西高等林业学堂。1921年8月27日，书院藏书100余万卷悉数毁于火灾。

图4-2　白鹿洞书院外景

1. 藏书来源

（1）朝廷赐书

宋太宗太平兴国三年（978年），朝廷颁赐九经，即《周易》《尚书》《诗经》《左传》《礼记》《周礼》《孝经》《论语》《孟子》，并派人送至书院；真宗咸平五年（1002年），朝廷下令重修白鹿洞，建造圣旨楼以藏诏书。南宋时，在朱熹奏请下，孝宗颁赐国子监经书（包括宋高宗时刻石的《易》《诗》《书》《左传》《论语》《孟子》6种完整经文）、《礼记》中的《大学》《中庸》等5篇，以及《九经疏》《论语》《孟子》等。清代康熙年间，曾四次获御赐书籍：康熙二十六年（1687年）四月，得《钦颁十三经注疏》《钦颁二十一史》；康熙四十六年（1707年）三月，得《钦颁渊鉴古文》；康熙五十四年（1715年）二月，得《朱子全书》；康熙五十五年（1716年）十一月，得《御纂周易折中》。

（2）社会赠书

据《白鹿洞书院》记载，自明嘉靖至清代，捐赠书籍者至少有胡汝霖、郑廷鹄、徐绅、王宗沐、吴国伦、江西巡按、周灿、冀霖、张伯行等。其中张伯行先后捐赠《周濂溪集》《二程文集》等书籍。①

（3）征书

朱熹主持白鹿洞书院期间，想方设法征求书籍，并请求各地官员协助，其《与黄商伯书》中提到曾发文请求漕运使及江西各郡、江西提举陆游等捐赠图书，还曾派人到南京一带求书。

（4）购买

郑廷鹄《白鹿洞志》记载明代洞主陈汝简时言："汝简访闻先时书籍，洞租买置居多。"②陈汝简主持书院是在嘉靖四十四年（1565年），故在此之前的藏书大多为购买所得。明代正德年间李梦阳修纂的《白鹿洞书院新志》记载有八九十种书籍，其中10余种为书院自刻，余者未说明来历，推测为购买所得。而据此后所修书院志所见，在书院藏书有了一定规模后，就不再大量购买。

2. 藏书内容

李梦阳《白鹿洞书院新志》（1525年）、郑廷鹄《白鹿洞志》（1554年）、周伟《白鹿洞书院志》（1592年）、李应升《白鹿洞书院志》（1622年）、廖文英《白鹿洞书院志》（1673年）中均刊载有白鹿洞藏书详细书目，其中李梦阳《白鹿洞书院新志》著录经部11种、子部25种、史部31种、集部16种，郑廷鹄《白鹿洞志》著录经部49种、史部29种、子部64种、集部34种，周伟《白鹿洞书院志》著录"圣制"（皇帝负责编撰的书）7种、经部35种、史部40种、子集部110种，李应升《白鹿洞书院志》著录197种、1855本，不分类。尽管上述各书所录有很大一部分为重复者，但大致可反映从明朝正德年间到清代康熙年间的藏书及流传情况。根据李梦阳、周伟所编志书，白鹿洞藏书主要为以下五类。第一类："五经""四书"类。"五经"即《周易》《尚书》《诗经》《礼记》《春秋》，"四书"即《论语》《孟子》《大学》《中庸》。但所藏是后人尤其是宋元以来儒者所作的各类注疏本。第二类：史部书籍，包括正史类（即"二十四史"，除当时未出现的《明史》《清史稿》）、史学著作、通志、地方志。第三类：类似于"子书"，但非诸子百家全含，主要有"儒子之书"（即先秦之后的儒学著作）、理学著作。第四类：小学、

---

① 吴国富，黎华.白鹿洞书院［M］.长沙：湖南大学出版社，2013：127–128.

② 吴国富，黎华.白鹿洞书院［M］.长沙：湖南大学出版社，2013：128.

韵书类。第五类：别集、选集、总集类。

三、嵩阳书院藏书

嵩阳书院位于河南省登封市嵩阳路北端的嵩山南麓，前身为北魏孝文帝太和八年（484年）创建的嵩阳寺。隋朝时，杨广改嵩阳寺为嵩阳观。后唐清泰年间，庞式、舒元、杨纳等人在嵩阳观聚课生徒，为书院的创办打下了基础。后周显德二年（955年），世宗柴荣改称太乙书院，建藏书楼、斋房，聚集文人，专心读书，是为嵩阳书院的起始。北宋时发展至鼎盛，与河南应天府书院、江西白鹿洞书院、湖南岳麓书院并称全国四大书院。金、元至明中期，书院讲学活动处于低潮，书院藏书逐渐衰落。清初，由于书院原在社会上的威望，及一批民间知名人士和地方官员的极力推荐，得以复兴，尤以康乾时期为兴盛，足与北宋时期相媲美。乾隆后期，日趋衰落。光绪三十一年（1905年），改为嵩阳高等小学堂。

1. 藏书来源

一是皇帝赐书。如北宋至道元年（995年），太宗赐给九经，大中祥符三年（1010年），真宗赐给九经、子、史诸书。二是私人捐赠。如清康熙二十三年（1684年）河南巡抚王日藻捐献俸银，为书院建造了规模宏大的藏书楼。楼成后，全国各地驿送经书。据钱仪吉《碑传集》记载，江西瑞州府同知焦贲亨、鲁山县教谕李兆元都捐赠了多种书籍。三是购置书籍。据耿介编纂的《嵩阳书院志》记载，康熙二十三年时书院总计藏书已有89部、万余册，其中17部、千余册为私人捐赠，余者均为耿介等人先后购置。乾隆四年（1739年），焦如蘅、董其成负责购置朝廷颁发的五经、《康熙字典》《朱子全书》《性理精义》《日讲四书》等书籍。四是刊刻书籍，主要包括教材、师生文集汇编、在书院主讲的学者们的著作等。曾在长期战乱中课本不易买得的情况下，校印发售御赐九经，扉页下部均标有"嵩阳书院校梓"字样。

2. 藏书管理

书院曾制定有一套收藏、借阅书籍制度，惜康熙二十一（1682年）年编纂的

《嵩阳书院志》中未有记载,仅在"卷一·藏书"中提及应渐次购求书籍。该文之后,便是当时的书院藏书目录。因没有续修《嵩阳书院志》,之后的藏书目录未有流传。据学者研究,嵩阳书院藏书楼对本院所有师生开放,只要办好相关借阅手续即可借读,某些书还允许书院以外人士借阅,但必须在县具保。[①]

3. 藏书遗存

目前嵩阳书院藏书楼中尚陈列有:清代存书《二程全书》20册、《二程遗书》7册、《四书五经》3册、《四书近指》10册、《周易》1册、《二程粹言》4册、《中州道学编》4册、《说文解字》8册等八部书,计57册;清康熙三十五年(1696年)景日昣编纂的《嵩岳庙史》木刻版10块,康熙五十五年(1716年)《说嵩》木刻版8块,清《会善寺记》木刻版10块和1982年5月21日在嵩山主峰峻极峰顶发现的唐久视元年(700年)七月七日"武则天除罪金简"(复制品)及嵩山碑碣拓片10余片。

四、鹅湖书院藏书

鹅湖书院位于江西省铅山县鹅湖乡鹅湖村,前身为创建于南宋嘉定元年(1208年)的鹅湖寺。南宋理学家朱熹与陆九渊等人的鹅湖之会,成为中国儒学史上影响深远的盛事。人们为纪念"鹅湖之会",在书院后建了"四贤祠"。宋淳祐十年(1250年),理宗赐名"文宗书院"。明景泰五年(1454年),代宗下旨扩建书院,增设书楼、四贤祠等,并在祠内重塑朱熹、吕祖谦、陆九龄、陆九渊塑像,正式以"鹅湖书院"命名。清顺治四年(1647年),江西巡抚蔡士英捐资扩建书院,并立碑将其与白鹿洞书院、象山书院、白鹭洲书院列为江西四大书院。康熙五十六年(1717年),进行了鹅湖书院史上规模最大的修复扩建工程。清末,改为江西省鹅湖师范学堂。1909年至1911年,开办鹅湖讲习所。1912年,创办鹅湖初级师范学校。1914年,改为江西省第四师范学校,校址仍设于鹅湖书院。此后,又经多次变革。2006年5月25日,被国务院批准列为第六批全国重点文物保护单位。

---

① 宫嵩涛.嵩阳书院［M］.长沙:湖南大学出版社,2014:73-74.

朝廷赐书为书院藏书的主要来源之一。宋淳祐十年（1250 年），理宗赐首批太学所藏经、史、子、集共 96 部，13000 余册；历代朝廷赐书总计达 13000 余部、47000 余册，其中经部善本 19 部、史部善本 39 部、子部善本 15 部、集部善本 7 部、别部善本 16 部。①

---

① 王立斌，刘东昌.鹅湖书院［M］.长沙：湖南大学出版，2013：87–88.

第五讲
佛寺藏书与道观藏书

佛寺藏书和道观藏书统称为寺观藏书。寺观藏书受政治、经济、文化等因素制约，尤其受统治集团的喜恶影响，倡者兴，反之则衰。寺观藏书保存了大量文化典籍，在目录学上成就较突出，促进了古代教育与各民族的融合以及中外文化的交流。

第一节　佛寺藏书概述

一、佛寺藏书处

藏经楼即佛寺藏书处，在唐代时形成定制，称为"经藏"，形式上或阁或堂，或院或楼。宋元时，盛行"左钟楼右经藏"的布局。清代普遍将藏经楼置于寺院中轴线的末端。除藏经外，藏经楼也作为僧人阅读经书或接待贵宾的场所。藏经楼一般有两种形式：一种是毗卢阁，楼上藏经书，楼下供奉毗卢遮那佛；另一种是转轮殿，所有经书放在一个大转轮上，人们只要将转轮转一圈就代表读经书一遍。管理藏书的僧人称为知藏，相当于佛寺图书馆馆长，后因职务繁重，又分出藏主之职，相当于佛寺图书馆馆员。

二、佛寺藏书内容

佛寺藏书以佛教书籍为主，约占90%以上，以非佛教书籍为辅，约占10%

以内。佛教书籍如大藏、大藏之外的单行译本、大藏之外的中国僧人撰著、疑伪经、宣教通俗文书、一般寺院文书等。非佛教书籍如常见的经、史、子、集四部书，医书、志书、字书、阴阳、法书、蒙学著作、通俗读物、道教等其他宗教类书籍、年谱、家谱、普通经济文书及僧人撰著的非佛教著述等。

"大藏"。佛教典籍的丛书，又名"一切经""正藏"，内容以"经""律""论"为主①，以其他佛教撰述为辅。南北朝以前称为"一切经"，隋代后称为"大藏经"，并成为佛寺藏书主体。形式上包括手写大藏和雕版大藏两种。手写大藏即写本佛经，起源于南朝萧梁时代；雕版大藏则是根据某种目录，汇集一批佛经，集中雕版印刷而成，版式整齐，装帧统一，有总书名，即"×× 大藏经"，起源于北宋太祖开宝四年（971 年）。历代官私所刻"大藏"达 20 多种，并以官刻为主。

图 5-1　《嘉兴藏》（嘉兴图书馆藏）

"大藏"之外的单行译本。指因各种原因未能收入到"大藏"，只能以单本形式流传，被各佛寺收藏的译经。此种单行译本尚能在敦煌遗书和内地部分佛寺中见到。

"大藏"之外的中国僧人撰著。道宣《大唐内典录》"入藏录"严格恪守"正藏不收中华专著"的原则，故以《大唐内典录》"入藏录"为依据组织的各佛寺藏经中，中国僧人撰著被冷落。此部分著作量相当大，唐代时总计已达万卷以上，

---

① 按："经"，释迦牟尼在世时的说教，以及后来增入的少数佛教徒——阿罗汉或菩萨的说教在内；"律"，释迦牟尼为信徒制定必须遵守的仪轨规则；"论"，关于佛教教理的阐述或解释。

但在《开元释教录》"入藏录"中仅保留了 40 部、368 卷。由于"正藏"不收，有心人将其结集为"别藏"。

疑伪经。相传是非佛所说、没有梵文原本而冠以"经"的名义的佛教著作。我国佛教"疑伪经"的撰造起于东晋前，东晋时释道安始在其所撰佛经目录中设立"疑经录"一类。至隋唐时期，佛教"疑伪经"不断涌现。为将这些典籍排斥在藏经之外，编撰的佛教经录著录了大量的"疑伪经"。"疑伪经"因此而大量亡佚。但由于普通僧人佛教学识不高而无法准确鉴别，部分"疑伪经"得以为佛寺所藏而流传至今。

三、佛寺藏书来源

佛寺藏书来源形式多样，诸如官方颁藏、信徒施经、自译、自著、自抄、自刻、购买、请赠、配补等。一般而言，较大佛寺的藏书多为朝廷赐予或官府捐赠，普通佛寺藏书多为信徒捐赠。如唐代白居易为官时，曾资助洛阳西郊香山寺修理寺院，添购佛经。元代和明代，朝廷均主持刻经，刊成后分赐名山大刹。清代阮元任巡抚时，为解决好学的贫寒士子阅读书籍难题，专门设立"灵隐书藏"和"焦山书藏"（所藏主要为非佛书）。佛寺中的高僧，往往既是佛书的著作者，也是佛书的校订者、刊刻者。

四、佛寺藏书功用

1. 出家僧侣研读

这是佛寺藏书的主要服务群体。出家僧侣日以诵经为业，佛教经典为必需。但除一般功课外，佛教经典不可能自行备办，利用佛寺藏书是为必然。出家僧侣群体非常庞大，魏晋时期僧尼大众达 200 万，唐、元代均在 20 万以上，宋太宗时达 45 万，明代约有 50 万，清末时约有 80 万。[①]

2. 居士研读

居士即佛教在家信徒，细分为优婆塞（男众）、优婆夷（女众）。阅读佛寺藏

---

① 黄建年. 中国古代佛教寺院藏经楼研究［J］. 图书与情报，2011（3）：139–144.

书是居士进德修业的必经之路，如唐代白居易就常常和庐山长老在东林寺经藏中，批阅自远大师与诸文士唱和集卷。居士是比僧侣更为庞大的群体，学者推测，唐、元两代居士约400万，宋、明两代约在900万至1000万间，清末约有1600万以上。[①]

3. 士子研读

接纳读书人在佛寺居住是我国古代佛寺的顺俗政策之一，佛寺所藏儒家经史可供之借阅。宋代李常少曾在庐山五老峰下的白石庵刻苦读书，进士及第后，将9000余卷藏书寄存于庵中，供山中读书人阅读。前述阮元设立的"灵隐书藏""焦山书藏"，即为解决好学的贫寒士子阅读书籍难题，凡有志读者均可到寺阅览。

第二节　佛寺藏书历史

佛寺藏书大约出现在东汉末，伴随着汉传佛寺的兴建与译经活动的开展而初萌，并在僧俗及其他信仰者功德心理的刺激下逐步发展，最终形成独特的佛寺藏书体系。东汉末，白马寺等佛寺已有藏书形态出现。魏晋南北朝时，佛教在中国发展飞速，全国各地广建佛寺，朝廷设立僧官制度，置专门之地庋藏佛籍。我国南方形成了庐山东林寺和建康道场寺两大佛寺藏书中心，且产生了专门的佛典目录——《众经目录》和《综理众经目录》；西域则形成了以凉州、敦煌为中心的佛教中心，许多僧人在此译经、传教。学者甚至认为，当时"有多少寺院就有多少藏书处，所不同的是藏书的多少而已"[②]。有文献记载的藏书丰富的佛寺主要为东林寺和定林寺。

隋唐时期佛寺藏书极盛，不仅藏书数量、品种和规模达到前所未有的水平，藏书制度也趋于完善，"经藏"成为定制。如东林寺不仅藏书逾万卷，在义彤住持时，从采集到分类、编目、排架等工作已形成了较完备的程序，甚至与现代图书馆业务流程差不多。隋唐时著名的佛寺藏书有长安的大兴善寺、晋王旧邸宝台经藏和东都内道场藏书，但晋王旧邸宝台经藏和东都内道场藏书属于国家藏书体系，

---

① 黄建年. 中国古代佛教寺院藏经楼研究［J］. 图书与情报，2011（3）：139–144.

② 肖东发. 中国宗教藏书［M］. 贵阳：贵州人民出版社，2009：46.

仅大兴善寺藏书是真正意义上的佛寺藏书，他者如京师西明寺、大慈恩寺、长安大兴善寺、青龙寺、崇福寺、延兴寺、东京大敬爱寺、香山寺、佛授记寺、经行寺、福先寺、大荐福寺、资圣寺、白马寺、慈门寺、大遍空寺、清禅寺、净影寺、广福寺、魏国东寺、总持寺、奉恩寺、天宫寺、醴泉寺、华严寺、光宅寺、德业寺、福寿寺、圣善寺、东林寺、国清寺、清凉寺、金阁寺、云居寺、大云寺、佛窟寺、南禅院、栖霞寺、龙泉寺、道林寺等均有一定数量藏书。

宋、辽、夏、金、元时期，统治者扶持佛教，佛教再度进入发展高峰，佛经的品种和复本数量得到极大提高。尤其是北宋初年，《大藏经》开雕，成为世界印刷史上的伟业。该时期总计雕印了 10 余部《大藏经》，形成了我国历史上第一次雕印大藏的高潮。宋代刻印有《开宝藏》（官刻）、《崇宁藏》（福州东禅寺私刻）、《毗卢藏》（福州开元寺私刻）、《圆觉藏》（湖州思溪圆觉寺私刻）、《资福藏》（安吉州法宝资福寺私刻）、《明州藏》（明州奉化县忠义乡瑞云山王公祠堂私刻）、《碛砂藏》（平江府碛砂延圣院私刻）等 7 部，辽代刻有《契丹藏》，金代刻有《金藏》（或称《赵城藏》），西夏刻有《西夏刻汉文大藏经》、抄有《西夏文大藏经》（又名《河西字大藏经》）。元代，形成了我国刻本藏经的第二个高潮。据明代《径山藏》"刻藏缘起"称，元代共刻过十几种藏经，惜大部分已散佚，现有确证者《普宁藏》（余杭白云宗南山大普宁寺私刻）、《元官藏》（官刻）、《毗卢藏》（福建道宁路建阳县后山报恩万寿堂私刻）、《弘法藏》（官刻）、《英宗铜版大藏经》（是否实际完成尚未有定论）。此外，元代藏文大藏经（分《甘珠尔》《丹珠尔》两部）便有那圹版、德格版、北京版等不同版本。尽管总体而言宋元佛寺藏书不及隋唐，但也较发达，藏量通常在万卷左右。由于雕版印刷术、活字印刷术的普及，普通寺院得经亦极易，当时的佛寺大多藏有不止一部大藏经，供僧众念经、阅读、供奉之用。此时期佛寺藏书最大特点是，除藏有大量手抄经卷外，还藏大量雕版印刷经卷，亦有少数君主所赐的御书、御札和僧人所作的语录及诗词散文等。但此时期相关资料非常少，当代学者只能从分析刻经、雕藏入手，推断当时京师太平兴国寺、京师显圣寺、杭州天竺寺、杭州龙井寺、金华山智者禅院、福州开元寺、湖州恩溪圆觉禅院、安吉州法宝资福寺、平江府碛砂延圣院、杭州惠因讲寺、杭州灵隐寺、镇江金山寺、大都大兴教寺、仁和龙兴祥符戒坛寺等均藏有较大量藏书。[①]

---

① 肖东发.中国宗教藏书［M］.贵阳：贵州人民出版社，2009：85.

明代时，尽管佛教在我国有较大发展，但从发展大趋势而言已趋衰落。明代刻经仍较发达，共刻印过七部汉文《大藏经》；官版3部：最早者为《洪武南藏》，传世者罕见；普及本《永乐南藏》刻工较粗糙，但流通量大，传世者多；《永乐北藏》刻工精良，装帧华美，大多用于颁赐各地。私刻有《武林藏》《嘉兴藏》《杨家经坊藏》《万历藏》等四部。最早者为《武林藏》，惜至今下落不明；《嘉兴藏》是较著名与常见者，其《序藏》《又续藏》网罗保存了大批藏外典籍，功勋卓著；《杨家经坊藏》则出于商业目的刻印。

入清后，佛教更趋衰落，但政府主持的刻经、刻藏、译经仍在继续，并出现了新特色。清代官刻有《乾隆版大藏经》（俗称《龙藏》）1部，主要用于颁赐，并根据汉文大藏经刻印了满文大藏经（又名《国语译汉全藏经》或《国语译大藏经》）。明清两代，官版《大藏经》常颁赐名山大刹，如山西太原的崇善寺、大同华严寺藏有各代《大藏经》；贵州大兴寺藏有明代颁赐的《永乐北藏》和《万历续藏》；私刻大藏经和坊刻大藏经均可供请藏者出资请印，因而当时收藏大藏与普通经书的寺院几乎遍天下。此外，在藏书楼建设及典籍管理方面取得一定成就，如杭州灵隐寺和镇江焦山寺都有《藏书条例》。至清末，整个佛教事业劫难不断。先是太平军起义，寺庙遭严重破坏，佛教几乎处于奄奄一息之态；光绪后期，张之洞、袁世凯相继提出废庙兴学，佛教元气大伤。

民国时期，由于日本帝国主义的入侵，包括佛寺藏书在内的整个佛教事业，遭到近乎毁灭性破坏。直至中华人民共和国成立后的20世纪80年代，才获生机。但由于佛教书籍的大量印行，各类图书馆在佛教书籍典藏中占有越来越重要的地位，世人阅读佛书已不必前往寺院。

第三节　佛寺藏书举隅

一、东林寺藏书

东林寺位于江西省九江市庐山西麓，建于东晋太元九年（384年），当时南方佛界最具影响的慧远在此修行、传教、著述，收藏了大量佛教典籍与教外书籍。东林寺编有藏书目录——《庐山录》1 卷，惜散佚。慧远弟子释道流曾依据东林寺藏经编撰《魏世经录目》《吴世经录目》《晋世杂录》《河西经录目》等 4 部目录，惜未成已病逝，由竺道祖补编而成。唐代时，东林寺仍是非常重要的藏经寺院，据传在高宗时藏经中已有译经 5000 余卷，中外僧人撰著 3000 余卷，并以收藏别藏著称。[①]李肇《东林寺经藏碑铭并序》记载，唐宪宗元和四年（809 年），云门僧灵彻云游至此，在江西道观察使资助下，延请浮槎寺僧义彤主持，重新恢复大藏，形成一个正藏、别藏 10000 余卷的藏经体系（其中别藏有 5000 余卷）。惜这部大藏在唐武宗会昌年间（841—846 年）的毁佛活动中损失半数以上。唐宣宗时，韦宙曾资助修补恢复经藏，经一年而工竣，但大约只补了正藏，会昌以后的各种资料中未再见"别藏"之名。

二、西明寺藏书

西明寺建于唐高宗显庆三年（658 年），是唐代御造经藏的国家寺院，位于延康坊西南隅右街（在今西安市白庙村一带），亦是唐代寺院藏经最著名者。唐玄奘曾在此译经，唐高宗曾下令在此御造大藏，此大藏最大特点是收录了大量中国僧人著作。道宣律师为之编《西明寺录》和《大唐内典录》。《大唐内典录》卷八被认为可反映西明寺大致藏经情况，共收录大小乘经律论及贤圣集传计 800 部，3361 卷，56170 纸，合装 326 帙。但《大唐内典录》并未记录中国僧人的撰著。而据时人记载，当时中国僧人撰著约有 3000 余卷。因此保守估计，当时西明寺藏书量在五六千卷。藏书大约毁于唐末黄巢起义。

三、灵隐寺藏书

灵隐寺又名云林寺，位于浙江省杭州市，始建于东晋咸和元年（326 年）。五代时，吴越王钱镠命请永明延寿大师开拓，并赐名"灵隐新寺"。宋皇祐元年（1049 年）得赐御绣《观音心经》2 卷及回銮碑、飞白黄罗扇等御用物品。宋仁宗庆历年间，丞相韩琦、参政欧阳修等奏赐契嵩所著《传法正宗定祖图》《传法正

---

① 肖东发.中国宗教藏书［M］.贵阳：贵州人民出版社，2009：52.

宗记》《传法正宗论》三书（合称《嘉祐集》）和《辅教篇》等入藏。仁宗准奏，编入《藏经》，并赐契嵩"明教大师"称号，自此灵隐寺闻名遐迩，成为天下禅宗圣地。清顺治年间，具德和尚住持灵隐寺，筹资重建，规模宏伟，跃居"东南之冠"。清嘉庆十三年（1808年）至十四年（1809年），参与灵隐书藏的杭州紫阳书院山长石琢堂会同灵隐寺住持整理藏经，发现因管理不善而损失不少，便发愿恢复藏经旧观。在其努力下，集大藏经论1655册，装成1438册，加上中华撰著150种，装成456册，总计1894册，灵隐寺经藏旧观得以恢复。

图 5-2　灵隐寺藏经楼外景

四、拉卜楞寺藏书

拉卜楞寺位于甘肃省甘南藏族自治州夏河县，始建于清康熙四十八年（1709年），是藏传佛教格鲁派六大寺院之一，被誉为"世界藏学府"。寺内藏有许多世界级的佛教文化珍品，尤以藏书著称。拉卜楞寺原有正规藏书楼和完整的印经院，原藏经数量高达128800余卷，藏文经版62000余块，惜藏经阁、印经院在"文革"中被毁，经籍、经版大量流失，现仅存65000余卷。1959年，拉卜楞寺对藏书进行了清理并油印了《拉寺总书目》两册，记载经籍7824部。拉卜楞寺所藏最珍贵的是两部贝叶经，据说一部为噶当派创始人阿底峡大师所诵记录，一部为印度圣者华尔旦达哇智华用金汁书写的梵文经。

五、龙华寺藏书

龙华寺位于上海市南郊龙华街道，是上海历史最久、规模最大的古刹，相传始建于三国东吴赤乌五年（242 年）。原藏有明代《大藏经》1 部，计藏经 678 函，180082 页，惜失传。清同治十三年（1874 年），住持观竺法师向朝廷请颁《龙藏》1 部。《龙藏》即皇帝御批的《乾隆版大藏经》，共计 724 函、7168 卷，是我国历史上最后一部木刻版汉文大藏经，惜已毁。现今寺中所藏《龙藏》为原上海国恩寺所藏。此外，还藏有一些古代抄、写、刻经本，计唐人写经 6 卷，五代刻经 1 卷及明刻梵夹本《大方广佛华严经》；藏宋元符元年（1098 年）《般若波罗蜜多心经》1 部，是上海现存最古的石刻佛经；其他所藏如新版《中华大藏经》《敦煌大藏经》等。

第四节　道观藏书概述

一、道观藏书处及管理

道观藏书亦称宫观藏书，主要收藏道家生活、修行场所中的本宗教典籍，其服务群体与佛寺藏书相类，即主要供出家道士及信徒的研读，同时也为贫寒士子读书进行一定服务。宫观最初称道馆，是道士举行宗教活动的场所，亦是出家道士生活的地方，初时并未有庋藏典籍的记载。南朝齐、梁、陈三代时，道馆大多已内设藏经楼，作为专贮道藏、供出家道士研读之所。北周时，道馆建筑基本定型，内设道房、藏经楼（阁）。唐代时，藏经楼与钟楼相对而立，位于天尊殿前方的左右两侧，受佛教影响，亦称"经藏"，此时道观藏书制度发展至成熟。隋唐之后，道馆统称为观，大的道观称为宫，道观藏书一直沿袭至今。

唐代时，对藏书的组织与管理已相当细致严密。《道藏》"太平部""仪"字《洞玄灵宝三洞奉道科戒营始》一经第八品《法具品》对"经藏"的建造乃至经书的装裹、经函、经橱、经架，皆有规格和要求的详细记载：凡造经藏，皆外漆，内装沉檀，或表里纯漆，或内外宝装，或表里彩画，或名木纯素。各在一时，大小多少，并随力办。或作上下七重，或三重，并别三间，或七间，安三洞四辅，使相区别。门上皆置锁钥，左右画金刚神玉。悉须作台安，不得直尔顿地。对经本具体储存、排架亦有细致规定：每一部经或 5 卷、10 卷都须进行装裹，经书装裹有锦绮、织成、绣作、纯彩、画绘等 5 种，且皆须用带子缚好，并题上经名。经函有雕玉、纯金、纯银、金缕、银缕、纯漆、木画、彩画、金饰、宝装、石作、铁作等 12 种。经橱有宝装、香饰、金银器、纯漆、沉檀、名木等 6 种。经架有玉作、金作、银作、沉木、紫檀、白檀、黄檀、名木、纯漆、金银器等 10 种。

道观藏书中的收藏方式以天宫藏和转轮藏为特别。天宫藏为道教所创，影响至佛教，而转轮藏则借鉴于佛教。《龙虎山志》对转轮藏规格有较详细记载："藏以木为柜，置藏室中，高若干尺，内广围径若干尺，瓯其隅，为八面，面为方格，以次盛经之函，刻木为天人、神仙、地灵、水官、飞龙、鸾凤之属，附丽其上，皆涂以金。中立钜木贯之，下施轮令其关以旋转，言象天运焉。"[1]

二、道观藏书内容

道观藏书的主体为道教典籍，亦藏小部分非道教典籍。其中道教典籍的主体是《道藏》，余者为《道藏》以外与道教有关典籍。

道教大约形成于魏晋南北朝时，但源头可溯至更早的道家思想和神仙方术。道教典籍则可追溯至道教创立之前。据《汉书·艺文志》著录，先秦至西汉的道家和神仙家著作有 47 种，1198 卷。与道教有关的阴阳家、儒家、墨家、兵家和杂家著作，以及数术类、方技类著作，多达 200 余种，约 4000 卷。道教在漫长发展过程中，产生了大量道教典籍。尽管确切数据无从得知，但从道经相关书目中可以一窥。六朝时出现了派别道经目录编制高潮，诸如《上清源统经目》《中品目》《魏传目》《正一经治化品目录》等目录，仅正一派经目《正一经治化品目录》就著录正一经 930 卷，符图 70 卷；北周编制的《玄都经目》著录道经、传记、符、图、论达 6363 卷；十六国时王延编《珠囊》著录道教经、传、疏、论，凡 8030 卷。[2]南北朝及后，道教典籍通常以"三洞四辅十二类"分类。"三洞"指道教的

---

① 任继愈.中国藏书楼［M］.沈阳：辽宁人民出版社，2001：60.
② 王卡.中国道教基础知识［M］.北京：宗教文化出版社，1999：103–104.

主经,分为洞真部、洞玄部、洞神部三种类别;"四辅"是对三洞经书的解说和补充,分为太玄部、太平部、太清部、正一部;"十二类"内容极复杂,包括文本类、神符类、玉诀类、灵图类、谱录类、戒律类、威仪类、方法类、众术类、纪传类、赞颂类、章表类。三洞四辅合称七大部类,三洞各部又细分为 12 类,总计 36 部,故道教的典籍常有"三洞真经""七部经书"或"三十六部经"等名称。

《道藏》是道教经典、论述、符箓、科仪、法术和文献(包括山志、纪传、图谱等)的总汇。其编制始于唐代,成于唐代高宗、武则天年间,即《开元道藏》,时亦称"一切道经"或"一切经"。唐玄宗时组织编定了被后人认为是《开元道藏》目录的《三洞琼纲》和《三洞玉纬》,其中《三洞琼纲》著录道经 7300 余卷,《三洞玉纬》著录道经 9000 余卷。《开元道藏》的编撰具有划时代意义。安史之乱中,两京秘藏遭焚烧殆尽,《开元道藏》亦未能幸免。唐肃宗收复长安后,整修残余道经,恢复至 6000 余卷。唐代宗时期,经道士申甫的多方搜访、缮写,增补至 7000 余卷。但唐末动乱不断,道经仍不断损毁,大致保持在 5300 卷左右。五代及宋、元、明各代,官方均有刻《道藏》。现存最早者为明代《正统道藏》和《万历续道藏》,共收入道书 1476 种, 5485 卷,经版总数达 121589 页。

三、道观藏书来源

道观藏书来源有朝廷颁赐、购买、自著、自刻等,以颁赐为主。历代朝廷刊刻《道藏》后,均进行颁赐。以明代为例,自《正统道藏》及《万历续道藏》刊刻后,获颁赐的宫观大致有江宁玄真观、北京白云观、太原阳曲县玄通观、广信府贵溪县龙虎山大上清观、江宁狮子山卢龙观、江宁上元县长寿山朝真观、江宁方山洞玄观、江宁府句容县青元观、茅山元符宫、苏州嘉定县集仙观、江宁治城山朝天宫、湖北武当山道观、宣化延庆州藏经阁、恒山九天宫、华山万寿宫、四川三台县佑圣观、蒲州永济县通玄观、河南陕州灵宝县太初观、昆仑山道观、茅山九霄万福宫、四川三台县佑圣观、嵩山中岳庙、华山太虚庵、衡山南岳庙、崂山太清宫、南昌逍遥山万寿宫、江宁溧阳县太虚观、陕西周至县楼观台、杭州三茅宁寿观等。

第五节　道观藏书历史

　　道观藏书随道书的滋生繁衍、道教的官方化、道观的出现而产生，始于晋代。南北朝时，道观大多为宫殿式，且内设藏经楼，为藏道书及道士研读所用。北周的通道观等个别道观的藏经量已近万卷，还出现了分类体系较完备的道经专门目录——《三洞经书目录》。

　　隋唐两代的统治者对道教都较优容，道教获得相应发展，道观藏书得以繁荣。唐代时，道教发展至极盛，道观藏书制度至成熟。受佛教影响，藏书处所称之为"经藏"，对藏书的管理如前所述极其细致和严密，还编制了我国历史上第一部真正的道藏——《开元道藏》，成为全国各地道观藏经的规范。当时，大的道观藏书量在万卷左右，涉及诸子、道教经典、科仪、类书、论著、诗词及变文等，大多编有藏书目录。道教典籍不仅收藏于道观中，也广泛收藏于政府藏书机构中。据《隋书·经籍志》记载，隋代内道场就设有专门机构收藏道经。隋唐以后，道馆统称为观，大的道观称为宫。

　　宋代时，皇帝尊黄帝为其始祖而崇信道教，并为道藏的整理、出版和收藏做了大量工作，道观藏书不断发展。太宗下令搜访道经，计访得7000余卷（含复本），并将天台山桐柏宫藏经调至余杭进行抄录，经整理后得3737卷，由徐铉、王禹偁编成《道藏》。真宗大中祥符二年（1009年），司徒王钦领命校道经，于大中祥符九年（1016年）编成新的道经目录，赐名《宝文统录》，总计达4359卷。大中祥符五年（1012年），著作佐郎张君房和集贤校理李建中受诏写道经，于天禧三年（1019年）分抄7部，该道藏赐名《大宋天宝藏》，计4565卷。徽宗时，又增补至5387卷。政和四年（1114年），福州知府黄裳奏请建飞天法轮藏以度天下道书，约在政和六七年（1116—1117年）间刊讫，得540函、5481卷，赐名《政和万寿道藏》，分赐各地著名道观收藏。徽宗重和元年（1118年）组织编纂了《道史》《道典》。仁宗嘉祐至英宗治平年间，蜀中道士姚若谷、朱知善、仇正宗、邓自和曾编纂《道藏》。南宋时，增修了《琼章宝藏》。宋代道观大多采取转轮藏形式，玉隆万寿宫、西京崇福宫均建有飞天法轮经藏之殿。

　　元代时，一方面统治者下令焚毁道藏，使包括《玄都宝藏》在内的道教藏书大量亡佚,如当时北方长春宫所藏《玄都宝藏》及经版,终南山重阳万寿宫《道藏》,平阳永乐镇东祖庭《玄都宝藏》及经版皆毁;另一方面,蒙古军由北向南屡动干戈,道观藏书惨遭蹂躏,天台山桐柏宫、杭州佑圣观,以及茅山、庐山、阁皂山、武当山、龙虎山等南方宫观所藏《道藏》皆毁。尽管遭受焚经之祸,所幸南方诸道观仍有一部分藏书得以流传至今。

明代时,皇帝推崇道教,道观藏书得以复苏。明代刊印的《正统道藏》(5305卷)和《万历续道藏》(180卷)是我国古代编印的最后一部道藏,刊行后进行较广泛的颁赐,当时道教的名山洞府和著名宫观,一般都有收藏。《正统道藏》成为我国历史上颁赐最多的一部道藏,也是现存最早的道藏。

清代统治者素无道教信仰,入关前尊奉藏传佛教格鲁派,入关后对道教进行限制,道教日趋衰落。整个清代没有政府牵头重修《道藏》之举,仅北京白云观所藏明版《道藏》和沈阳太清宫《道藏》在私人或道观资助下得以修补,惜在八国联军进攻北京时被焚毁。清代颁赐《道藏》情况有:康熙八年(1669年)颁赐奉天府承德县太清宫1部,康熙二十五年(1686年)颁赐钱塘佑圣观1部,乾隆十五年(1750年)颁赐苏州玄妙观1部。但清朝学者在整理道经上做出了一定贡献,如:彭定求选《道藏》中200余种道书,编成《道藏辑要》,计200余册;蒋元庭新编《道藏辑要目录》,计收道书279种、268册;贺龙骧撰《重刊道藏辑要子目初编》,计收道书287种、531卷。清末战乱,《道藏》多遭兵火,全国道观所藏存者寥寥。

民国初期,收藏明版《道藏》的道观大致有北京白云观、上海白云观、河北曲阳县总元观、青岛崂山太清宫、山西永济县通元观、终南山楼观台、茅山元符宫乾元观、苏州玄妙观、龙虎山大上清宫、四川三台县云台观和佑圣观等。抗战时期,永济县通元观、茅山元符宫乾元观等许多道观被日寇焚毁,所藏《道藏》大多亡佚。所幸民国初期,上海涵芬楼影印的明代正、续《道藏》350部保存在国内各大图书馆,得以幸存。另一方面,出版新的道经著作,如江希张撰著的《道德经白话解说》、丁福保编纂的《道藏精华录》、佟世勋辑录的《道经秘集》(第1编)等著作,成为道观藏书的一个新部分。

中华人民共和国成立以来,各地道观大多收藏数目不等的道经,以北京白云观收藏最为丰富。巴蜀书社在 1992 年出版发行了大型道教丛书《道外道书》，力图囊括明代《正统道藏》和《万历续道藏》之外的全部道书。我国港台地区及国外亦刊行了一些道书，进一步丰富了道观藏书，如台湾萧天石主编的《道藏精华》、台湾严灵峰编辑的《无求备斋列子集成》、香港饶宗颐所著《老子想尔注校录》、美国学者苏海涵（Michael Saso）编辑的《庄林续道藏》等。因当今各大类型图书馆都收藏有部分道教典籍，阅读道书亦不必前往道观。

第六节　道观藏书举隅

一、昊天观藏书

昊天观始建于唐代，原在长安外郭城南保宁坊。昊天观是唐代重要藏书机构之一，知名道士尹文操曾为观主。据《道藏》记载，尹文操在昊天观曾编撰观藏道经经本目录《玉纬经目》，著录 7300 卷。

二、桐柏宫藏书

桐柏宫位于浙江省天台山，相传最早建于西周。初名桐柏观，梁代改称桐柏宫。东汉时，葛玄在此创立了"葛真君天台派"。西晋时，魏华存夫人在此修道，后世尊其为上清派第一祖师。唐代时，睿宗敕建桐柏观，建藏经殿。张伯端在此创立紫阳派，后世尊其为道教南宗始祖，所著《天隐子》等书被列为道家经典。张伯端还将观中前代道士和自己之著述分类保存，形成"桐柏道藏"，开元九年（721年）编入《三洞琼纲》。唐末，叶藏质将桐柏观藏经 700 余卷移置玉霄宫钟楼，称《玉霄藏》。五代时，吴越王钱俶赐金命道士朱霄外建藏殿，藏经 1000 余卷，成为当时全国最大藏道书处。[①] 宋代，太宗、真宗曾赐御书 53 卷，高宗亦赐《史汉事实》《翰墨志》。大中祥符元年（1008 年）改称桐柏崇道观，南宗"南五祖"

---

① 顾志兴 . 浙江藏书史［M］. 杭州：杭州出版社，2006：88.

在此著有诸多道书：张紫阳著有《悟真篇》等，石杏林著有《还源篇》等，薛道光著有《悟真篇》《复命篇》等，陈泥丸著有《翠虚篇》等，白玉蟾著有《指玄篇》《方瀛山居》等。元末，藏书被毁，道士对仅剩的小部分道经妥加保管，并请名士为藏经宫观撰文纪事。明代，《玉霄藏》改称《桐柏道藏》。抗战时，遭日寇轰炸，藏经阁被毁，道藏所剩无几。

三、白云观藏书

白云观位于北京西城区西便门外白云观街道，始建于唐代，为玄宗奉祀老子圣地，名天长观。金代世宗时，加以扩建，更名为十方大天长观。明洪武二十七年（1394年）重建前后殿和一些附属建筑，正统年间又大规模重建和添建，规制趋于完善。明正统八年（1443年）赐额"白云观"，正统十二年（1447年）获赐《正统道藏》及《万历续道藏》。明末，毁于火。清康熙四十五年（1706年）大规模重修与扩建，今白云观的整体布局和主要殿阁规制即成于此时。民国初期，徐世昌倡议影印《道藏》，上海涵芬楼以北京白云观所藏《正统道藏》为底本，与上海白云观所藏对校，于1926年4月完成出版，总计1120册。1950年，移交一套《正统道藏》及《万历续道藏》给北京图书馆。至今，白云观还保存正统初刻本和万历重印本《道藏》一套，总计3000余卷。

四、玄妙观藏书

玄妙观位于江苏省苏州市观前街，建于西晋咸宁二年（276年），初名真庆道院，是西晋最大的道观。唐代改称开元宫，宋代改称天庆观，元至元元年（1264年）改称今名。现有山门、三清殿、弥罗宝阁及21座配殿。观内保存有大量各朝古碑，其中的老君像石刻为唐吴道子绘像，唐玄宗题赞，颜真卿书，由宋代刻石高手张允迪摹刻，是目前国内仅存的两块老子像碑之一。清乾隆十五年（1750年）获颁清代修补完善的《道藏》及《续藏》一部，惜毁于抗战。

第六讲

从古代藏书楼到近现代图书馆

近代以来公共图书馆的发展，尤其是馆藏的丰富与扩展，无疑与私藏转向公藏息息相关。这种转向既有从外部而来的时代压力，也有来自内部产生的观念转变。无论哪一种方式，私藏转向公藏都是大势所趋，体现知识从私有到公有，教育从少数群体到社会大众的进步，图书馆的社会教育功能以及文化功能得以不断彰显。

第一节　从晚清藏书楼到近代公共图书馆的过渡

一、从晚清藏书楼向近代公共图书馆过渡的原因

私人藏书自春秋战国时期兴起，至秦汉和隋唐五代的发展，在宋元时期达到繁荣，并经明代的兴盛和清代前期、中期的鼎盛，已形成了非常成熟的藏书体系。这种成熟体现在三个方面：一是形成以江浙为中心，北京、山东、福建等地区为特色的区域性藏书群体；二是出现历经百年、递藏数代的藏书世家；三是藏书理论的成形与发展。但随着晚清的大变局，数千年来较为稳定的社会总体环境经历着急剧的蜕变，从而带来私人藏书形势的变化，使得藏书家们无法以固有的方式埋首在藏书楼阁中，不得不睁眼看世界，一方面为自己所藏的书籍寻找新的出路，另一方面也为书籍如何从藏转向真正的"用"打开通路。在这些因素的共同作用

下，晚清藏书楼开始逐步向近代公共图书馆过渡。

1. 晚清社会背景概况

晚清，是指清朝统治的晚期，一般也是指我国近代史的开端。从时间上说，是以清道光二十年（1840年）开始，历经道光、咸丰、同治、光绪和宣统五朝，直到清朝灭亡、民国建立的1912年，共83年的历史。在这80多年的历程中，中国的社会环境经历了波谲云诡的变化。

从政治上看，清朝的统治力量自第一次鸦片战争开始不断走向衰落，同时，政府力量、外国力量和民间力量等多种力量交织、纠结。从经济上看，传统的封建小农经济开始解体。随着国外资本在华投资和办厂，官府力量开始寻求在现有体制之内进行改变，与国际经济形势接轨，因此开始进行洋务运动、戊戌变法等尝试。从文化上看，以读书入仕为基本轨迹，从而参与管理和建设国家的路径已经逐步关闭。新的知识以及科学、民主等思潮的逐步传入，让中国的知识分子意识到无法再像以前一样进行读书与治学。传统社会中，"藏书致用"中的"用"遇到了根本性的转变，因此藏书的总体大环境发生了变化。并且，战争后带来的外国技术和文化的涌入，使出版业步入了崭新的时代：书籍的生产和流通不再像以往一样受到生产力的限制，更多人也能进行读书和学习，对知识的学习热情逐步高涨。

不仅如此，鸦片战争的失败及随后一系列战争的失利、不平等条约的签订、领土主权的丧失以及统治者与普通民众之间的矛盾日益尖锐，内外交困，列强虎视眈眈及太平天国、义和团等民间力量的不断挑战，使得整个清廷摇摇欲坠，客观上迫使藏书家及其藏书楼无暇自顾，亟须寻找新的出路。

2. 从晚清藏书楼向近代公共图书馆过渡的原因

从晚清藏书楼向近代公共图书馆过渡的原因，主要来自于外部和内部两方面。外因主要体现在社会环境方面，这其中又主要表现在政策、军事、经济以及文化四个方向。

（1）晚清藏书楼向近代公共图书馆过渡的外因

政策环境方面，清代藏书思想可分为清初开创与恢复时期、清中全盛时期、晚清衰变时期。在开创与恢复时期，虽然清政府一方面提倡官学并名义上秉持着比较平稳宽松的文教政策，但另一方面，政府大兴文字狱，对汉人进行无情的镇压，加上正统论与"华夷之辨"以及政权刚刚稳固，反清复明之风时有，这时候的藏书活动主要以整理和收藏前代的文献，以经世致用和"求古"之风为重点。清代中期的全盛时期，随着政治的稳定和经济的繁荣，官府"寓禁于征"，促进了官私藏书之间的流通。同时，集团性藏书群体逐步形成，集团之内的书籍互通有无，私人藏书大大发展。加上乾嘉学派的发展，"佞宋"风气逐步加强。到了晚清的衰变时期，政策环境的变化直接影响了私人藏书的整体形势。

随着国门的被迫打开与各种新的思想技术的涌入，过去清政府对思想的控制政策难以为继，因此文化上的压制逐步放缓。之前数百年间被限制的经世致用的思想在"西学东渐"的促进下，自下而上地逐步恢复，无论是"开眼看世界"还是洋务运动，都促使私人藏书转向新的方向。

社会形势方面，动乱的社会情势使得私人藏书处境艰难。自 1840 年第一次鸦片战争开始，中国便进入了风雨飘摇的战争年代，并持续了 100 多年。晚清以来，对外有两次鸦片战争、边疆危机与中法战争、中日甲午战争、八国联军侵华战争等；内有太平天国运动、义和团运动等。战争的失利带来的是不平等条约的签订、领土的丧失和主权的沦丧；人民运动即便被镇压，引起的也更多是清政府的无力与萎靡。在如此内忧外患的环境下，政府无力顾及文化的发展与典籍的保护。官府藏书尚且受到极大冲击，何况私人藏书呢！

除兵祸之外，尚有军阀和匪患。杨氏海源阁藏书曾为袁世凯二子所觊觎，1925 至 1930 年间又两次遭土匪劫掠[①]。逢此乱世，仅凭藏书家一人或以一族实力来护持藏书，责任甚大，难以维持。因此，眼见万千藏书被毁于一旦，如何让它们存世并有所作用，成为触动藏书家们心弦，并促进私人藏书转为公藏的一大原因。

经济形势方面，政府疲软、社会动荡带来的是经济的不稳定，人民的生活日益艰难。鸦片战争之后，清政府面临巨额的战争赔款，加之鸦片的不断输入，清政府采取了加征赋税的手段，导致百姓的生活压力加重，加剧了中国工商业的破产。太平天国运动又加深了政府的统治危机，直接导致了当时中国巨大的经济衰

---

① 丁延峰 . 清代聊城杨氏藏书世家研究［M］. 北京：中华书局，2013：364–372.

退①……即便是经历了后来的洋务运动，国内民族资本兴起，经济仍处于岌岌可危的状态。在这样的情况下，哪怕是有一定经济基础的藏书家们，也在往复的经济变化中感到了维持藏书的压力。

王同愈曾对比过不同时期的书价："今时买局刻之资，乾嘉时买诸家名刻，国初时可买旧钞古刻矣。今时买局刻之资，国初时可买宋元椠本矣。昔之下驷，今为上选。昔也价廉而物美，今也费巨而得难。"书价的飞涨成为令私人藏家们头疼的问题②。

文化思想方面，两大变化促使藏书家们的藏书理念发生变化。一是科举制度的废除，二是"西学东渐"。历经 1300 年之久的科举制度一朝废止，让许多人感到痛苦、迷惘、无所适从，对私藏的活动和心情都有一定冲击，如曹元忠曾致信缪荃孙："年来科举既停，又不敢以他途进。"③ 同时，"西学东渐"也影响私人藏书楼向近代公共图书馆的过渡。"西学东渐"实际上在明代晚期就已经有所显现，最初可追溯至传教士利玛窦在中国的一系列活动。直到 19 世纪初，耶稣会恢复，加之情势所迫，洋务运动等相继兴起，"西学东渐"的影响才越来越显著。在这股思潮的影响下，各种西方的学术理论和研究方法逐步进入中国，对知识分子们传统的治学理念造成巨大的冲击。东西方的学术研究处于不同的语境中，无法沟通。"西方汉学被中国学界认识，国际学术潮流渐渐渗透进来，中国学者在这个时候，要与西方学者拥有共同的研究潮流，才能在世界研究领域里掌握话语权，并且要有属于自己的学术体系，把'中学'引入世界学术的大潮流中，才能建立起民族自信。归根到底，学术研究要与国家命运联系起来。"④ 从客观上促进了藏书家们将自己的私藏转向公藏，也是藏家们从小我转向大我的一种尝试。

除了西学思想和技术的输入外，公共图书馆的迅速发展，也促使藏书楼向近代公共图书馆靠近。

图书馆建立之初，即与藏书楼的理念不甚相同，中外皆是。以京师图书馆的

---

① 韦森.清代政制下中国市场经济的周期性兴衰［J］.财经问题研究，2018（3）：14–27.
② 江庆柏.近代江苏藏书研究［M］.合肥：安徽文艺出版社，2000：20.
③ 江庆柏.近代江苏藏书研究［M］.合肥：安徽文艺出版社，2000：19.
④ 苏健.国家图书馆同人著述研究（1909—1949）［M］.北京：国家图书馆出版社，2018：1.

建设为例。京师图书馆在建立之初，即是为了"旁搜博采，以保国粹而惠士林"[①]。"保"和"惠"二字即说明了图书馆藏用并重的基本理念，同时也符合社会发展的大势。要顺应时代浪潮，不断学习，扩展自己的视野，加深自己的思想，才能尽量了解世界变动中的更多内容。清末民初，妇女解放运动兴起，女性因此在政治、经济和文化生活方面得到了重视和发展[②]，在此形势下，公共图书馆事业的发展势在必行。

公共图书馆还具备私人藏书所不具备的优势，这种优势体现在经费、管理和建筑层面。经费方面，即便从需要图书的整体情况看，购书经费仍然是非常有限的，但至少公共图书馆方面购书经费能够得到较为持续的保障，如太仓图书馆，在筹备期间，知县洪保婴即以县中积存闲款，拨充图书馆经费[③]。公共图书馆对文献资源的管理也比私人藏书更具专业性，无论是在目录的编纂和人员的充沛方面，都更加有专业和技术上的保障。在建筑方面，公共图书馆的馆舍一般来说也比私人藏书楼要宏伟瑰丽，设备也更为齐备，同时能容纳多人阅读，满足不同人群的需要，因此显得更加亲民也更加具有稳定性[④]。

（2）晚清藏书楼向近代公共图书馆过渡的内因

晚清藏书楼向近代公共图书馆过渡的内因主要来源于"藏用并重"观念的积累，藏书家们受到新思潮的鼓舞、对新情况的应对以及动荡的社会局势、逐步增大的经济压力使得藏书家无力护藏，这些内源性因素使得藏书楼走上向近代公共图书馆过渡的道路。

在通常的观念中，我国古代藏书楼的特点是"重藏轻用""鬻及借人为不孝""勿以鬻钱，勿以借人"。宁波范氏天一阁、山东聊城海源阁都是传统藏书观念的拥趸。但在近代江苏藏书家那里，则是一幅完全不同的景象。首先是 17 世纪中后期，经历了明末战乱和清初的思想控制之后，藏书家们的一项重要工作是恢复自己的藏书。如常熟地区，以钱谦益、钱曾、毛晋等人为核心的钱、毛、冯、叶四大家族，通过师生、姻亲、朋友等多重关系，形成了集团性藏书。于是，互相

① 苏健.国家图书馆同人著述研究（1909—1949）［M］.北京：国家图书馆出版社，2018：33.
② 凌冬梅.浙江女性藏书［M］.杭州：浙江工商大学出版社，2015：23.
③ 江庆柏.近代江苏藏书研究［M］.合肥：安徽文艺出版社，2000：22.
④ 江庆柏.近代江苏藏书研究［M］.合肥：安徽文艺出版社，2000：23.

抄录、互通有无成了非常普遍的事情。虽然就总体而言，常熟地区的藏书家们也有秘守己藏、不将藏书轻易示人的习惯，但流通古籍、藏书致用的思想逐渐占据主要地位，通过"传抄、借用、编目、刻书等来传播典籍，提供利用，形成了一种开放的良性氛围"①。

近代江苏藏书家之间，互相借录传抄藏书，已经十分普遍。江庆柏在《近代江苏藏书研究》中记载了多个案例，来说明"藏用并重"观念以及书籍共享情况的普遍：邓邦述寓居吴时，家中藏书，"朋旧过从，纵观不吝"。王同愈家居时，"同好讨论椠本，时相过从，渐推渐广，亲友子弟，亦时来借阅"。一些著名藏书家都向他借过书，如宣统元年章钰独居京师，就向王同愈"借书度岁"②。

另一方面，晚清"西学东渐"以来，人们面对的是"三千年未有之大变局"（李鸿章）。科举制度的废止，使得"官学不分或官学一体化的学术体制瓦解"③，整个家族的社会地位获得根本性转变的方式已经消失。有的人选择进入新式学堂或留学海外。在这诸多出路中，有人前往京师图书馆，"或担任馆长，或从事纂修、著述，遵循传统的治学之路"。"京师图书馆是科举停废后，读书人新的职业选择，他们在图书馆校勘古籍、编定目录，对中国传统文史之学的传承起着不可低估的作用。"④这也使得一些藏书家从思想上转变对个人藏书和公藏二者的观念。加上一些提倡新学、主张变法的大臣自欧洲考察归来后，大力呼吁学习西方，建设现代公共图书馆，藏书家们也开始意识到应当主动谋求将自己的藏书向公众和社会开放，由此将"自己的藏书活动与社会进步、民智开发等结合起来，而不仅仅满足于供自己阅读、鉴赏"⑤。将个人的聚书行为、藏书爱好同社会的大势结合起来，为救亡图存、革故鼎新做出贡献。无锡曹立敬宣布，自己的藏书除了供子孙课读以外，"即里党之好学无书者，亦得假而观览焉"⑥。

再有，前文已经说到内外交困的社会环境和逐步高涨的书价使得私家藏书压

---

① 丁延峰.清代聊城杨氏藏书世家研究［M］.北京：中华书局，2013：347.
② 江庆柏.近代江苏藏书研究［M］.合肥：安徽文艺出版社，2000：9.
③ 苏健.国家图书馆同人著述研究（1909—1949）［M］.北京：国家图书馆出版社，2018：17.
④ 苏健.国家图书馆同人著述研究（1909—1949）［M］.北京：国家图书馆出版社，2018：27.
⑤ 江庆柏.近代江苏藏书研究［M］.合肥：安徽文艺出版社，2000：13.
⑥ 同上.

力巨大，力不从心。"秘而不宣"已经成为过往，甚至嘱咐绝不能出卖的典籍也让位于生存本身，纷纷变卖。如曹元忠、缪荃孙等人都曾变卖自己的藏书。江庆柏在分析藏书家变卖藏书的原因时，认为"身后出售主要是因为子孙不知保守上辈藏书，也有的是为生活所迫。而身前出售，则主要是藏书家解急而不得不采取的办法。叶昌炽为安葬自己的家人，就几次卖掉自己的藏书，缪荃孙晚年迁居上海，生活无着，也不得不靠出售藏书为生"①。

对于变卖藏书一事，抗战期间因为境遇艰难，为求谋生而将自己所藏图书以八千金全卖予书商的吴庠曾作一首《沁园春·卖书》来解嘲变卖藏书的心情和缘由，或可作为参照："自我得之，自我失之，何用慨然。况天荆地棘，时忧兵火，桂薪玉粒，屡损盘餐。炳烛微明，巾箱秘本，能得余生几度看。私自喜，喜未论斤称，不直文钱。"②

购书不易，护书艰难，加之不时看到别人的藏书受到的劫掠和损毁，不禁心生担忧，因此，将私藏转化为公藏就成了值得考虑的选项。

二、晚清藏书楼向近代公共图书馆过渡的方式

晚清藏书楼向近代公共图书馆过渡主要有四种方式：一是藏书家自主将所藏捐献给图书馆，也就是自愿化私藏为公藏；二是在公共图书馆创立之初，出于积累馆藏的考虑，由官方出面购买私人藏书家的藏书用以充实馆藏；三是藏家生前身后因为种种原因，藏书散出，为其他藏家所得，最终由各种方式进入公共图书馆成为公藏；四是以自家藏书楼所藏书籍为基础，开办公共图书馆。

将私藏捐献给公共图书馆。将自己的收藏捐献给公共图书馆是最普遍也最直接的表示，对公共图书馆建立、发展支持的方式，江苏许多重要的藏书家如盛宣怀、丁福保、赵诒琛、章钰、缪荃孙、瞿启甲、叶昌炽等，都向江苏特别是苏南地区的图书馆捐赠过大批图书③。不仅捐献图书，他们还以参与图书馆工作的方式，践行着藏书楼到近代公共图书馆的转变。常熟铁琴铜剑楼第四代主人瞿启甲，

① 江庆柏.近代江苏藏书研究［M］.合肥：安徽文艺出版社，2000：9.

② 江庆柏.近代江苏藏书研究［M］.合肥：安徽文艺出版社，2000：11.

③ 江庆柏.近代江苏藏书研究［M］.合肥：安徽文艺出版社，2000：373.

为便于图书的流通，促进图书的作用得到充分发挥，积极倡议设立公共图书馆，担任常熟图书馆筹办主任，并带头捐书①。

官方购买私人藏书以充实馆藏。官办公共图书馆在建立之初，往往馆藏缺乏。为改变这种现状，往往以行政力量介入，出面购买甚至征收私人藏书楼所藏文献，用以充实图书馆馆藏。如江南图书馆在建立之初，端方出面购买丁氏八千卷楼的藏书以充实馆藏。清光绪三十四年（1908年）底、宣统元年（1909年）初，张之洞、端方有鉴于皕宋楼藏书外输，派缪荃孙强征铁琴铜剑楼藏书。

藏书散出后，由各种方式进入公共图书馆成为公藏。私人藏书因各种原因在藏书家的生前身后被变卖后，往往为其他人所收藏，但历经时间流转，往往又成为公共图书馆的收藏，造福广大民众。仅就江西一地部分藏书家的藏书走向，就能看出这个特点。

表6-1　江西地区部分藏书楼文献去向②

序号	姓名（生卒年）	藏书楼名称	藏书楼文献资源去向
1	帅之宪（1828—1902年）	绿满窗	身故之后，逐步散出，大部分归于江西省图书馆
2	李有棠（1837—1905年）	怡轩	去世后，子孙多夭，时局动荡，天灾人祸，几乎被毁殆尽，萍乡图书馆罕有所藏
3	欧阳熙（1840—1899年）	阮斋	散归京、沪、汉等公私藏家，部分归国家图书馆、武汉大学图书馆
4	文廷式（1856—1904年）	知过轩	善本、明刊本藏于美国芝加哥大学图书馆古籍藏于台湾"中央研究院"历史语言研究所部分归于国家图书馆（系郑振铎旧藏而捐公）
5	胡思敬（1869—1922年）	退庐 问影楼	江西省图书馆、私立退庐图书馆

以自家藏书楼为基础，向公众开放或开办公共图书馆。清季著名四大藏书家之一的陆心源，藏书数量达15万卷。他还是著名藏书楼皕宋楼、十万卷楼和守先阁的主人。自陆心源祖父陆镛开始，三代递藏，以收藏宋版书而闻名于世，后其家族没落，所有藏书被日本静嘉堂文库收购。陆心源除了家藏丰厚外，更是拥有先进的开放的藏书理念，1892年郑观应谈到藏书一事，提倡要向西方学习，建立各级公共图书馆，并且赞颂陆心源建守先阁并提供当地人士观览收藏的举动，

① 丁延峰.清代聊城杨氏藏书世家研究［M］.北京：中华书局，2013：352.
② 毛静.近代江西藏书三十家［M］.北京：学苑出版社，2017.

"其大公无我之心，方之古人，亦何多让？"①

这一时期，有一定经济实力和文献积累的人，顺应时代潮流，"竞相在家乡创办私人图书馆"②，更是把服务公众、平等开放作为自己的办馆理念。福建人叶鸿英幼年即从商，成年后考虑到国家的文教事业未能普及，以部分家资投入公益事业，建设公共图书馆和小学③。阳湖的钱名山在家乡设立"孝仁乡书会"，将自己祖上所遗之书公开出借给书会会员。湖南图书馆现藏有刘人熙的《楚宝目录》一卷。该书是他所建同乡会图书馆所藏书的目录，共记载文献 75 种，多为湘楚一带的地方文献。湖南浏阳人刘人熙，为光绪三年（1877 年）进士，官至广西道员。湖南光复后任都督府民政司长，并创办船山学社。1918 年与人组建"策进永久和平会"，任会长。他出于弘扬乡土文化的责任感，致力于搜集乡邦文献，并编撰了《楚宝目录》。"辄购求大湖南北遗书，同人好事多举目录相告，往往得之"，并将所得书藏于长沙徐树铭在宣武城南所建的忠义祠，供两湖官员翻阅。其开办的这所楚宝藏书处，实际上就是同乡会图书馆，被人视为中国近代公共图书馆之滥觞。藏书处还有较为严格的管理制度，图书有专门的人员进行管理，制定了图书交接等责任制度④。私人藏书楼通过开办图书馆的形式，向读者开放藏书，是藏书家发挥其藏书功用的最有效方法之一⑤。

三、晚清藏书楼向近代公共图书馆过渡举隅

进入新世纪以来，不少公共图书馆迎来了自己的百年馆庆。回望百年，这些图书馆建立之初，正处于新旧交替、藏书楼向近代公共图书馆过渡的过程。虽然目前对我国古代藏书楼与近代公共图书馆之间的关系仍没有统一的结论，但毫无疑问，我国公共图书馆的发展离不开藏书楼的文献汇聚，也离不开那些私人藏家的个人贡献。

---

① 郑观应. 盛世危言［M］. 陈志良，选注. 沈阳：辽宁人民出版社，1994：45.
② 江庆柏. 近代江苏藏书研究［M］. 合肥：安徽文艺出版社，2000：13.
③ 傅璇琮，谢灼华. 中国藏书通史［M］. 宁波：宁波出版社，2001：1221.
④ 叶启勋，叶启发等. 湖南近现代藏书家题跋选［M］. 长沙：岳麓书社，2011：8–9.
⑤ 丁延峰. 清代聊城杨氏藏书世家研究［M］. 北京：中华书局，2013：352.

1. 古越藏书楼

清光绪二十八年（1902 年），浙江绍兴人徐树兰建立的古越藏书楼正式开放，这是我国第一座具有近代公共图书馆性质的藏书楼。遗憾的是建立不久，徐树兰即身故。之后其子徐显民承父志，于光绪三十年（1904 年）将藏书楼对社会公众开放阅览，并设立了管理章程。古越藏书楼的最初馆藏，除徐树兰捐赠的家藏经史子集外，也有实用著作。"所有近年新版译书及未译之书一律入藏，兼收各种图画等。还收藏各种学报、日报，以资学者考求；购藏物理化学器械及动物、植物、矿物样本，以为读书之助。"①在文献分类方面，为既保留从古至今的四部分类法，同时又融入新时期的各种科学和技术，古越藏书楼努力将中西学全部纳入统一的分类体系下，分为"学部"与"政部"，每部下设 24 个类目，再下分若干子类，体现了较强的创新性。

图 6-1　古越藏书楼外景

2. 浙江图书馆

浙江图书馆是国内创办最早的省级公共图书馆之一，目前是全国公共图书馆一级馆，第一批全国古籍重点保护单位。浙江图书馆的前身可追溯至晚清的杭州

---

① 傅璇琮，谢灼华．中国藏书通史［M］．宁波：宁波出版社，2001：1087.

藏书楼。清光绪二十六年（1900 年），邵章将杭州东城讲舍改建为杭州藏书楼。随后因为要扩建浙江藏书楼，为充实馆藏，将杭州藏书楼的收藏一并纳入，同时购置大批图书仪器以对外开放。宣统元年（1909 年），浙江藏书楼与浙江官书局合并为浙江图书馆，订立章程，广求书籍。两年后，文澜阁被纳入浙江图书馆管理，并接管文澜阁所藏《四库全书》。

3. 江南图书馆（今南京图书馆）

南京图书馆是江苏省省级公共图书馆，国家一级图书馆。其前身可追溯到 1907 年的江南图书馆，地址在南京龙蟠里惜阴书院旧址。辛亥革命后，曾多次变更馆名。光绪三十三年（1907 年），两江总督端方在江宁（今南京）筹建江南图书馆，聘缪荃孙为总办（相当于馆长）、陈庆年为坐办（相当于副馆长），购进清末四大藏书家之一的钱塘丁氏八千卷楼珍籍和武汉范氏木樨香馆藏书①。丁氏八千卷楼的珍籍中，又大多为明清两代大藏书家的遗藏，包括范氏天一阁、项氏万卷堂、祁氏澹生堂、毛氏汲古阁、钱氏绛云楼等多家藏书，使得江南图书馆在建立之初，馆藏即可傲视全国。江南图书馆还面向全国广泛征集和接受文献，1909 年，徐乃昌因欠款而将自藏的字画抵押，后来藏于江南图书馆。

4. 京师图书馆（今中国国家图书馆）

国家图书馆前身是京师图书馆。清末，在变法图强和西学东渐的背景下，有识之士奏请清政府兴办图书馆和学堂，以传承民族文化，吸收先进科学。1909 年 9 月 9 日清政府批准筹建京师图书馆，馆舍设在北京广化寺。1912 年 8 月 27 日开馆接待读者。1916 年起正式接受国内出版物的呈缴本，标志着开始履行国家图书馆的部分职能。百余年来，京师图书馆先后更名为国立北平图书馆、北京图书馆，1998 年 12 月 12 日改称国家图书馆。国家图书馆先后由缪荃孙、陈垣、梁启超、蔡元培、袁同礼、任继愈等出任馆长，团结社会贤达共襄馆务②。京师图书馆建立之初，以国子监、南学典籍和内阁大库的残卷为馆藏基础，又先后接收了时任两江总督端方所采进的徐乃昌积学斋、姚觐元咫进斋的藏书，两项藏书共

---

① 《南京图书馆志》编写组 . 南京图书馆志（1907—1995）［M］. 南京：南京出版社，1996：1.

② 中国国家图书馆 . 国图概况［EB/OL］.［2019–01–24］. http：//www.nlc.cn/dsb_footer/gygt/lsyg/index_1.htm.

计 1652 种，逾 120900 卷 ①，以及甘肃藩司何彦生采进的敦煌石室唐人写经 8000 余卷 ②。端方当时在《奏江南图书馆购买书价请分别筹给片》中提到，为了尽快充实京师图书馆馆藏，应往东南各省等文物荟萃之区寻访，虽然"经兵燹之摧残，不少缙绅之藏弃，不胫而走，时有所闻，自应代为购求，冀以免流失，而资补助"③。除主动购买之外，端方也曾想购买常熟瞿氏铁琴铜剑楼的藏书，但瞿氏没有答应。于是朝廷饬令其酌情捐献。宣统二年（1910 年），缪荃孙亲往江南，就瞿氏书目挑出 71 种孤本、抄本等罕见者进行精钞。后来清朝覆亡，最终仅有 50 种呈交京师图书馆 ④。

虽然在我国公共图书馆的发展历程中，藏书楼与藏书家在其中有着十分重要的地位，但必须意识到，私家藏书楼与公共图书馆并非简单的继承关系。甚至有学者认为私家藏书楼与现代公共图书馆完全是两种存在，如深圳图书馆原馆长吴晞先生在其《斯文在兹》一书中就提出："中国古代的藏书、藏书楼与近代图书馆是两种不同属性的事物；中国的图书馆是西方思想文化传入的产物，亦即'西风东渐'的结果，不是'中华古已有之'。"⑤ 认为古代藏书楼的理念和思想，无法产生新型的图书馆，"古代的藏书楼至多可以看作中国图书馆的历史渊源，但不是它的母体和前身"⑥。

这种看法并非完全没有道理，我国公共图书馆除了部分继承古代藏书楼的藏书、藏书管理方法之外，还有许多来自现代文明的理念，如社会民主、民权、平等、公正等的广泛应用，催动着民众对知识和思想的渴望，与古代藏书楼的"私藏"相对，其面向的不仅仅是互相传抄的对象或藏书的同好，而是广大的、对进步与独立有需求的民众。同时，近现代公共图书馆的出现和发展，也并未完全抹去私家藏书的存在。虽然在一定时期内，私藏归公如同百川归海，但私人藏书的风气直到今天，依然绵延不绝，并在新时期内展现新的面貌。

---

① 李镇铭. 京师图书馆的基础藏书及其渊源［J］. 北京：北京图书馆馆刊，1995（Z2）：113-119.
② 苏健. 国家图书馆同人著述研究（1909—1949）［M］. 国家图书馆出版社，2018：34.
③ 李镇铭. 京师图书馆的基础藏书及其渊源［J］. 北京图书馆馆刊，1995（Z2）：113-119.
④ 李镇铭. 京师图书馆的基础藏书及其渊源［J］. 北京图书馆馆刊，1995（Z2）：114.
⑤ 吴晞. 斯文在兹［M］. 深圳：海天出版社，2014：6.
⑥ 吴晞. 斯文在兹［M］. 深圳：海天出版社，2014：7.

第二节　近代以来的典籍归公与公藏发展 ①

近代以来的典籍捐公是一种藏书家将私藏典籍捐给公共文化机构的行为和历史现象，其主体是大大小小的藏书家，对象是各级各类图书馆等收藏机构。典籍捐公现象"与传统藏书学和古代范式的藏书楼在近代的式微和没落不无关系，与中国近现代公共图书馆思想的传播、中国图书馆学的产生与发展同呼吸共命运，也深深植根于近代中国所发生的'三千年未有之大变局'"②。

一、私人藏书流散对典籍归公的影响

晚清以降，受政局影响，公藏之厄如"甲骨东渡，敦煌西流"之属屡屡上演，诸多藏书家、藏书楼如大海波涛中脆弱的扁舟，频频船翻书没，积累千年的珍贵典籍损失惨重。仅以徐雁教授《中国旧书业百年》中所列太平天国运动时期的江南地区藏书流散史实为例，便觉触目惊心，据其不完全统计，遭受浩劫的大藏书家有 ③：江宁朱绪曾秦淮水榭十数万卷藏书；江宁汪士铎 49 柜藏书；江宁甘氏三代藏书"半付秦灰半蠹鱼"；扬州吴氏测海楼"先世书籍荡然无存"；浙江海宁唐仁寿讽字室数万卷藏书尽毁；安徽倪模所藏 6091 种、72058 卷书籍散掉大半；安徽胡鼎七八千卷藏书毁尽；江阴缪荃孙祖遗之四大橱藏书"只字不存"；苏州顾沅艺海楼所藏仅剩《吴郡文编》稿本 80 册、246 卷；翁同龢藏于常熟古宅中之书籍荡然无存；太仓季锡畴千卷藏书毁于兵火等等。

作为重要的文化话题，皕宋楼之祸、敦煌西流、甲骨东渡等书厄频发带来的文化创伤，从反面警醒、激发了数代藏书家的民族情感和忧患意识，藏书理念的更新势在必行，"化私藏为公有，渐成部分藏书家处理个人收藏的方式"④。梁鼎芬、梁启超、徐树兰、严修、胡思敬、孙延钊、汪康年、丁福保等藏书家渐次将藏书捐入公藏。加之，晚清以来，中央政府、文化士绅、地方疆臣创办图书馆、

① 以下部分系王安功国家社会科学基金研究项目（15BTQ004）、教育部人文社会科学研究项目（14YJC870020）阶段性成果之一。

② 王安功. 近现代典籍捐公行为试析［J］. 图书馆理论与实践，2013（10）：73–75.

③ 以下数据参考自《中国旧书业百年》，徐雁著，北京：科学出版社 2005 年版，第 347–360 页。

④ 彭斐章. 不为一家之蓄，俟诸三代之英——书于徐行可先生捐赠藏书五十周年之际［J］. 图书情报论坛，2010（2）：3.

大范围收罗旧籍的努力对典籍归公有示范效应和带动作用。于是，传统的收藏理念、典藏方式逐渐为西式公共图书馆这一新兴图书收藏载体所取代，而诸多私人收藏也出现了向图书馆等收藏机构渐次集中的趋势和潮流。此后，私藏归于图书馆越来越成为共识，典籍归公成为重要的收藏流转形式。

二、中华民国时期藏书家典籍搜集和归公

近代著名图书馆学家李景新曾指出，"图书馆学对于文化的使命"有三点："保存文化、发扬文化、调和文化"，"图书馆的保存图书，不限民族，不限文字，不限国界；无论古今，无论中外，凡关于文化的，均力蒐藏。务期其繁富完备，当此沟通世界文化，促进国际学术合作的高潮中，图书的传递，是其最主要的媒介物"。[①] 从晚清图书馆运动开始，近代图书馆的发展一向以保存国粹、保存文化为职志，而文化典籍作为国粹的重要载体自然成为各大图书馆为充实馆藏而搜罗的对象。近代藏书家众多，本书仅就张元济、王献唐、李时灿等藏书家藏书归公之故实以窥典籍归公之一斑。

1. 张元济与私人藏书

张元济是近代最有影响的古代典籍整理、保存、出版者之一。他出身于藏书世家，嗜好藏书，无论是公务在京还是在沪，经常流连书肆或与书贾相往返。"每至京师，必捆载而归。估人持书叩门求售，苟未有者，辄留之。"[②] 除零星购买，还成批购买了大量故家旧藏，如1909年12月，得太仓顾锡麒"谂闻斋"劫余之书，不乏袖珍本[③]；1911年11月，陈谓泉送其宋版《后村集》有"汪士钟""阆源真赏"钤印，可知为汪士钟"艺芸书舍"旧物；1912年，张元济请傅增湘代购盛氏"意园"藏书，其中有影元抄足本《元秘史》、明覆宋《宣和遗事》、嘉靖《长安志》等善本。瞿启甲在《涵芬楼烬余书录·序》中说张元济："广

① 李景新. 图书馆能成为一门独立的学科吗［C］// 中国图书馆学会主编. 百年文萃：空谷余音. 北京：中国城市出版社，2005：67.

② 张元济. 东方图书馆概况·缘起［C］// 商务印书馆. 商务印书馆九十五年：我和商务印书馆. 北京：商务印书馆，1992：21.

③ 张元济. 购书杂记十六则（1909–1912）［C］// 张人凤. 张元济与中国近现代图书馆事业. 上海：上海科学出版社，2014：131.

事搜罗，遍求海内外异书，承会稽徐氏熔经铸史斋、长洲蒋氏秦汉十印斋、太仓顾代谀闻斋、北平盛氏意园、丰顺丁日昌持静斋、江阴缪氏艺风堂、乌程蒋氏传书堂之敝，以故珍秘之本，归之如流水，积百万卷，集四部之大成，虽爱日、艺芸，不能专美于前矣。"①其他还有南海孔氏"三十三万卷楼"、广东巴陵方功惠"碧琳琅馆"等逸出之书，都一一收入。同时注重收藏乡邦文献及地方志，数十年相始终，收集到嘉兴先贤遗著476部、海盐先贤遗著355部、涉园先世著述及旧藏104部，共计935部，3793册。

其次，多方筹建图书馆，以藏书造福学林。1904年，张元济主持设立编译所资料室，广泛收集古今中外图书，以供编书之用。1909年扩大规模，改名为涵芬楼，开始大量购进私人藏书，后经蔡元培作中购入了绍兴徐树兰熔经铸史斋的50余橱藏书②。1926年，涵芬楼所藏图书（除善本外）全部改归东方图书馆，涵芬楼成为庋藏善本书的专用书库。为给抗战中流散的典籍创造一个归宿，1939年4月，张元济与叶景葵、陈陶遗决定发起成立合众图书馆。合众图书馆以叶景葵捐书为基础，张元济也分批捐入了早年收藏的珍贵书籍，计有嘉兴府前哲遗著476部、1822册。其他还有学界名人陈叔通、叶恭绰、胡朴安、顾颉刚、潘景郑等人所捐藏书。新中国成立后，合众图书馆更名为上海市历史文献图书馆，再后并入上海图书馆。

再次，影印出版典籍，嘉惠学林。在珍贵典籍影印出版上，张元济尽量选辑精本古本，为此遍访南北藏书家，甚至远赴日本，转辗商借原书照印。他先后出版有《涵芬楼秘笈》《续古逸丛书》《道藏》《学海类编》《学津讨源》等，其中以《四部丛刊》《百衲本二十四史》《丛书集成》成绩最为突出。以《四部丛刊》为例，从1919年开始筹备，到1922年底全部印成，共集合经、史、子、集333种，8548卷，装订成2100册。再到1926年重印时加"初编"序次，始称《四部丛刊初编》，1929年终告完成。其所采用底本以涵芬楼收藏为主，同时遍访海内外公私所藏之宋元明旧版典籍，如江南图书馆、京师图书馆、常熟瞿氏铁琴铜剑楼、

① 瞿启甲.涵芬楼烬余书录·序［C］//张人凤.张元济与中国近现代图书馆事业.上海：上海科学出版社，2014：235.

② 张元济.东方图书馆概况.缘起［C］//商务印书馆编.商务印书馆九十五年：我和商务印书馆.北京：商务印书馆，1992：21.

乌程刘氏嘉业堂等，基本上网罗了当时故家所保存的珍本秘籍。一时有《四部丛刊》出版，闽赣纸价飞涨"①之称，在出版界引发了古籍"刊印热"，为研究古代学术提供了宝贵的文献资料，推进了中国学术文化之研究。

2. 王献唐与私人藏书

王献唐，中国近现代图书馆事业的开拓者和奠基人，在主掌山东省立图书馆的 20 年间，致力于搜集文献、编印丛书，是我国民间藏书保存的一大功臣。

首先，辛苦搜集私人藏书。从 1929 年出任山东省图书馆馆长开始，他就着意搜集民间典籍，扩充馆藏，使山东省图书馆跻身全国收藏典籍最丰富的图书馆之列。山东聊城海源阁经历杨以增、杨绍和、杨保彝数代人努力之后，阁书逐渐散出，经 1930 年被盗后，军阀、土匪亦大加抢掠，损失很大。王献唐搜访整理后终归济南市图书馆庋藏。他对山东地方文化遗产的整理和保护也很重视，通过实地调查，大力搜求青铜、古陶、玺印、封泥、货币、石刻，主编《山左先哲遗书》《海岳楼金石丛编》，保存了许多学者有学术价值的著作、藏品。1936 年上海《晶报》主编张丹翁致王献唐函中赞曰："遥瞻奎虚书藏，敬佩山左文化五体投地。《封泥》固一代名作，先生实一代传人。"②

其次，倾心保护古代典籍。日军逼近济南时，为使大量珍贵的文物、图书免遭劫难，王献唐几乎倾其所有筹集经费，将山东省图书馆珍藏的善本书辗转运至四川，从而得以保存。抗战胜利后，他又亲自将原山东省图书馆所有图书文物完整无损地运回济南。再后，他将所藏越王勾践剑、李自成闯王印等珍贵文物8000 多件、古籍 50000 余册都捐献给了国家。

3. 李时灿与古代典籍

李时灿，光绪十八年（1892 年）进士，官刑部主事，历任河南教育总会会长，河南师范学堂监督，资政院参议、众议员等，一生重视教育，笃爱藏书，购置图书约 50000 卷。1898 年集资筹建的经正书社藏书 30 多万册，是一所具有书院、图书馆及学术研究机构性质的综合性传播文化教育机构，被誉为"卫辉文明之权

---

① 曹冰严.张元济与商务印书馆［C］//商务印书馆九十年：我和商务印书馆.北京：商务印书馆，1987：23.

② 李勇慧.王献唐著述考［M］.济南：山东教育出版社，2014：2.

舆，河南学堂之嚆矢"①。1914 年任清史馆中州文献征辑处处长，将征集到的中州文献分类整理，共得 1500 余部，其中有许多价值很高的珍本和善本。中华人民共和国成立后，其子李季和将经正书社的藏书和中州文献一并捐赠给了当时的平原省图书馆。平原省撤销后，这部分文献遂归藏新乡市图书馆。

首先，汇存乡邦旧籍。1914 年清史馆成立后，应邀为名誉协修，任清史馆中州文献征辑处处长，提出了如下工作方法：一是"朝野互证，疑信自见"，将各方文献参校，以达正确之目的；二是"献必征实，文求雅训"，使内容达到准确之要求；三是主动采访、"公函调取"与"婉商借取"相结合，实现征求文献方法的多元化。总计征得 1500 余部，其中的清内府抄本《科场条例》《汉官级考》《满洲官员品级考》等均为罕秘之本，为《清史稿》纂修提供了第一手资料。

其次，创办新式图书馆，捐赠私藏。1900 年秋，李时灿与新乡王筱汀、高幼霞、史筱周等一起捐集珍贵书籍数百种，并每人捐银 4 两增购新书，创办图书馆。1917 年，北京政府内政部来汲县拍卖官产，经正书舍董事会筹资购买了县文庙，"以存古迹而藏图书"，高幼霞任馆长，始将文庙改建为图书馆。竣工后，将经正书舍藏书全部移入馆内，计经、史、子、集、丛书及各种新科学等 6 部，共 787 种。1932 年，李时灿任图书馆馆长，聘员整理图书，并派人到北平各大图书馆参观学习，并新购经、史、子、集、丛书、杂志等 6 部，共 476 种。②抗战爆发后，书籍散失殆尽，图书馆名存实亡。李时灿年老居家，招工制成专橱，将书分类储藏，日以读书为事。1943 年病故后，其子李季和在新中国成立初期将全部藏书捐献给了平原省文物管理委员会，并将李氏遗著《文字纪年》《故都漫游》等数十种抄本捐献给中国科学院文学研究所。③

三、战乱年代的典籍保护与公藏发展

1. 国立北平图书馆保护古籍的努力

这一时期，国内战乱频仍，私家藏书的搜藏与保护以国立北平图书馆为典型，

① 王日新，蒋笃运．河南教育通史：中［M］．郑州：大象出版社，2004：231.
② 小酩．经正书舍及其附设图书馆概述［J］．河南教育月刊，1934（6）：215–220.
③ 魏玉林，王华农，刘家骥．中州轶闻［M］．北京：中华书局，2005：85.

而该馆负责人袁同礼出力尤多。袁同礼有感于"丧乱之余，古书多毁于火，书价大昂，遂开藏书秘密之风。风气所播，影响于古书之流通甚巨。然私家藏书，愈秘不示人，愈不能永其传。当其聚也，穷毕生精力而为之，缩衣节食，引而弗替，追其后也，非遭兵燹而散乱无遗，即为有力者捆载而去。一转瞬间已散为云烟，加以书目简略，后世研究书史者，亦无所稽考。此又清代藏书家之普遍现象也。盖载籍之厄，以中国为最甚。全国缺乏公共收藏机关，实学术不发达之主要原因。此则愿今之服务典藏者，有以力矫之矣"①，于 1931 年 6 月在《国立北平图书馆概况》一文专门写了"赠书"一节，对国内外团体及私人的图书捐赠行为予以记述。他还身体力行，捐助了部分古籍图书。在古籍的搜集、整理方面的工作和贡献上，主要有以下几个方面：

首先，古籍文献的搜集与出版。自 1929 年 9 月至 1948 年，实际主持国立北平图书馆馆务工作，重视古籍、方志的收藏与整理。以方志为例，包括发布征求各地所存及新修方志通告，大量采访地方志，并对方志文献进行编目、编纂方志目录、出版相关方志书籍，而且妥为庋存，筹设善本乙库等。②抗战期间，北平图书馆等文化机构南迁，袁同礼对西南文献的搜集异常重视，并委派专人负责其事。至 1945 年 6 月，仅入藏的西南五省方志就有 382 种，云南历代碑刻拓片 349 种，概属海内罕见之品。③他还组织编写《西南各省方志目录》《云南碑目初编》《中国边防图籍录》《西南文献丛刊》《滇南碑传集》《贵州名贤像传》《云南图经志书》《黔南类编》等。古籍保护方面，最为引人注目者当数抗战期间善本南运事件。国立北平图书馆甲库善本藏书，上承清宫内阁大库、翰林院、国子监南学和南北藏书家的藏书精华。"九一八"事变后，国内战乱不断，1935 年 11 月 24 日，教育部电告袁同礼要求国立北平图书馆贵重书籍移存南方以策安全。1941 年，租界不再安全，馆长袁同礼通过当时驻美大使胡适与美国政府斡旋，同意将存沪 300 箱古籍中最精者寄存美国国会图书馆，待国内和平后再物归原主。是时，王重民、徐森玉等选出 102 箱善本，由驻沪办事处主任钱存训分批通关上

---

① 袁同礼.袁同礼文集［M］.北京：国家图书馆出版社，2010：80.

② 杨印民，张捷.袁同礼主持国立北平图书馆时期的地方志收藏与整理［C］//袁同礼纪念文集.北京：国家图书馆出版社，2010：111.

③ 刘卓英.毕生尽瘁图书馆事业的袁同礼［J］.新文化史料，1998（1）：50–56.

船，运抵美国国会图书馆，使这批珍贵古籍免遭日军劫掠。抗战后，寄存南方的其他善本先后运回北平。钱存训奉命赴华盛顿接运寄存的善本书回馆，1947年春，钱存训已办妥至美接运百箱善本回国的一切手续，旋因内战已起，致使此事延缓无成。这批善本在寄存美国国会图书馆期间，由该馆拍摄一套缩微胶卷。1965年，在未征求中国国家图书馆意见情况下，美国将本属中国国家图书馆的这批珍贵善本寄存台湾，暂存台北"中央图书馆"。其后，这批书又转移至台北"故宫博物院"暂存。2014年1月17日，《原国立北平图书馆甲库善本丛书》由中国国家图书馆历时3年完成编纂出版。古籍出版方面，1930年，袁同礼与学界同人发起珍本经籍刊行会，仿《知不足斋丛书》，就国立北平图书馆所藏善本招股刊行，还整理出版《故宫善本书影初编》，1932年还据故宫所藏出版《天禄琳琅丛书》（第一集）。是时学界有选印《四库全书》之议，蔡元培、傅增湘、张元济等出力推动，袁同礼、向达发表《选印〈四库全书〉平议》。围绕影印《四库全书》的争论激发了学术界、出版界影印公藏机构所藏善本书的计划，于是1936年傅斯年提出《国藏善本丛刊》编印计划，张元济、袁同礼表示同意，王云五等亦参与其中。惜这一计划终因抗战事起，未能实行。

其次，培养古籍文献研究队伍。袁同礼把选派图书馆工作人员出国学习作为一项重要的工作内容。1930年，经过袁同礼努力，国立北平图书馆与美国哥伦比亚大学达成协议，双方交换馆员，中方每两年派一人到哥伦比亚大学图书馆学研究院进修并兼管该校中文图书。此后，国立北平图书馆先后派遣严文馥、汪长炳、岳良木、曾宪三、李芳郁等到美国学习。同时，袁同礼还委托出国学习的人员负责搜集流失国外的中国古文献。如敦煌写经、甲骨文等。1931年，袁同礼派孙楷第到日本寻访中国古典小说。孙回国后编《日本东京所见中国小说目录》。1934年派王重民到巴黎协助伯希和整理敦煌写经，并将有价值的卷子摄制成9卷缩微胶卷，1938年又派他到英国大英博物馆阅览斯坦因掠走的卷子。后来，王重民以查阅到的资料为基础，出版《巴黎敦煌残卷叙录》《海外稀见录》《罗马访记》《柏林访书记》《记巴黎国家图书馆所藏太平天国文献》和《记剑桥大学图书馆所藏太平天国文献》等论著。1935年国立北平图书馆派向达到牛津大学鲍德里图书馆工作；次年到大英博物馆工作；后又派他到巴黎、柏林、慕尼黑等地的科学院、博物馆，考察各处窃自我国的珍贵文献。[①]

2."文献保存同志会"抢救私人藏书

"文献保存同志会"成立前，私人藏书危机重重。如 1932 年，"一二八"事变后东方图书馆已损失殆尽，而 1937 年"八一三"上海抗战后，到 1938 年 10 月武汉会战结束，江、浙、皖、鄂等省先后成为战场，更使众多藏书楼受损，藏书大量散佚，导致上海等地古旧书业出现畸形的繁荣。上海更是成为各路收购方的角逐场，不仅有美、日等外国人，还有委身日本的汉奸。美国方面，驻北平的哈佛燕京学社在为之收购；日本方面则有多路势力企图染指，伪满"华北交通公司"在收购，日本三井会社在收购，日本军方则主要瞄准中国府、县志及有关史料文献攫取抢购；汉奸方面主要是北方的梁鸿志、南方的陈群派专人在沪抢购。

1941 年 1 月，由郑振铎发起暨南大学校长何炳松，私立光华大学校长张寿镛，商务印书馆董事长张元济，考古学家、版本鉴定家和收藏家张凤举响应，秘密成立"文献保存同志会"。之后，郑振铎等与藏书大家直接面洽，购得常熟瞿氏铁琴铜剑楼、江宁邓氏群碧楼、嘉兴沈氏海日楼、庐江刘氏远碧楼、顺德李氏泰华楼、顺德邓氏风雨楼、南浔刘氏嘉业堂等江南故家珍藏。从 1940 年 1 月至 1941 年 12 月，文献保存同志会收典籍共花 300 多万。所抢救典籍总数，据陈福康研究，"1948 年底和 1949 年初……同志会抢救下来的这批书中的精品及大部分图书（有一小部分留在了大陆），又被用军舰和商船分三批匆匆运往台湾，共计 644 箱。其中善本就有 121368 册另 64 散叶，包括 201 部宋本、5 部金本、230 部元本、6219 部明本、1 部嘉兴藏经、344 部清本、483 部稿本、446 部批校本、2586 部抄本、273 部高丽本、330 部日本刊本、2 部安南刊本及 153 卷敦煌音经等"[②]。对于文献保存同志会的历史功绩，如郑尔康《郑振铎》、赵长海《新中国古旧书业》、江庆柏《近代江苏藏书研究》等。郑尔康为郑振铎之子，在记述父亲史事时有先天优势。赵长海称郑振铎为"古旧书业的保护神"，"正因郑振铎及'文献保存同志会'的舍

---

① 张殿清 . 袁同礼与国立北平图书馆学术研究（1928—1937）[J]. 图书馆工作与研究，2012（01）：8–10，15.

② 陈福康 . 郑振铎等人致旧中央图书馆的秘密报告 [J]. 出版史料，2001（1）：87–100.

生忘我的努力和极大热情，文献保存取得了极大成效"①。江庆柏指出，郑振铎等人抢救的文献实际上主要的就是江苏和浙江的藏书家所散出的珍贵典籍②。的确如此，从郑振铎手书的 9 篇文献保存同志会工作报告书中，我们看到了他们抢救民族文献的拳拳初心。

第三节 中华人民共和国成立后的典籍归公

对于典籍归公是不是一个应然的结果，有学者指出，要用尊重和理解的心态对待藏书家，全面考量藏书家收藏归公的心路历程。当然不管出于怎样的学术观点，私人藏书归公是一个客观的历史事实，我们用写实主义的方法来叙述典籍归公史时，可能限于史料无法接触藏书归公时藏书家的真正心理轨迹。既然如此，我们就不能讳疾忌医，理应以一种客观的心态处之。尤其是回溯近代以来的藏书文化，面对"敦煌西去，皕宋东行，万卷星散，书香难继"的惨淡史，诸多"有识之士力倡私家秘藏公诸海内，传播文明，开启民智"，于是众多藏书家捐寄家藏，如"百川汇海，得入公藏"，所以典籍归公也就能够代指中华人民共和国成立初期藏书文化显著的时代印迹③。

一、中华人民共和国成立初期的典籍归公潮

中华书局 1959 年版《北京图书馆善本书目》中一段话道出中国古籍善本与

---

① 赵著较为全面地总结了郑振铎的历史贡献，称其为"新中国古旧书业的灵魂人物"。尤其是中华人民共和国成立后，郑振铎作为文化部文物局局长，总揽图书馆、博物馆、文物工作，他主持出台《禁止珍贵文物图书出口暂行办法》《文物出口鉴定委员会暂行组织条例草案》等文件，号召全国人民和各有关部门注意保护文物古迹，制止一切损害文物古迹的行为。同时，郑振铎和各地藏书家及古旧书商联系较之以往更是频繁，推动了典籍归公，并很快形成一种捐献的风气。他还一手推动寄存香港汇丰银行的潘氏"宝礼堂"藏书的回归，入藏北京图书馆。新中国成立后，出任文物局局长和文化部副部长的郑振铎，对于文献典籍的抢救保护和整理做出了重大贡献。详情参见赵长海.新中国古旧书业 [M].长春：吉林文史出版社，2009：323–334。

② 江庆柏.近代江苏藏书研究［M］.合肥：安徽文艺出版社，2000：384.

③ 张志清：序一，参见：国家古籍保护中心等.册府千华：民间珍贵典籍收藏展图录［M］.北京：国家图书馆出版社，2015：2.

私人藏书的关系：十年来北京图书馆入藏的善本数量激增，而质量也超过了从前任何时期。这些丰富的善本书籍的来源，除中央文化部大批拨交和本馆从各方面努力采购者外，还有两个来源：一是国内著名藏书家的捐献，二是苏联及其他兄弟国家的赠还。新中国成立初期，著名藏书家周叔弢、瞿济苍、刘少山、翁之憙、邢之襄、傅忠谟、赵元方、蔡瑛、吴良士等，以及潘氏宝礼堂把辛勤搜集、世代相传的珍贵古籍无条件地献给国家，本节择代表者述之。

1. 潘氏（宝礼堂）藏书归公

"潘捐"在《北京图书馆善本书目》中是"潘氏宝礼堂捐赠"的简称，专指广东南海潘氏。潘氏藏书始自潘宗周，藏书处宝礼堂，藏宋、元珍稀典籍 111 部、1088 册，其中宋版 105 部、元版 6 部。1939 年潘宗周去世后，宝礼堂藏书由儿子潘世兹继承。1941 年，上海沦为孤岛，潘世兹将这批珍本秘密地转运香港。当时日本、美国都有人竞购，尤其以美国收藏家侯士泰最为活跃，携带大量美元随时准备收购。1951 年，潘世兹致函国家文物局局长郑振铎，主动提出将宝礼堂藏书全部捐献国家。经当时在香港银行供职的收藏家徐伯郊往返协调，这批稀世典籍从香港平安地运回上海，又由政务院特批专列将其由上海直运北京，入藏北京图书馆善本室。为铭记和表彰潘氏父子的功绩，北京图书馆在编印善本目录时，特意在这批书目上注明了"潘捐"二字。

2. 潘氏（宝山楼）藏书归公

宝山楼藏书经由潘景郑之手捐入公藏。潘景郑原名承弼，江苏吴县（今江苏苏苏州）人，六世藏书，他与兄潘承厚继承了祖父潘祖同"竹山堂"40000 卷的藏书，1922 年至 1936 年间，积书增至 30 万卷。1937 年，在日寇炮火下，宝山楼蒙受极大损失，藏书约毁十之四五。为了避难，潘景郑将所余书中宋元明刻本与抄校稿本共千余种装箱秘藏。而留在苏州家中的大量典籍被族人论斤出卖，万块书版被烧毁。新中国成立后，潘景郑将宝山楼中属于自己的藏品大多捐给了上海图书馆，包括古籍及近代文献 1300 余种，另有大宗金石拓片。

3. 周叔弢藏书归公

周叔弢家世收藏，祖周馥、父周学海均为藏书大家。周叔弢藏书标准有"五好"：

刻版好、纸张好、题跋好、收藏印章好、装潢好，毕生收藏古籍 37000 余册，其中宋元明刻和名家精校精抄善本就有 700 余种，2600 余册。并因藏有宋版书《陶渊明集》和《陶靖节诗》，周叔弢命名书屋为"陶陶室"。1973 年 6 月，天津图书馆编印《周叔弢先生捐献藏书目录》，择录弢翁捐献古籍线装书 1827 种，8572 册，其中以明清善本及各类活字印本、影印宋元刻本及部分稿本为特色。1959 年《北京图书馆善本书目》出版时，标为"周捐"，以示表彰。

4. 邓之诚藏书归公 [①]

邓之诚，著名历史学家。因生活困顿，在其生前即开始出售藏书。新中国成立后，主要分四次将"顺康集部"等书籍售与中央民族学院、北京大学文学研究所、中国科学院文学研究所、中国科学院历史二所、历史博物馆、中国科学院图书馆，并将笔记书售与天津师大图书馆。其中，1953 年 6 月 3 日，正式将"藏书五十二种、三百册，卖与民族学院，价一百九十万" [②]；1953 年 10 月 12 日，"将各书八十余种五百余册清齐，交文学研究所" [③]；1959 年 12 月，售予中科院图书馆 795 种书籍；1959 年 12 月，售予天津师范大学图书馆笔记类书籍，同月 28 日，"天津师大送《皇明经济录》、《国朝典汇》（共千三）、《笔精》（百廿）、《驳倭录》（五十）、《弇州山人史料》（百六十）书价，共一千六百三十" [④]。

5. "蔡捐""邢捐""瞿捐""翁捐""吴捐""傅捐""赵捐"等

"蔡捐"即蔡瑛捐赠之简称，其所捐明弘治九年周木刻本《五经五卷》16 册列《北京图书馆善本书目》经部部类第一条。蔡瑛为鄞县藏书家张寿镛妻子。张寿镛曾入"文献保存同志会"，与郑振铎等在上海沦陷区抢救古籍善本。其约园藏书总藏量达 16 万卷，最大的特色是收集了大量未刊稿本、抄本以及乡邦文献。1930 年开始将搜集的浙江地方文献刻为《四明丛书》10 集，收浙江鄞县古今先贤人物著作总集 205 种，保存了大量地方文献。据《元明刊本编年书目》统计，著录元刻本及元刻明修本 5 种，明刻本 707 种，明刻本中有嘉靖刻本 218 种、万历刻本 250

---

① 此部分系王安功教育部人文社会科学基金（14YJC870020）阶段性成果之一，由项目成员安徽大学王献松先生撰稿。

② 邓之诚. 邓之诚文史札记［M］. 南京：凤凰出版社，2012：714–719.

③ 邓之诚. 邓之诚文史札记［M］. 南京：凤凰出版社，2012：741–747.

④ 邓之诚. 邓之诚文史札记［M］. 南京：凤凰出版社，2012：1208–1209.

种。1953 年，蔡瑛捐献约园 40000 余册藏书，其中善本、孤本、精抄本收藏于中国国家图书馆，普通本归中国社会科学院文学研究所图书馆，各占当时两家图书馆所藏古籍的三分之一左右；部分著作分藏于北京大学图书馆、上海图书馆、华东师范大学图书馆、宁波天一阁；《四明丛书》雕版则捐存浙江图书馆。[①]

"邢捐"即邢之襄捐赠之简称，其所捐明崇祯秦镆刻本《九经》3 册列《北京图书馆善本书目》经部部类第三条。邢之襄毕业于日本东部帝国大学德法科。曾供职于北京政府，曾任国民政府司法部参事督办、天津市政府秘书长等职，后致力于发展经济实业，并喜收藏古籍，经常到北京隆福寺等书肆收购古籍，所藏甚富，以藏明本见长，兼收清本。

"瞿捐"即瞿氏铁琴铜剑楼所捐书籍。新中国成立前，瞿启甲、瞿凤起捐赠北平图书馆书籍，据《国立北平图书馆馆务报告》（民国十九年七月至二十年六月）之附录三（个人赠书记载）就有 12 种 20 册。加之瞿济苍所捐，瞿氏数次捐赠北图藏书共计 595 种约 4000 册。[②]再依据《北京图书馆善本书目》中记载之"瞿捐"书籍，分类统计详情如表 6–2 所示。

表 6–2 《北京图书馆善本书目》"瞿捐"书籍分类统计表 [③]

部别	类别	种	册	部别	类别	种	册
经部	总类	1	1	史部	纪传类	8	255
	书类	1	10		编年类	6	152
	诗类	3	36		纪事本末类	1	8
	礼类	4	33		奏议类	3	9
	春秋类	7	132		传记类	5	16
	四书类	3	33		地理类	6	29
	群经总义类	1	12		政书类	2	61
	小学类	10	62		金石类	3	37
					目录类	2	15
					史评类	4	58
					史抄类	2	84
	小计	30	319		小计	42	724

① 凌冬梅.浙江女性藏书［M］.杭州：浙江工商大学出版社，2015：140.

② 仲伟行，等.铁琴铜剑楼研究文献集［G］.上海：上海古籍出版社，1997：85.

③ 同上。

　　"翁捐"即常熟翁氏藏书之捐赠。翁氏家世书香，翁心存、翁同书、翁同龢父子皆博学多才,好藏书。翁同书藏书为其子翁曾源所承，名其藏书处曰"华严室"。翁曾源去世后，藏书归曾孙翁之熹。1950 年夏，翁之熹有意将家藏捐出，赵万里、高熙等北京图书馆专业人员住翁之熹家，遴选藏籍，历时半月，所选善本入藏北京图书馆。有《常熟翁氏捐献书目册》一部。后赵万里等编成《北京图书馆善本书目》，其中记载"翁捐"书总数就有 2413 册，其中有翁心存手迹、翁同书批跋或校订、翁同龢批跋校订及手抄本等。

　　"吴捐"系吴良士捐赠典籍。吴良士为著名藏书家吴梅之子。吴梅收藏以词曲为大宗，经常出入琉璃厂、隆福寺书肆，由清刊本以至明本，立志收藏一百种明嘉靖刊本，故名其藏书处曰"百嘉室"。又因一意求书，又建"奢摩他室"。《北京图书馆善本书目》著录"吴捐"有 170 余种。

　　"傅捐"即"双鉴楼"主傅增湘之子傅忠谟捐赠。傅增湘深知私人藏书的保守性不利于书籍的长期保存，因此 1944 年春便将所藏的宋元刊本、名家抄本之精粹数百种，以及其手校书 16000 余卷，捐赠给北京图书馆。1948 年，重病之时，又嘱长子傅晋生把最著名的"双鉴"捐赠国家，并嘱身后所遗善本精粹不能分散。1949 年 10 月,傅忠谟将"双鉴楼"珍藏的善本图书捐献给北京图书馆。《北京图书馆善本书目》著录"傅捐"善本即有 280 种之多。1950 年，其家人又将另一批明清以来的普通善本 34000 余卷捐赠给家乡四川。一部分藏于重庆图书馆，一部分今存四川大学。

　　"赵捐"即赵元方捐赠。赵元方系著名藏书家、文物鉴定专家，以藏活字本最具特色，兼及墨、砚及印章。新中国成立后，择其精本，捐献给北京图书馆，如敦煌出土唐写本《南华真经》、唐写本《老子》、金刻本《南丰曾子固先生集》、明弘治间华燧会通馆铜活字印本《容斋五笔》等。

二、当代公藏古籍的历史分析

　　继绝存真，传本扬学。私家旧藏古籍文献作为传统文化的重要组成部分，对之开展整理和研究是学界不可推卸的责任与使命。当前文献学界赖以发展和兴盛的基础就是流传至今的古籍文献，对古籍的分类、编目、出版、研究固然是文献学的基本任务，而在饮水思源的理路之下，很多公藏古籍之来路乃历代私家旧藏同样值得关注。纵观当代典籍公藏格局，不仅有占主体地位的中国大陆各类图书馆典籍收藏，还包括分散在中国台湾、中国香港及海外各国图书馆的典籍。近年来，中外典籍普查工作深入开展，一批古籍书目得以面世，而诸多原本可谓稀世之珍的古籍亦化身千百，纷纷整理影印出版。从影印出版的典籍文献中，我们能够深味无数藏书家对于保存旧籍、弘扬文化的价值期许，因此从私人藏书文化角度探讨典籍归公的成就与意义就显得非常必要。

1. 各种善本书目对归公典籍的揭示

图6-2 《中华再造善本》(部分)

在各种公藏古籍目录中，我们最能发现私家旧藏之印迹。如近代以来，各大图书馆逐步积累的馆藏古籍编目记录，以及各学科专家编纂的各种专科目录，新中国成立后比较著名的有《北京图书馆善本书目》、《中国丛书综录》、《中国古籍善本书目》（简称《善本书目》）、《中国古籍总目》（简称《古籍总目》）等。由赵万里、冀淑英主持编制，中华书局于1959年出版的《北京图书馆善本书目》曾提及善本书籍的来源，除中央文化部大批拨交和本馆从各方面努力采购者外，还有一个来源就是苏联等国家的赠还："最近几年，苏联政府赠还金刻本刘知远《诸宫调》和《永乐大典》64册，1955年德意志民主共和国赠还《永乐大典》三册。"[1] 近年来完成的《中华再造善本》（简称《再造善本》）也是私家藏书归公典籍的一次大展示。

顾廷龙等著名文献学家总其事的《中国古籍善本书目》按经、史、子、集、丛5部编排，分部出版。其经部1989年、丛部1990年、史部（上下册）1993年、子部1994年、集部1996年由上海古籍出版社先后出版，这是中国现存公藏善本书目的总汇，收录了各级各类公藏部门如各省、市、自治区图书馆，博物馆，文物保管委员会，高等院校等781家单位的现存善本图书6万多种，约13万部。从《善本书目》对各类善本古籍的编目和揭示，我们不难看出私家旧藏在其中的重要作用。

---

① 北京图书馆善本部编.北京图书馆善本书目（八卷）.北京：中华书局，1959：序一.

《中国古籍善本书目》所收典籍，以经部为例，多见旧家收藏之迹，晚清近代著名藏书家翁同书、丁丙、傅增湘、王大隆等过手、录存、校跋之书比比皆是。清华大学图书馆研究馆员刘蔷曾有一个估计："现在几乎所有存世的古籍善本，九成以上都是经过历代私人藏书家递传而来。"[1]于今而言，公藏数量的确庞大，但这些书上遍布历代私藏旧家之印记，足见藏书家们对中国文化典籍保护的拳拳之心。虽然，在中国古籍由私藏为主转为公藏之后，《中国古籍善本书目》所收善本并非中国现存善本的全部，但它仍然是中国目前最为全面的古籍善本总目。好在古籍著录时，披露了很多典籍过手、录存、校跋信息，这对我们了解这些善本典籍递藏过程有直接的启示。

相较《中国古籍善本书目》，从1978年开始筹备，1992年才正式启动的《中国古籍总目》编纂工作，到了2009年始告完成出版。《古籍总目》以古代至民初撰著并经写抄、印刷的历代汉文书籍为著录对象，汇聚各家馆藏记录，采用经、史、子、集、丛书五部，分类著录各书的书名、卷数，编撰者时代、题名及撰著方式，出版者、出版时地、版本类型及批校题跋等信息，同时标列各书的主要收藏机构名称，基本上做到了类例分明、部次得当、著录完整。《古籍总目》著录了现存中国古籍17万余种，这些公藏古籍到底有多少种是名家收藏过的，还需要进一步的研究。

《再造善本》工程也是昔日私藏归公后的精品呈现。文化部、财政部于2002年共同启动了"中华再造善本"工程。分唐宋编、金元编、明代编、清代编、少数民族文字文献编，凡五编。每编所选书目按传统的经、史、子、集、丛类归。五编中每书之布局，则以《中国古籍善本书目》各书排序为准。该工程分两期进行：一期工程为《唐宋编》《金元编》，共计选目758种，2007年完成8990册的制作，分别赠送国家图书馆、国内100所高等院校和31家省、区、市图书馆以及中国文字博物馆收藏。2008年9月，《再造善本》（续编）工作正式启动，续编内容为《明代编》《清代编》及《少数民族文字文献编》，共计选目583种。其中，《少数民族文字文献编》收录了29种少数民族文字文献。"中华再造善本工

①《国家图书馆"册府千华——民间珍贵典籍收藏展"鲜为人知的文化护佑》[EB/OL].[2019-3-18].
http://ltsfgs.zjol.com.cn/system/2015/10/08/020863515.shtml.

程"及续编工程以"继绝存真，传本扬学"为宗旨，影印出版各类古籍善本 1341 种，2377 函，13395 册，另 5 轴，分藏于全国各大图书馆。从古籍文献保护的角度来说，影印出版是长期以来古籍再生性保护的重要手段，能"使珍稀的孤本、善本化身千百，分藏于各地，确保珍贵文献的传承安全"并"扩大流通，促进古籍善本最大限度的传播和利用"（《中华再造善本》前言）。尤其是"一些今天原本已散佚的宋元古籍，经明清时期藏书家影抄、刻印，其形象、内容得以保存，亦是极其珍贵的史料"[1]。所以，学界普遍认为影印出版是保护利用古籍的最佳选择。[2]中华再造善本及其续编通过古籍原书拍摄制版、影印，复制或者说再造了原本的文献内容和艺术特征，即所谓"存真"，实现了书的版式、装帧、书中内容和原本基本一致，使后代藏书家及学者的题跋、题识、题款和钤印得以保留。虽然这种复制的善本没有做旧工序，使善本原本旧的表象，俗称"包浆"，失去其原貌，我们无法对这种历史演进过程中形成的特殊状态进行准确把握。即便如此，我们也不能苛刻地要求现代技术实现古代典籍的完整再现。

还有一点需要我们特别注意，《全国古籍普查登记目录》已经陆续出版。在这项工作开始之初，中华书局专家徐蜀就已经提出要将当代藏书家如韦力等的私人古籍藏书纳入《总目》。至于汇总的私人藏书之结果及其全面评估亦需俟后详加研究。

2. 域外汉籍书目的出版

虽然很早就有了域外中国古籍的问题，到了 20 世纪 80 年代中期"域外汉籍"话题才在国内学界得到关注。目前，中国学界对"域外汉籍是中国古籍的有机组成部分"这一观点已达成共识。国外图书馆所编的馆藏汉籍图书目录便进入中国学者的视野[3]，流传并收藏于海外的中国古籍也被中国学者陆续考察、整理、挑选、影印回国，并在国内出版、流通。如 2006 年中国社科院历史所主持的"域外汉籍珍本文库"列入国家"十一五"重点出版工程，第一辑由西南大学出版社和人民出版社于 2009 年共同出版，2010 年复旦大学出版社推出《越南汉文燕行

---

[1] 周余姣 .1949 年以来的古籍影印出版研究述略 . 图书馆论坛，2019（3）：5.

[2] 周和平 . 周和平文集（中卷）. 中山大学出版社，2016：699.

[3] 谢辉 . 欧洲图书馆所编早期汉籍目录初探［J］. 图书馆理论与实践，2016（2）：96–100.

文献集成》，2011 年《域外汉文小说大系》《韩国汉文燕行文献选编》分别由上海古籍出版社和复旦大学出版社出版。这些工作如今依然方兴未艾，像《美国俄亥俄州立大学图书馆中文古籍书录》《美国国会图书馆藏中文善本书录》《西班牙藏中文古籍书录》等书目，都是海外藏中国古籍整理编目的成果。此外，严绍璗以二十余年时间，往返日本 30 余次，调查日本各个藏书机构及私人收藏汉籍的《日藏汉籍善本书录》（全三册）（中华书局 2007 年版），著录各书的书名、著者及编校者、版本、藏所，并以按语形式说明典籍的版框大小、行格及字数、版心形式及文字、刻工姓名、序跋及牌记、细目及分卷、藏章印记等；凡中、日藏书目录的著录情况及书内题识文字、图书流入日本的记载及售价、该书在日本的影响及刊刻情况等，则入附录，列于其后。全书共著录日藏汉籍 10000 余条目，资料详备，是目前著录现今保存在日本的汉籍最全面的书目。欧美、日本各大图书馆收藏的中国古籍都是中华文化资源的重要瑰宝，能够弥补国内古籍资源之不足，值得我们继续关注和研究。

3. 我国港台地区的古籍收藏

除了各种原因流失到海外诸国的典籍外，我国台湾、香港地区的典籍数量亦相当可观。台湾《"国立中央"图书馆善本书目》就较为全面地反映出保存典籍状况。该目编订历 40 年，合旧藏新购及代管珍本，1967 年出增订本，4 册 5 卷，原蒋序存于端，时馆长屈万里先生为序，列于次。1986 年该增订本再版，书目又有所增加，著录有所订补，馆长王振鹄为二版序。1986 年增订本再版时，又增收河南正阳王氏观复斋藏书 11 部，湖南湘潭袁氏玄冰室藏书 146 部，前交通部移赠善本 22 部。至此，该书目总分经史子集和丛书 5 大类，累计收书 15770 部，另有卷轴 192 卷，图 640 幅。这部分善本古籍主体是 20 世纪 40 年代末，南京国民党政府拟撤离大陆时将中央图书馆珍藏 14 万册善本抵运台省的。台湾的古籍来源还有以下几个部分：一是东北解放前沈阳东北大学图书馆藏书转运去台，初寄存于台湾省立师范大学。1952 年移交该馆代管，其中善本有 270 多种；二是1949 年国民党败退大陆将国立北平图书馆运台舆图一批，计 261 种 503 件，多为明清所绘，质地有绢、绫或纸，有墨印，亦多彩绘，间有刊印本；三是国立北平图书馆在抗战时期寄存于美国国会图书馆善本 102 箱，在抗战胜利后几经交涉，

1965 年寄存台湾，共 2 万多册，其中善本近 3000 种。

香港中文大学冯平山图书馆所藏古籍亦颇为丰富。冯平山系广东新会会城镇人、慈善家，早年经商致富。1928 年，香港大学为筹办中文学院，募捐经费，冯平山对港人偏重英文、漠视国语文化尤感痛心，故对港大筹办中文学院极为热心："为昌明国学，保存国粹起见，大学汉文科之设立，实刻不容缓。……余助一万元，并欲速其事之早日成之也。对于各界举余担任司库之职，亦乐就之而不辞。"①冯平山又以香港地方缺乏稍具规模之图书馆，向香港华商总会建议增办图书馆一所，并捐 1000 元为创办费。1929 年，冯平山捐赠《万有文库》1000 种予华商总会图书馆，复捐 10 万元予香港大学，以建筑中文图书馆。另 2 万元为图书馆基金，存储银行，每年收息，为维持经费。后鉴于大学维持经费之困难，更增加基金至 5 万元。冯平山图书馆的创设使香港大学成为南中国搜集与保存中国古籍的主要中心，也成为当时香港第一所初具规模的现代化中文图书馆，成为中国国粹和思想的宝库。②开馆前，法国汉学家保罗·伯希和（Paul Pelliot）检视此馆馆藏书目后，称其"藏书极为精良，已足供研究中国学术之用"③。冯平山图书馆亦成为当时香港的文化活动中心，先后举办了 1938 年 4 月的"汉代木简展览会"、1939 年 2 月的"古玉展览会"等，促进了研究乡邦文化、发扬民族精神。香港沦陷期间，"冯平山图书馆担负起保存香港的公私文献的责任，整理庋藏本港各学校、政府机关以至个人藏书，均移存馆内. 扮演了保存中国图书、本港文化的角色"④。

---

① 黎树添 . 冯平山图书馆简史［C］// 香港大学冯平山图书馆金禧纪念论文集：1932–1982. 香港：香港大学书报出版社，1982：16–21.
② 赵建民 . 晴雨耕耘录：日本和东亚研究交流文集［C］. 上海人民出版社，2014：384.
③ 罗香林 . 香港与中西文化交流［M］. 香港：中国学社，1961：243.
④ 赵建民 . 晴雨耕耘录：日本和东亚研究交流文集［C］. 上海人民出版社，2014：385.

第四节　典籍归公的文化意义

一、典籍归公是社会进步的结果

20 世纪下半叶始，因社会制度变革，传统藏书时代已结束。不过，"私家藏书楼的发展并未随封建王朝的终结而戛然而止，巨大的历史惯性使私家藏书楼在进入民国时期后又滑行了一段路程，并出现回光返照式的短期繁荣"①。藏园、嘉业堂等藏书楼较之官府藏书更具有开放性和公益性，成为图书捐公的重要来源。湖北藏书家徐行可和传统藏书家"子孙保之"迥然不同，他以"不为一家之蓄，俟诸三代之英"为藏书印，秉持"不以货财遗子孙，古人之修德，书非货财，自当化私为公，归之国家"②理念。这都是传统藏书楼思想的顺势发展。

藏书是一种个人行为，传统私人藏书楼就其本质来讲是私人财产，因此，近代以来中国社会的变迁，使私人藏书难以为继，借助社会、国家的力量保全藏书造福于民，已成为必然趋势。从天一阁等当今有影响的藏书楼看，都经历了从私藏到公藏的转轨，从而获得新生。

可以说，近现代藏书家顺应历史潮流，化私为公，具有重要意义。当下，"民众的图书馆权利意识普遍觉醒，免费、开放、平等、自由等公共图书馆价值观再次在中国广泛传播，公共图书馆正在经历一场从实践层面到制度层面的价值观重建与复兴"③，很显然，近乎失坠的传统藏书楼文化借助现代图书馆实现了华丽转身。

二、典籍归公彰显图书馆文化功能

晚清以降，中国发生"三千年未有之大变局"，藏书楼生存的社会环境崩裂。民国年间，战事频仍，"书厄"不断，皕宋楼典籍流入日本静嘉堂的历史阴影，警醒、激发了藏书家的民族情感和忧患意识，典籍归公成为一个重要历史现象。1949 年之后，新生的中华人民共和国百废待兴，文博事业亟须得到民间珍藏的

① 袁逸.中国古代私家藏书的特征及社会贡献［J］.浙江学刊，2000（2）：142–145.

② 彭斐章.不为一家之蓄，俟诸三代之英——书于徐行可先生捐赠藏书五十周年之际［J］.图书情报论坛，2010（2）：3–4.

③ 程焕文，潘燕桃，张靖.图书馆权利研究［M］.北京：学习出版社，2011：4.

支持。国家鼓励捐献，对捐献者实行奖励的政策，使大批民间收藏品进入了公库。尤其在新中国成立初期，国家振臂一呼，全国上下一致响应，引发捐献运动浪潮。周叔弢在1981年天津市政府专门召开的表彰大会上说："回想自己在七十多年的藏书生涯中，常为搜求到一本好书而感到其乐无穷。如今，我为这些书来之于人民又归之于人民，得到了最好的归属、最好的主人，感到无限欢快，非昔日之情可比拟。"[①]随着这些藏书归聚各级各类图书馆，私人藏书楼的生命融入了现代图书馆而永续延绵，如温州玉海楼的八九万卷藏书正是因为分批捐赠给了北京图书馆、浙大图书馆、温州市图书馆、瑞安图书馆而得以传承至今。

当今各大图书馆藏书，往往有私人藏书的赞助之功。如国家图书馆，正是梁启超、潘承弼等藏书巨擘所捐的珍善之本，充实了馆藏古籍资源体系；如浙江图书馆，正是天一阁、嘉业堂、玉海楼、五桂楼、寒柯堂、萱荫楼等捐赠的珍藏，打下其古籍资源基础；如湖北省图书馆，其所藏善本的大宗来源于徐行可所捐；如此等等。现代图书馆继承藏书楼担负起了文化传承、社会教育等历史使命，作为宝贵文化财富的典籍会继续发挥塑造文化人格和精神理念的积极作用。

总之，以图书馆为代表的公共收藏机构，所藏文化典籍向读者开放，实现了共享公用，促进各级教育、学术研究和公众文化生活的繁荣，如此，书香社会构建的操作路径才更为清晰和扎实。

---

① 叶介甫.周叔弢：倾其所有为国献宝［J］.四川统一战线，2007（11）：44—45.

第七讲

藏书制度及其技术方法

　　中国的传统藏书文化，主要是围绕着典籍的生产、流通、获取、典藏而产生的一系列活动。这些藏书活动包括了抄书、求书、购书、换书、刻书等。从写本时代到印本时代，典籍的生产愈加便利，也为藏书的发展打下了良好的基础。从师徒授受到书肆购书，典籍的获取也变得愈发容易。明代中晚期以后，只要具备经济实力，就能置办大批量的典籍，使得藏书更加讲究版本、装潢等。典籍的收藏到达一定量后，就会面临分类典藏、版本校勘、书目题跋等事宜，从而需要更多更专业的文献学知识。同时，藏书活动还应注意藏书场所的格局，以及藏书的装潢与修补工作。

第一节　抄书、购书、换书与求书、刻书

　　中国传统藏书家的藏书来源，大体不外乎抄书、购书、换书等方式，以及围绕这些活动而产生的求书与刻书活动。

一、抄书

　　抄书，也称"钞书"。唐宋以前出版业尚不发达，书籍一般是靠人工抄写来传播，史称"写本时代"或"抄本时代"。

　　晋代以后贵族私人藏书的显著发展，是贵族之间互相借阅、抄写书籍之风盛

行的结果。雇用他人来抄书，古称佣书。佣书最早见于东汉班超。《后汉书·班超传》记载："超与母随至洛阳，家贫，常为官佣书以供养。"[①] 即班超靠为官府抄书养家糊口。所以，抄书这一职业，在公元 1 世纪后期已经出现。

宋元以后，典籍刊刻日渐普遍，但抄书仍然是普通人获得藏书的重要手段。直到明代宣德年间，秘阁中所藏书籍已经有 2 万余册，杨士奇等人编写的《文渊阁书目》中明确记载着 2 万余册、10 万余卷，但是这些藏书中刻本居三成，抄本居七成。[②] 这个比例和当时市面上的书籍状况是基本符合的。这说明是时抄本仍然是书籍的主流部分。

宁波的天一阁藏书，其主人范钦为寻求珍贵的书籍，曾借抄过乡间前辈藏书家丰坊以及苏州王世贞的藏本。大约 800 部抄本书的存在，说明了他对抄本有着异乎寻常的热爱。

台湾的藏书史研究学者陈冠至先生在《明代江南士人的抄书生活》一文中指出："抄录书籍是古代文士在阅读上的一个重要方式，也是藏书家在征集图书时最常用的手段，即便是在雕版印刷普遍流行的宋、元、明、清等朝代，仍是如此。因为手工抄写的办法简单易行，只要有笔墨纸砚，便可操作；且在一般状况之下，并不需要他人的协助。另外，历代文士还把抄书当作读书时帮助记忆的有效办法，只要手抄一遍就可以印象深刻，如此更能达到事半功倍的效果。所以，手工抄写并不会因为雕版印刷的发明与普遍使用而遭废止，反而成为古代文士们求知自学、积累知识的一种方法，又是书籍制作和文献整理的基本工作，更是传播知识和流通典籍的主要方式。明朝的图书印刷事业虽然已经相当发达，但是许多书籍仍然得之不易，因而藏书家仍然非常重视抄书，往往是以抄书作为充实藏书的重要手段。"[③]

在印刷术发明以后，抄书仍然是藏书家们补充藏书的重要手段，其原因大致有三：一是有些书虽已雕版印刷，但由于空间的限制，交通不发达，因此无法买到；二是有些书虽可买到，但是质量低劣，错误百出，只好借版本较佳者抄写；三是有些书在市面上买不到，只好向拥有者借抄。而明代藏书家崇尚抄书的原因

---

① 范晔.后汉书·卷四十七［M］.北京：中华书局，1965：1571.

② 见杨士奇编《文渊阁书目》"提要"：考明自永乐间，取南京藏书送北京，又命礼部尚书郑赐四出购求，所谓锓板十三，抄本十七者。

③ 陈冠至.明代江南士人的抄书生活［J］.北市大社教学报，2008（7）：41.

有：书籍流通地区相对集中，交通不便，购书困难；另外，珍本、异本、罕见之本，即无刊本，购置不易，只有抄而藏之，是藏书家重视抄书的又一个原因。

清末学者叶德辉《藏书十约》中也说："旧书往往多短卷，多缺叶。必觅同刻之本，影抄补全。或无同本，则取别本，觅佣书者录一底本，俟遇原本，徐图换抄，庶免残形之憾。"[①]这句话指出如果古书缺页，那么应当找到同样版本的图书，原样抄录。如果没有同样版本的图书，那么可以找其他版本，请专门抄书的人抄录一个底本，这样以后遇到了原本图书，可以换成原抄，以免图书残缺不全之憾。还有，"凡书经手自抄配者最佳，出自佣书之手，必再三覆校，方可无误。己抄之书，则人校之；人抄之书，则己校之"[②]。是说自己抄书配齐是最好的，如果请人抄书，那一定要再三地校对，保证没有错误。自己抄的书，要请别人来校对。别人抄的书，要由自己来做校对。总之要尽量减少抄书过程中导致的错讹。

二、购书

购书，是指藏书家通过书肆、书铺、书店等途径补充藏书的行为。书肆就是图书交易（贸易）的市肆，或可更简单地理解为图书交易（贸易）的集市，也有学者直接用"书市"称之，唐以后称"书坊"居多，清以后称"书店"居多。现在普遍认为书肆出现于汉代，最早见于汉代扬雄《法言·吾子》篇。原文为："好书而不要诸仲尼，书肆也。"[③]这是对当时舍本求末现象的一种批评。

在"抄本"时代，典籍以抄录为流传的主要方式，可用于售卖的数量极为有限，书肆并不多见。直到宋代雕版印刷兴盛之后，专门从事图书刻印与售卖的书肆才变得普遍起来。北宋时期，一位名叫穆修的文人，因为晚年生活困苦，衣食不足，便想投身出版业谋利。"恰得《柳宗元集》，募工镂板，印数百帙，携入京相国寺，设肆鬻之。有儒生数辈至其肆，未评价直，先展揭披阅，（穆）修就手夺取，瞑目谓曰：'汝辈能读一篇，不失句读，吾当以一部赠汝。'其忤物如此，自是经年不售一部。"[④]从中可以看出，穆修自己印刷出版，自己零售。然而，开封相国寺

---

① 叶德辉.书林清话（外二种）[M].北京：燕山出版社，1999：337.

② 同上。

③ 扬雄.法言义疏[M].北京：中华书局，1987：74.

④ 魏泰.东轩笔录·卷三[M].北京：中华书局，1983：30–31.

的书市，即使到了北宋末年，也只是一月五次的定期市场，并没有常设书店。穆修的"设肆"，是指定期市场中的货摊，不过是在合适的场所开设的露天店而已。随着时代的发展，雕版印刷技术的成熟，在定期书市中，不知不觉产生了正式经营书店的专业商人。

南宋后半期，书肆和书商迅速成长起来。书籍的开放促进了出版业的兴盛，书籍总量的增加又使书籍买卖活动活跃起来。营利性出版的发达，使人们只要有钱都可以得到书，这对书籍的流通有重要意义。13世纪初，南宋都城临安在棚北大街睦亲坊南新建了许多店铺。陈起经营的"陈道人书籍铺""陈宅经籍铺"，刊行了许多书籍，这些书被后世称为"书棚本"。陈起有大量库存的藏书，可以买卖书籍，为众多读者提供方便。

明代中晚期，在苏州一带及其周边地区，说到收藏图书，首要的方法就是通过书商采购已经印刷或者抄写装订好了的新旧书籍。这样的藏书方法，不久在其他地区也成为普遍采用的方法了。因此，没有特权身份，也不是进士、官员的藏书家越来越多地出现。同时，藏书家的收藏量也有了明显的增加。万历中期，可以被称为"藏书家"的人，至少有不下于3万卷的收藏。布衣徐惟起到万历三十年（1602年）为止有5.3万卷。进士出身的祁承㸁，在万历末年居然有10万卷藏书之多。万历以后，江南地区的商业出版呈空前繁荣盛况。例如，坊刻的科举用书，成了与福建不分伯仲的供给地。明末的杭州、苏州等地，第一场科举考试结束后，各书肆都争先出版附有解说评论的答题集，然后又批量运到北方售卖。这个时期，就出现了零售与批发的区分。明末的藏书基本都是由刊本组成的。明初文渊阁的藏书还是"刻本占十分之三，抄本占十分之七"，但是从16世纪后半期的嘉靖末年到万历中期，范钦的宁波天一阁的4000部藏书，就变成了"刻本占十分之八，抄本占十分之二"了。[①]而刊本图书，大多数都是靠购买来获得的。

三、换书

藏书家的朋友圈里也有别的藏书家，所藏典籍大多数情况下不可能完全相同。这就为藏书的交换提供了契机。在这方面，秀水曹溶静惕堂藏书最为知名。

---

① （日）井上进.中国出版文化史［M］.武汉：华中师范大学出版社，2015：166.

曹溶撰有《流通古书约》一文，其中提出了"交换藏书的设想"：

予今酌一简便法，彼此藏书家，各就观目录，标出所缺者，先经注，次史逸，次文集，次杂说，视所著门类同，卷帙多寡同，约定有无相易。则主人自命门下之役，精工缮写，校对无误，一两月间，各赍所钞互换。[①]

这段话是说，曹溶提出了一种较为方便的交换藏书的方法，藏书家之间互相交换藏书目录，标出自己所缺的书籍，按照重要程度，交换各自所缺的相同门类相同篇幅的书籍。确定书目之后，主人就让家里的工人，精细地抄写图书，再仔细地校对，确保没有错误。这样可以在一两个月之间，把自己所抄而对方所缺的书，与对方所抄而自己所缺的图书相交换，充实各自的藏书。这样图书不用离开自己家，就能换取自己所没有的藏书。既增加了藏书，又有安全方面的保障，可谓是两全其美。

以书换书在清代较为盛行。如杭州的鲍廷博以元代刻本《道园遗稿》交换苏州黄丕烈的抄本书《游志续编》，钱塘何元锡以宋刻本《广成先生玉函经》交换黄丕烈的监本《附释毛诗注疏》，吴县王闻远以抄书《刘申斋集》交换同邑陆其清的抄本《张蜕庵诗集》，等等。

藏书家与书商交换典籍也较常见。主要是书商用旧刻本、旧抄本或稀有典籍去换取藏书家的近代刻本、通行版本或多余的复本。如清代张蓉镜以精抄本《营造法式》与书商交换宋刻本《伊川击壤集》，黄丕烈以自家刻本《国策》10 部换得书商旧抄本《新编翰林珠玉》1 部，以苏州刻本《十三经》换书商宋刻本《圣宋文选》，等等。这是两相情愿、各取所需的好事。在藏书家来说，得到了自己喜爱的好书，可供玩味欣赏。对书商而言，往往是把价值较高但难以找到卖家的古旧佳本出手，换来大量价廉却畅销的通行本，如此则书商获利可观。

除了书与书的交换之外，还有典籍与货物资财的交换。如明代著名学者杨士奇，少年时家境贫困，16 岁即做村塾师，赖以谋生，有一次看到一部《史略》，十分喜爱，但仅有一百文钱，买不起。他母亲知道后，毅然将家里一只养了几年的母鸡拿去换了这部书。因为他母亲的远见卓识，再加上杨士奇本人的刻苦勤奋，终成一代名臣。明代太仓王世贞，以一座庄园的代价，换取了自己渴慕已久

---

① 曹溶.流通古书约［M］.丛书集成初编.北京：中华书局，1991：1.

的宋刻本《汉书》，并将这部精美的宋版书作为其九友斋藏书中最为珍视的宝贝。明末崇祯年间，常熟大藏书家钱谦益以两个珍贵的古彝宣炉，换得了扬州某位贵戚家收藏的一部《祝枝山书格古论卷》。清代藏书家周松霭以著名的叶元卿"梦笔生花"大圆墨一锭（重一斤），换取了张芑堂手中的宋刻本《陶靖节先生诗注》一部。海宁藏书家马思赞以十亩良田献出作为亲葬地，才换来了宋刻本《陆状元通鉴》一部。①

总之，在古代图书市场尚不发达，图书贸易受到诸多局限的条件下，民间自发自愿的藏书交换，有其必然性和合理性，已成为藏书积聚的一种有效补充途径。

四、求书

求书，是指访求所需要的图书典籍。中国文献学史上首次系统化、理论化地讲到求书方法，是在南宋郑樵的《通志·校雠略》讲到的"求书八法"，所谓"即类以求""旁类以求""因地以求""因家以求""求之公""求之私""因人以求""因代以求"。

具体来说，就是郑樵将求书的方法总结为八种。第一是根据同类书籍而寻求，按照图书分类来收藏图书；第二是在相关类别的书籍文献中寻求；第三是根据地域而寻求，特别是地方文献，只能去相应的地区、出版者采集；第四是凭借或依靠大家、专家来收藏图书文献，由专家来指导、协助图书文献的采集收藏工作；第五是求之官府，即到国家行政机关搜集文献资料，如官府刊刻的诗集文集等；第六是向民间求书，可以补充官府藏书的缺失；第七是根据名家之旧藏，追寻踪迹，寻找这些旧藏的下落。第八是根据朝代（或时代）采集文献，或者说根据时代的远近而求书。一般来讲，时代越近，图书越容易找到，时代越远，越难找到。②

不过，我们也可以看出，郑樵提出的八种求书方法都是将书籍借来抄写，却没有提到找书商买书或借助书商找书。可见，在南宋时期，要想实现门类繁多、具有一定规模的藏书，出版商和书商几乎不起什么作用。

---

① 姜丽华.曲径通幽话交换——古代私家藏书交换途径探析［J］.图书馆理论与实践，2000（4）：63–64.

② 田建良，刘怡.郑樵"求书八法"对高校图书采访工作的启示［J］.图书馆建设，2004（5）：50–52.

明代藏书家祁承爜又在《澹生堂藏书约·藏书训略》中，继承和发展了"求书八法"，提出了"求书三说"，即"书有著于三代而亡于汉者，然汉人之引经据之；书有著于汉而亡于唐者，然唐人之著述尚存之；书有著于唐而亡于宋者，然宋人之纂集多存之"[①]。所需要的图书已经亡佚了，但是也有可能在前人其他图书中有所摘录和保留，从而能够看到所需之书的部分内容。这体现了从古书中辑佚的思想。

五、刻书

刻书是指通过雕版刻印的图书，与"抄书"相对应，是印刷时代的产物。

从唐代开始，雕版印刷术发明并日益普及。唐代雕印历书、字书、韵书、文集、道书、阴阳杂记等图书文献，多有记载且流传于世。如唐懿宗咸通九年（868 年）王玠为父母祈福而雕造普施的《金刚经》、陕西唐墓出土的七件《陀罗尼经咒》等书，至今留存于世。唐末五代后，雕版印刷的方法为官府所采纳，且用来印制儒家经典。如后唐长兴三年（932 年），到后周广顺三年（953 年），中原地区的国子监连续不断地完成了《九经》的校勘和雕印工程。这是我国历史上第一次采用雕版印刷的方法来印制儒家经典。

宋代以后，雕版印刷便成为图书生产的主要方法。开封、杭州、绍兴府、庆元府、婺州、衢州、湖州、平江府、建康府、成都、福州、建宁成为重要的雕版印刷中心，生产出大量的图书，并流通到全国各地。宋代刻书，北宋时期以中央官府刻书为主，南宋时期则是以地方刻书为多。

至明代，刻书中心稍有变化，明代学者胡应麟认为，当时所刻图书，苏州、常州最佳，金陵（南京）、杭州所刻次之，浙江湖州与安徽歙县出版的书籍也是精刻本，福建刻的书质量最差。整体上来说，吴（江苏）、越（浙江）、闽（福建）是当时书籍出版的中心地区，其中江苏出精刻本，福建印制的书籍则比较廉价。明代中晚期，私人藏书家中最为有名的刻书者，乃是江苏常熟的毛晋汲古阁。叶德辉《书林清话》说："明季藏书家，以常熟之毛晋汲古阁为最著。当时遍刻《十三经》《十七史》《津逮秘书》、唐宋元人别集，以至道藏、词曲，无不搜刻传之。"[②]

① 祁承爜等.澹生堂藏书约（外八种）［M］.上海：上海古籍出版社，2005：17.
② 叶德辉.书林清话 书林余话［M］.长沙：岳麓书社，1999：156.

清代著名学者朱彝尊《曝书亭集》卷七十九《严孺人墓志铭》中说毛晋"力搜秘册，经史而外，百家九流，下至传奇小说，广为镂版，由是秘书镂本走天下"。汲古阁刻书，不仅数量众多（先后刻书 600 多种），而且质量很高。毛晋一生辑有《津逮秘书》丛书 15 集，收书 141 种。胡震亨曾辑刻《秘册汇函》，刻板毁于火。毛氏得其残板，又合家藏旧籍，重新编辑而成。其中多宋元人著作，偏重掌故琐记。以前各家丛书，多不足之本……而此丛书所收，全帙较多。又校刻有《十三经》《十七史》《六十种曲》，缮写精良。毛氏目录学造诣极深，除编有《汲古阁书目》外，还作题跋 152 篇，或考书籍源流，或辨其真伪，或述其要点，汇刻为《隐湖题跋》。潘景郑为之补辑，得 249 篇，名为《汲古阁书跋》。

清代的刻书地和明代一样，分布地区较为广泛。通都大邑，无不刻书。相比较而言，北京和江浙地区刻书最多。北京为清朝都城，中央官刻都在这里进行。清代中期以后，北京琉璃厂坊刻也比较发达。江浙地区，南京为一大刻书中心，全国各地的书商常年在这里贩书。此外，东昌、四堡刻书也比较发达。东昌即今山东聊城市，下辖聊城、堂邑、博平、清平、馆陶等十县，自元代以后，东昌为南北漕运要冲，是京杭大运河沿线的重要城市，地理位置十分重要。福建四堡地处闽西山区的连城县，是明末清初的全国刻书中心之一。虽然它只是闽西群山中一处偏僻的村落，但在 17 世纪晚期至 19 世纪初叶，却是繁华的雕版印刷业之乡，通过流动书贩和大小书店，为中国南方提供了大量价格低廉的科举用书、家用指南、医疗手册及传统名著。美国包筠雅教授曾著有《文化贸易：清代至民国时期四堡的书籍交易》一书，通过对四堡地区出版业的长期实地考察、文献分析，穷十五年之功，对晚清民国四堡的出版销售业进行了细致的描述和深入的分析，进而使读者得以窥见南方基层社会的社会风俗、文化兴趣与精神状态，对这一时期的文化史、社会史产生更为深刻的认识。①

根据从事出版活动的主体划分，清代刻书逐渐形成了官刻、家刻、坊刻三大系统。其中官刻是指由政府（包括中央政府和地方政府）出资雕版印刷图书。因官方财力雄厚，人力物力充足，因此刻书质量较高，但所刻图书的品种比较单一，以儒家正统学术思想为主。家刻，或称为私刻，是指由个人出资刊印出版书籍。

---

① （美）包筠雅.文化贸易：清代至民国时期四堡的书籍交易［M］.北京：北京大学出版社,2015：1.

私刻的主体多为文人学者，用以出版自己撰写或编辑的著作，以个人兴趣爱好为主导。坊刻，以民间具有商业性质的书肆为主体，其出版主要以市场需求为导向。其中清代初期，出于文化控制的目的，清政府相当重视官刻事业，一方面朝廷自设出版机构专事图书出版，另一方面又颁行各种禁令、大兴文字狱，以限制民间出版活动。

清朝雕版印刷事业以官刻为主要代表，其中尤以康熙、雍正、乾隆三朝最盛。这三朝国势强盛、财力雄厚，有足够的人力和财力投入到出版活动中，出版印刷的书籍，校对精审，印刷精美，品质可谓上乘。尤其是康熙年间，在书籍雕版印刷方面，中国社会对工艺和刻印字体的艺术追求达到极致。当时，许多文人和书法家亲自参与写样，再由技艺高超的刻工雕刻上版的方式成为一种风气。嘉庆、道光以后，清朝国力呈现下降趋势，官方出版活动开始衰落。同治二年（1863 年），曾国藩等人奏请办理官书局。同年，创办了金陵书局，拉开了以地方政府为主的官方出版活动的序幕。此后，各省相继设立官书局，至光绪末有40 多家。官书局开办之初，财力和技术力量都相当雄厚，又聘请当时著名学者担任校勘工作，如金陵书局有张文虎、戴望，浙江官书局有薛时雨。所以，当时官书局的出版一度发达，极盛于光绪初期。官书局所刻之书，时称局刻本。绝大多数官书局以雕版印刷为主，所刻书籍内容多为经史类传统经典古籍，又以正史居多。再之后，铅印、石印技术陆续传入中国，并成为主流的印刷方式。刻书虽然已不占主流，但在小范围内依然存续至今。如南京的金陵刻经处，扬州的广陵书局等，已成为当今的非物质文化遗产。

第二节　分类典藏、版本校勘与书目、题跋

中国传统的藏书家，在藏书量达到一定程度时，必须考虑的一个问题，就是藏书如何分类典藏。如此，我们就需要回顾一下中国传统图书分类从六分法到四分法的转变过程。此外，图书既多，则抄本、刊本不一致的地方在所难免，这又需要进行版本校勘工作。为了全面掌握藏书的总体情况，则需要编制书目。在比

较重要或者有意义的藏书上，还会撰写题跋，或者发现前人所留下的题跋。

一、分类典藏

藏书家的藏书量越来越大，其贮藏就必然要涉及分类典藏的问题。一部图书分类典藏的历史，也是一部中国学术发展史。

我们所知道的最早的分类体系，出现在汉代刘向刘歆父子所编撰的《七略》，名义上七分，实际上是把图书分为六大类，分别为：六艺略、诸子略、诗赋略、兵书略、术数略、方技略。再加上为首的辑略，即综合叙述学术源流的绪论，共七略。《七略》原书已佚，其内容大多保留在《汉书·艺文志》中，从而得以传世。

《七略》中的"六艺略"，主要有：易、书、诗、礼、乐、春秋、论语、孝经、小学。其中前六类是真正的"六艺"，不过乐经后来失传，真正保留下来的只有五经。"论语、孝经、小学"是附着在经典之后的文献。"小学"是指文字、音韵、训诂之学。"诸子略"有：儒家、道家、阴阳家、法家、名家、墨家、纵横家、杂家、农家、小说家。"诗赋略"有：赋一、赋二、赋三、杂赋。"兵书略"有：权谋、形势、阴阳、技巧。"术数略"有：天文、历谱、五行、蓍龟、杂占、形法。"方技略"有：医经、经方、房中、神仙。《七略》是我国图书分类的开端，它的分类体系奠定了我国古典时期图书分类的理论基础，对以后近两千年的图书分类典藏工作产生了深远的影响。

《七略》之后，七分法在我国继续为人沿用。刘宋元徽年间，王俭撰成《七志》。梁朝时，阮孝绪又撰成《七录》。但二书已亡佚，只能从《隋书·经籍志》和《广弘明集》中保存的资料来推知其分类。

随着文献事业的积累和发展，旧的分类方法不再适用。如历史类文献越来越多，原来可以附在"六艺略"，后来就有必要单独列出一个大类。而有的文献则仍然保持在较小的规模，如术数文献和方技文献。如此，图书分类法就需要加以调整和变化，于是就出现了经、史、子、集四部分类。

三国曹魏时期，秘书郎郑默整理皇室藏书，编成了一部目录《中经》。晋秘书监荀勖又根据《中经》这部书，另外编著"新簿"，史称《中经新簿》。此书目现已亡佚，《隋书·经籍志》还记载着它的类目，是四分法。"一曰甲部，纪六艺及小学等书；二曰乙部，有古诸子家、近世子家、兵书、术数；三曰丙部，有史记、旧事、皇览簿、杂事；四曰丁部，有诗赋、图赞、汲冢书。"其次序是经、子、史、集。

东晋李充整理皇室书籍，编成《晋元帝四部书目》，也分为甲、乙、丙、丁四部。只不过，李充将乙部调整为史部，丙部调整为子部。后世目录以经、史、子、集分部者，实源于李充。到唐初修《隋书·经籍志》，便直接用了"经、史、子、集"四部之名。至此，经史子集的四部分类法正式确立。

古代书目正式采用"经史子集"作为分类的名称，是从《隋书·经籍志》开始。而其发展的最高峰，则是清代编撰的《四库全书总目》。该书目为我国古代最大的官修图书目录，也是现有最大的一部传统目录。共二百卷，分为经、史、子、集四大类，每大类又分若干二级类目。有些二级类目，还细分为三级类目，甚至四级类目。一级类目、二级类目前面有类序，三级类目后面有按语，简要地介绍了该类著作的源流与分类的原因。

二、版本

"版本"，最初是指雕版印刷的书籍。后来又把稿本、写本、传抄本、批校本、拓印本、影印本、石印本、活字本、套印本等都包括在内，进而把雕版印刷发明前的简牍、帛书和纸写本书，甚至朝鲜、日本等国早期用汉字抄写、雕印、活字排印的书都包括进来。版本可以理解为图书各种形式的总称。

鉴定版本，既要有丰富的识别经验，又要有渊博的古今知识，二者缺一不可，需要根据实际情况考虑多种因素，才能对一部古书的版本做出正确的鉴定。版本鉴定的依据主要有：原书序跋、书牌木记、后人题跋识语、刻工姓名、书中避讳字、行款字数、地理沿革、机构职官、衔名尊号谥号、书名冠词称谓、卷端上下题及卷数变迁、藏书印记、各家著录、版刻或抄写的字体、墨色、用纸、装帧、原书内容等。

通常来讲，我们认为版本学萌芽于先秦至五代时期，初步兴盛于宋代至明代，繁荣于清代，民国以后发展为现代版本学。如姚伯岳认为，"从西汉末年刘向校书（始于公元前 26 年）到五代终结（960 年），在这近千年的漫长历史时期内，版本学的思想意识和工作方法虽已产生，却没有得到充分的发展，大量版本研究成果和工作方法虽已产生，却没有得到充分的发展，大量版本研究成果转化为校勘学的成果，促成了校勘学的一枝独秀。这是版本学的萌芽时期"[1]。

宋代雕版印刷事业的繁荣为版本学的兴盛创造了极为有利的条件。由于同一版本的图书复本量大增，使得版本研究开始具有普遍的意义，强调一书不同版本之间的差异、评价各版本优劣的必要性也日益突出。这就必然引起社会对版本现象的关注，强化了人们的版本意识，从而有力地促进了版本学的发展。

至明代，版本学已经发展到对各朝代版本特征进行规律性的总结，这是版本学发展的一个飞跃。至清代末，版本学发展的最大特点表现为版本目录的异常发达。各大藏书家所编的藏书目录，均特别注意介绍图书的版本情况，版本意识之浓厚，研究方法之科学，著录技巧之圆熟，都是空前的。版本目录的类型至此也已发展齐备，无论是简要著录式，还是罗列式或提要式，这一时期出现的各种类型的版本目录均可作为后世版本目录的典范。[2]

不过，上海图书馆研究馆员陈先行先生则认为："《中国古籍善本书目》尚能收录近四千部明末及清代的稿本，即这批稿本尚能流传至今，主要原因也是在于它们显现出文物价值，或者说是后人认识到其文物价值（当然也包括文献价值，尤其是未经刊刻的稿本）之后才得以保存下来的。从这一现象也可说明版本学的形成在明中期以后，清代则进入较为成熟的时期，而版本学的重要功用之一就是评估版本的文物价值。"[3]

在当下来说，我们容易见到的古书版本主要有：刻本、石印本、珂罗版印本。所以重点介绍这三种版本。

刻本，是指通过雕版方式印刷的图书。从刻书时代来分，有唐五代刻本、宋刻本、金刻本、元刻本、明刻本、清刻本、民国刻本；从刻书地域看，南宋有四川地区刻的蜀本、浙江地区刻的浙本、福建地区刻的建本（或叫闽本），金元时期，有山西临汾刻的平水本等；从出资者来说，有官刻本、家刻本、坊刻本；从刊刻先后来看，有初刻本、重刻本、增修本、三朝本、递修本等名目；从墨色看，又

① 姚伯岳.中国图书版本学［M］.北京：北京大学出版社，2004：28.

② 姚伯岳.中国图书版本学［M］.北京：北京大学出版社，2004：49.

③ 陈先行.古籍稿抄本鉴定［EB/OL］［2019–03–23］.http://www.sohu.com/a/201253639_523187.

有蓝印本、朱印本、墨印本，蓝印、朱印多是刷印校样，大抵明人多蓝印，清人多朱印；从开版大小看，开版小的又叫巾箱本（或袖珍本）；从版式看，有黑口本、白口本；从行款看，又有十行本、八行本等；从字体大小看，又有大字本、小字本。这些基本上都属于刻本范围内的概念，分类角度不同，也就造成名目繁多。

石印本，是指用石材制版印刷的书本。其方法是用富于胶着性的药墨，直接描绘字画于天然多微孔的石印石面上；也可写原稿于特制的药纸上，待稍干后，将药纸覆铺于石面，强力压之，揭去药纸。印刷前，先用水拂拭石面。其字画因系油质，不沾水，余处则沾水。趁水未干，滚上油墨。凡石版沾水处均不沾油墨，其字画则均沾油墨，然后铺纸刷印，即成一页。

珂罗版印本，多属于影印本。其方法以厚磨砂玻璃版，涂上硅酸钠溶液，用水洗净。干后再涂以珂罗丁和重铬酸钾混合液，以无网阴图底片覆盖并使曝光，底片形象即留在版上。刷印时先用水浸版，拂去湿气，再滚上墨，铺纸印刷，即得一页。

我们接触较多的影印图书，其中相当大一部分就是通过石印技术制成的，如《四部丛刊》《续古逸丛书》等都是石印本。《中国版刻图录》是珂罗版印本，比较精致。石印和珂罗版印刷术都是外来技术。因此，石印术刚传入中国时被当时人称为"泰西新法"。这种泰西新法约于19世纪中传入，在中国经历了100多年的发展历史，曾一度取代雕版印刷，成为当时出版业的主流技术。这一技术的传入可以说是印刷技术史上的一次"西学东渐"，在清末民初的中文书籍出版印刷史上有着不可忽视的地位。

三、校勘

校勘，又称校雠，就是将不同版本的古籍加以对比，审定原文之正误真伪，也是古代藏书的一个重要方面。"校雠"一词，最早出自刘向的《别录》："校雠者，一人持本，一人读书，若怨家相对，故曰雠也。"古书在流传中，不论是抄写还是印刷，难免会出现脱（丢字）、衍（多字）、讹（错字）等现象。这样就需要通过对图书的校勘，分辨真假正误，从而提高图书刊印的质量。

我国古代藏书的整理校勘活动，主要有两大类：一类是因学术研究或教学、编辑、出版而进行的图书整理活动。一般是由私人分散进行，多为某一领域的专家，领域较窄，工作较为专精深入，基本上是零散进行。这类专家有春秋之孔子，汉代司马迁、郑玄、高诱，唐代颜师古、陆德明，宋代王安石、朱熹，明代祁承㸁、毛晋，清代惠栋、钱大昕、戴震、段玉裁、卢文弨等。另一类则是政府组织的大规模、全面系统的图书整理活动。由于有皇家的背景，所以可以广征天下遗书，总括天下学术。工作量固然很大，但可以集中一大批各有所长的专门人才，分兵把口，长期开展下去。伴随着一次次大规模的图书校勘整理活动，就产生了大型系列的皇家秘阁书目。如汉代、宋代、清代等都有大规模的此类活动。

图 7-1 （北齐）杨子华《北齐校书图》

从事校勘工作，必须具备阅读古文的能力，否则强不知以为知，随便乱改古书，只能错上加错。要读懂古书，首先要精通古代语言，包括文字、音韵、训诂、文法等知识。此外，还要广求异本，多方搜集相关资料，精研所校之书。

杜泽逊先生在《文献学概要》一书中认为："校勘古书的目的是恢复古书原貌，正本清源。我们从事校勘工作，最大的忌讳是替古人修改文章。文章无论好不好，那是古人原样，我们的目的是保护古书原样，这是必须明确的。"[1]

四、书目

书目，也叫目录，是将群书汇总编纂在一起的著录形式。我国书目编制的历史非常久远，可以说是世界上最早有目录和目录学的国家。"目录"二字连称，始于汉代。《汉书·叙传》云："刘向司籍，九流以别；爰著目录，略序洪烈。"这个名词，一开始便和刘向校书的工作联系在一起。

河平三年（公元前26年），汉成帝使谒者陈农求遗书于天下，藏于天禄阁，接着又指定光禄大夫刘向主持整理编制群书目录，开始了我国历史上第一次官府

---

[1] 杜泽逊. 文献学概要［M］. 北京：中华书局，2001：171.

图书编目的工作。《汉书·艺文志》叙述刘向校书的情况，有云："每一书已，向辄条其篇目，撮其指意，录而奏之。"可知刘向每校一书完毕后，写成一篇介绍该书的总结性文章，一方面将该书的"篇目"条理清楚，一方面写出内容提要。这便是"目录"，也简称"录"。

这次大型的整理藏书活动，直到刘向去世也没有完成。于是由其子刘歆继任其事。刘歆根据刘向编的叙录，汇总起来，编成了第一部图书分类目录《七略》。将当时的皇家藏书分为六艺、诸子、诗赋、兵书、术数、方技等六大类。原书已失传，东汉时，班固将其主要内容作了删节，删去了"辑略"，保留了其他的六略三十八类的分类体系，编入《汉书》中，成为《汉书·艺文志》，也成为我国现存最早的一部综合性群书目录。

古代存留下来的书目有许多种，一般可分为官修目录、史志目录和私家目录三种。

官修目录是由国家官府主持修纂的能够反映国家全部藏书的书目。主要的官修目录，除了汉代的《别录》《七略》外，还有唐朝毋煚等的《古今书录》、宋朝的《崇文总目》、清朝的《四库全书总目》等。

史志目录是反映某一朝代书籍的目录，如《汉书·艺文志》《隋书·经籍志》《唐书·经籍志》《新唐书·艺文志》《宋史·艺文志》《明史·艺文志》等。

私家目录是指私人编纂的书目，始于南朝王俭的《十志》，以及梁阮孝绪的《七录》。其中藏书家所编纂的家藏目录是其中最重要的部分，如宋代晁公武的《郡斋读书志》、陈振孙的《直斋书录解题》等。

清代最重要的两部目录，分别是《四库全书总目》和《书目答问》。这两部书目被称为"治学门径"。《四库全书总目》，简称《四库提要》。全书共 200 卷，按中国古代传统的分类法，分经、史、子、集四大类，每一大类又分若干小类，其中一些比较复杂的小类再细分子目。每一大类、小类的前面有小序，子目的后面有按语，简明扼要地说明这一类著作的源流以及划分类目的理由。总序、小序、按语、提要，脉络融通，浑然一体，发挥出"辨章学术，考镜源流"的学术史效用，代表了我国传统目录学的最高成就，是一部体例完备、内容丰富、具有较高学术价值的官修目录。

《书目答问》由时任四川学政的张之洞编撰。当时学生问他："应读何书，书以何本为善？"他因此着手编纂了《书目答问》5卷，列举了大约2200种图书。张之洞说："读书不知要领，劳而无功；知某书宜读而不得精校精注本，事倍功半。"他将所选图书"分别条流，慎择约举"，使初学者能够按图索骥，易购易读。因此这是一部指示治学门径的书，也是我国最早的、最系统的、最实用的导读书目。徐有富认为："如果我们要了解清代乾隆以后至晚清的学术发展状况，可利用《书目答问》。"①《书目答问》按所收书的内容，分为经、史、子、集、丛五大部。类目设置是在《四库全书总目》的基础上进行增删而成的。该书目对后世影响极大，所收各书版本以当时常用、习见、易购、廉价为主要标准，或为单行本，或为丛书本，多为完整无缺、错误较少、可资参考的书籍，并不嗜古好僻，盲目追求宋元版本。这也正是该书目广受大众欢迎的原因所在。

五、藏书题跋

题跋，又叫跋文、书后、后记、题识等名称。其在绘画上出现较早，大约始于南北朝。在藏书中出现，大约始于唐代。例如韩愈《读荀子》、李翱《题燕太子丹传后》等就是后世所谓"跋"。

"跋"作为一种文体，正式出现于宋代。北宋欧阳修有《集古录》"跋尾"若干篇，赵明诚有《金石录》题跋502篇，由他们考证碑刻的文字篇章汇集而成。李清照的《金石录后序》，就是《金石录》的跋文，该题跋记录了他们夫妇刻意收集图书文物的艰辛历程，以及在"靖康之变"中颠沛流离、痛失藏品的哀痛经历，是一篇极尽家国身世之感的名作。

宋代以后，不少读书人都有题跋的习惯。一书读完，乘兴握管，写上几行感想，记录一些故实，再钤上一方藏书印章，朱墨灿然，令人爱不释手。

明代著名藏书家、出版家毛晋也喜欢题跋。他每刻一书，必有题跋数行，于是题跋成为"毛刻本"的重要特点之一。据统计，毛晋的题跋数量近300篇，《汲古阁书跋》有多种刊本行世。钱曾的《读书敏求记》，也是一部重要的书目题跋著作，素受推崇。该书有题跋600多则，为钱曾最负盛名之作，手稿最初名曰《述

---

① 徐有富．目录学与学术史［M］．北京：中华书局，2009：368.

古堂藏书目录题词》。此书之所以著名，在于该书不仅恢复汉以来私家藏书目录之解题传统，且为目录讲究版本、突出版本之风格奠定基础，成为赏鉴书志之先导，对后世版本目录学影响极大；而其所采用读书劄记之形式，又在目录体例上推陈出新，成为后人模仿之对象。另外，朱彝尊以计谋取该书之逸闻，更使《读书敏求记》声名大振，为人争相传抄，一睹为快，并以为收藏寻访秘籍之指南。①

清代王士禛在《香祖笔记》卷七中记载道："遯园居士言：'金陵盛仲交家多藏书，书前后副页上必有字，或记书所从来，或记他事，往往盈幅，皆有钤印。常熟赵定宇少宰阅《旧唐书》，每卷毕，必有碌字数行，或评史，或阅之日所遇某人某事，一一书之。冯具区校刻监本诸史，卷后亦然，并以入梓。前辈读书，游泳赏味处可以想见。'此语良然。"②

清代的题跋名家有何焯、吴焯、鲍廷博、钱大昕、吴骞、陈鳣、黄丕烈、顾广圻等。其中，黄丕烈的题跋在清代影响甚大，一本书有了他的题跋，顿时身价百倍。人们常说的"黄跋"，就是指黄丕烈的题跋。

黄丕烈每鉴别一部古书，总喜欢为之撰写题跋。这已成为黄丕烈藏书活动的一道重要程序。他的书跋中，多记其访书、抄书、校书、借书、唱和、聚散等内容。近代修纂的《续修四库提要》称其题跋"实事求是，蒐亡剔隐，一言一句，鉴别古人所未到。而笔诸书，既非如直斋之解题，又非如敏求之骨董，能于书目中别开一派。虽文笔颇多芜累，而溺古佞宋之趣，时流露于行间，宜其题记藏印之书，至今为人珍重也"。姚伯岳教授在《黄丕烈评传》中将其称之为"书话之滥觞""学术之札记"。他指出：现代盛行的书话体裁，无论在写作思想上，还是在文章技法上，都程度不同地受到了黄丕烈题跋的影响。许多书话作者都自觉不自觉地借鉴了黄丕烈题跋的风格和写法，甚至着意加以模仿。所以尽管题跋写作不自黄丕烈始，以图书为题材内容的题跋写作，在清代以及清代以前也不只黄丕烈一家，但人们仍愿意从黄丕烈题跋中找寻书话的源头，奉其为书话体文章的楷模。从对后世的影响来看，我们完全可以这样说：黄丕烈的题跋开创并完善了一种新的题跋类型，是现代书话的源头之一。③

① 钱曾.读书敏求记［M］.章珏，管庭芬，校订.上海：上海古籍出版社，2007：1.

② 王士禛.香祖笔记［M］.上海：上海古籍出版社，1982：139.

③ 姚伯岳.黄丕烈评传［M］.南京：南京大学出版社，1998：258.

黄丕烈的题跋为世人所重。根据韦力先生的统计："在光绪年间潘祖荫就搜集到了黄跋 351 篇，刻为《士礼居藏书题跋记》六卷，之后缪荃孙又搜集到 70 篇黄跋，而后刻为《士礼居藏书题跋续记》，江标则刻有《士礼居藏书题跋再续记》。民国年间，李文裿将收到的 28 篇黄跋刻为《士礼居藏书题跋补录》，而后缪荃孙将前三部书汇辑在一起，刻成了十卷本的《荛圃藏书题识》。此后，王大隆又在该书的基础上出版了《续录》和《再续录》等等。"[①]

不过，武汉大学曹之教授认为："明清题跋和宋跋明显不同：宋跋则兴之所至，信手拈来，如行云流水，自然天成，每多妙趣。明清题跋，尤其是清代题跋，重视传承、校勘和版本，下笔多深思熟虑，言不虚发，一篇题跋犹如一篇浓缩的考证论文。当然，坊本不在此列。"[②]

题跋的内容主要包括图书版本、藏书故事、书商逸事等。说明图书版本是题跋之大宗。其中有的说明版本特点，有的比较同书异本，有的说明校勘情况，有的说明鉴定方法，有的说明版本价值，有的是记述藏书故事，另外有一些题跋记录了书贾轶事。如此种种，既提升了图书的版本价值，也为后人留下了相关史料，对藏书史研究大有裨益。

第三节　藏书处所的格局与藏本的装潢、修补

能够称得上藏书家，往往会有独立的藏书场所，即藏书室。藏书室的设置和布局，与一般房屋的差别还是比较大的，需要特别重视防火、防潮、防蛀三个方面。此外，在藏书家比较有余力的时候，藏书的装潢与修补也是重要的藏书活动之一。

一、藏书室的格局

藏书室的格局，是指藏书房屋的布置布局。房屋是公私藏书不可缺少的条件。房屋的多少、大小、好坏，直接影响着藏书的安全与利用。我国古代在典藏方面

---

① 韦力.当代私家古旧书店寻访记·序言（中）[N].包商时报，2018–12–31（7）.
② 曹之.中国古代图书文化史[M].武汉：武汉大学出版社，2015：327.

卓有成就者，都十分重视房屋建筑。藏书房屋的建筑，应当注意防火、防盗、通风、采光、便于保管、利于使用等原则。明代的藏书家在建筑藏书楼以及防火、防潮、防蠹方面积累了不少宝贵的经验，非常值得我们借鉴和学习。

首先要防火。藏书楼以防火为第一要务，明末钱谦益的绛云楼即因此而消亡。明代嘉靖年间建造的天一阁，历经四百余年至今岿然独存，其防火经验值得学习。其一，藏书楼与生活区域相距较远；其二，有严格的防火措施，任何情况下不得携火种进入藏书楼；其三，阁内有水池，以备意外发生；其四，阁两旁有较高墙垣，以防邻居失火延烧。另外，与天一阁同时代的，浙江金华藏书家虞守愚，将藏书楼筑于水池中央，若需登楼，则以小舟为渡，夜则去舟，使人无法登楼。[1] 此举对于防火极为有效。

据《晚晴簃诗汇》卷 193 记载："黄鹤，字含山，吴山玄妙观道士……善饮，工画兰竹，兼通庄老之学。吴山书肆有褚伯秀《南华经义海纂微》，力不能购，假归，手录竟一百六卷。所居遭吴回之变，生平撰述，荡为灰烬。晚年课蒙自给，卒以穷死。法裔仰青屿为刻烬馀稿，亦其鳞爪而已。"[2] 由于这位道长平时太不注意防火，导致辛辛苦苦抄回来的书，还有自己写的书，都烧没了，甚为可惜。不过也可知古代民居多为木质结构，读书抄书多用蜡烛油灯，三餐炊饭尽用柴火，防火为难事也。对私家藏书而言，藏书室很难做到像皇家藏书、官府藏书那样环境优越，只能自己多多注意防火。

其次是要防潮。南方湿气重，除了秋季较为干爽之外，其他季节均比较潮湿，藏书极易发生霉变。范钦设计的天一阁，为一排六开间的两层楼房，前后均有窗户。楼上藏书处为一大通间，中间用书橱隔为六处，书橱又可双面打开。所以当江南梅雨季节时，可密闭门户，以防潮气侵入；等梅雨过后，打开窗户、书橱，通风除湿。另外，梅雨季节到"中伏"[3]期间，藏书均要打开晾晒，防潮驱虫。这种行为称之为"曝书"。古代传说农历七月七日，天门洞开，阳光强烈，是龙王爷"晒鳞日"。人们多在此日曝晒衣服、棉被之类，以防虫蛀。寺院僧人还要举行仪式，

---

① 顾志兴．浙江藏书史［M］．杭州：杭州出版社，2006：903.

② 徐世昌．晚晴簃诗汇［G］．北京：中华书局，1990：8892–8893.

③ 中伏，是指夏季最热的一段时间，三伏的第二伏，也称二伏。通常指从夏至后第四个庚日起到立秋后第一个庚日前一天的一段时间。

曝晒经书，称"晒经法会"。读书人也往往在这一天曝晒书籍。

祁承㸁的澹生堂也特别注重防潮，在家信中特意叮嘱："（底层）离基地二尺许，用阁栅地板，湿蒸或不能上。……前面只用透地风窗，以便受日色之晒。……此楼之制，既欲其坚固，又欲其透风。"①

此外，胡应麟的二酉山房藏书楼，"屋凡三楹，上固而下隆其阯，使避湿；而四敞之，可就日"②。是说藏书楼的屋子面阔三间，屋顶坚固，地基抬高，这样可以减轻湿气。藏书楼四周可以敞开，藏书尽量保藏在离太阳近的地方（指屋子的南边）。

再次是要防蠹，即蠹鱼、纸鱼、书鱼。这种小虫会蛀蚀图书，对藏书破坏极大。为使藏书得以长久保存，防蠹、灭虫是极其重要的。通常采用防蠹纸、芸草（灵香草）等物，协助防蠹护书。

明代在书籍防蠹方面有着重大的贡献，即广东南海（今佛山市）发明了一种叫作"万年红"的防蠹纸，据中国历史博物馆防蠹纸研究小组《对明清时期防蠹纸的研究》（《文物》1977 年第 1 期）及刘启伯《古籍防蠹》（载《四川图书馆学报》1979 年第 3 期）等文综合介绍：所谓防蠹纸，是纸上涂有用铅、硫黄、硝石等化合而成的橘红色粉末物质铅丹（亦称红丹），其主要化学成分是四氧化三铅，蠹虫接触铅丹就会死亡。同时四氧化三铅在空气中化学性能稳定，可以较长时期防止蠹鱼蛀蚀书籍。当时广东所刻书，在扉页和封底各装一页，以作防蠹之用。

此外，范氏天一阁采用芸草辟蠹也颇有效果。芸草辟蠹其来已久。据沈括《梦溪笔谈》卷三"芸草辟蠹"条目云："古人藏书辟蠹用芸。芸，香草也，今人谓之七里香是也。叶类豌豆，作小丛生，其叶极芬香，秋后叶间微白如粉污，辟蠹殊验，南人采置席下，能去蚤虱。余判昭文馆时，曾得数株于潞公家，移植秘阁后，今不复有存者。香草之类，大率多异名，所谓兰荪，荪，即今菖蒲也，蕙，今零陵香是也，茝，今白芷是也。"③

北宋邵博《邵氏闻见后录》中也说："芸草，古人用以藏书，曰'芸香'是

---

① 傅璇琮，谢灼华.中国藏书通史［M］.宁波：宁波出版社，2001：703–704.

② 胡应麟.少室山房笔丛［M］.上海：上海书店出版社，2009：26.

③ 沈括.梦溪笔谈［M］.上海：上海古籍出版社，2015：15.

也。置书帙中即无蠹，置席下即去蚤虱。"①另据《文汇报》1982 年 8 月 8 日称，天一阁防蠹所用之芸草，经研究实为广西产的一种中药材"灵香草"。天一阁主人范钦在广西做官时，曾经采用这种草以防蠹护书。直至今日，这种草还应用于古籍保护中，放置于古籍库房，可以起到一定的驱虫效果。

另外，明代福建的藏书家谢肇淛认为，采用物理方法防蠹最管用。他在《五杂俎》卷九《物部》中说："岭南屋柱，多为虫蠹。入夜则啮声刮刮，通昔搅人眠。书籍蟫蛀尤甚，故其地无百年之室，无五十年之书。"②所以，"书中蠹蛀，无物可辟，惟逐日翻阅而已。置顿之处，要通风日，而装潢最忌糊浆厚裱之物。宋书多不蛀者，以水裱也。日晒火焙固佳，然必须阴冷而后可入笥。若热而藏之，反滋蠹矣"③。明代出版家、藏书家毛晋书籍防蠹是采用伏天糊裱，书用厚衬料，压平伏。裱面用洒金墨笺，或石青、石绿、棕色紫笺，内用科举连裱。装裱浆糊用小粉、川椒、百部等草药细末拌之，皆可防蛀。④

最后是要防鼠。鼠啮虫穿，对藏书的危害性甚大。明清时藏书家常常想方设法，利用各种药物防害手段以防虫防鼠。如清代藏书家孙从添在《藏书纪要》中总结了自己防治虫鼠之害的经验，认为"柜顶用皂角炒为末，研细，铺一层，永无鼠耗。恐有白蚁，用炭屑、石灰、锅锈铺地，则无蚁。柜内置春画、辟蠹石，可辟蠹鱼。供血经于中以辟火。书放柜中或架上，俱不可并，宜分开寸许。放后亦不可放足。书要透风，则不蛀不霉"⑤。这些方法，有些措施是有道理的，有些措施从今天的视角来看，如"置春画""供血经"等，显然是没有任何科学依据的，需要我们批判地扬弃与吸收。又如叶德辉在《藏书十约》中介绍了防治虫鼠之害的一些办法，说："橱下多置雄黄石灰，可辟虫蚁。橱内多放香烈杀虫之药品，古人以芸草，今则药草多矣。肉桂、香油或嫌太贵，西洋药水药粉品多价廉，大可随时收用。食物引鼠，不可存留。"⑥

① 邵伯温，邵博.邵氏闻见后录［M］.上海：上海古籍出版社，2012：262.
② 谢肇淛.五杂俎［M］.南京：中央书店出版社，1935：44.
③ 谢肇淛.五杂俎［M］.南京：中央书店出版社，1935：49–50.
④ 傅璇琮，谢灼华.中国藏书通史［M］.宁波：宁波出版社，2001：705–706.
⑤ 任松如.四库全书答问［M］.上海：上海科学技术文献出版社，2016：284.
⑥ 叶德辉.书林清话（外一种）［M］.陈小林，点校.杭州：浙江人民美术出版社，2016：463.

中国古代藏书家关于藏书室的设计，以及防火、防潮、防蠹、防鼠的措施，在当时还是比较有效的。当然，在今日看来，已经有更加科学和先进的技术方法来处理这些问题，但在当时确是一种创造，并适应当时的环境和技术水平。

二、藏本的装潢

"装潢"一词始见于南北朝时期，后为历代习用，泛指对纸质书籍与书画的保护、保存方法。与此相关联的词还有"装裱""装池""装订"等。就工艺层面而言，完备意义上的装潢，除图书装订外，还包括书具如函套、书匣、书箱等的设计与制作。而就艺术层面来说，装潢还包括装饰的含义，即怎样使书变得更为美观。装潢是技术，也是一种艺术，它与图书本身的书法、雕版等一起构成了书籍的艺术性元素。

唐代张彦远《历代名画记》载："自晋代以前装背不佳，宋时范晔始能装背。"[1]这表明南北朝时期为我国装潢技术的萌芽阶段。我国古代书籍装潢、修复与书法绘画的装裱修复，在历史发展初期并无区分。至唐末两宋时期，书籍装帧形式由卷轴逐渐过渡为册页形制，书籍与书画的装帧修复工艺才开始逐渐分离。然而它们毕竟同宗同源，即使分别发展，亦始终有着诸多相同、相通和彼此借鉴之处。因此探讨我国书籍修复发展与思想，必然离不开探讨我国书画装裱修复的发展。[2]因此，广义上的藏本装潢，是包括了古籍修复的。古代装潢既包含了书籍制作过程中的装帧工艺，又包含了破损书籍的修补工艺。鉴于"古籍修复"下文有专节阐述，这里把藏本装潢主要定位于狭义的"装帧"上。

中国古代书籍装潢形态十分丰富，从"著于竹帛谓之书"开始，编以书绳，聚简成篇的简策装已有了早期的装潢意识与设计实践。之后的帛书、卷轴装、旋风装、经折装、蝴蝶装、包背装、线装等形态，既展现了中国书籍史的发展演变，也从艺术上展示了书籍的不同装潢特点。同时，这种演变又深受当时政治、经济、文化发展的影响，书籍的装潢演变形态是不同社会物质条件的反映，折射了不同时期书籍生产和收藏的背景与境况。

---

① 张彦远. 历代名画记［M］. 上海：上海人民美术出版社，1964：57.
② 王蕾. 清代藏书思想研究［M］. 桂林：广西师范大学出版社，2013：259.

古籍图书的具体装潢形式主要有：

卷轴装：按顺序将书页粘接后，末端粘接木制或其他材料制成的圆轴，首端粘接细木杆，然后以尾轴为轴心向前卷收，成为一束的装帧形式。卷轴装始于帛书，隋唐纸书盛行时应用于纸书，以后历代均沿用，现代装裱字画仍沿用卷轴装。

梵夹装：古藏文书籍的主要装帧形式。梵夹装按顺序将写好文字内容的贝叶或长方形纸页摞好，上下各用一块板夹住，再打洞系绳。这是我国古代对从西域、印度引进的梵文贝叶经特有装帧形式的称谓。

经折装：按顺序将书页粘接后，按一定的尺寸左右反复折叠，再粘贴书衣。由于唐代佛经、道经长期使用这种形式，因此人们将其称为经折装。

旋风装：唐代中叶已有此种形式。旋风装由卷轴装演变而来。它形同卷轴，由一长纸做底，首页全幅裱贴在底上，从第二页右侧无字处用一纸条粘连在底上，其余书页逐页向左粘在上一页的底下。书页鳞次相积，阅读时从右向左逐页翻阅，收藏时从卷首向卷尾卷起。这种装订形式卷起时从外表看与卷轴装无异，但内部的书页宛如旋风，故名"旋风装"。展开时，书页有如鳞状有序排列，故又称"龙鳞装"。旋风装是我国书籍由卷轴装向册页装发展的早期过渡形式。

蝴蝶装：将写、印好的书页有字的页面对折，折边朝右，形成书背，然后把折边逐页粘连在一起，再用一张书皮包裹书背。翻阅时书页版心居中，翻开摊在桌上就像蝴蝶展翅，故称"蝴蝶装"。《明史·艺文志》记载："秘阁书籍皆宋、元所遗，无不精美。装用倒折，四周外向，虫鼠不能损。"

包背装：是将写、印好的书页以无字的一面对折，折边朝左，余幅朝右形成书脊，再打眼，用纸捻把书页装订成册，然后用一张书皮包裹书背的装订方式。张铿夫在《中国书装源流》中说："盖以蝴蝶装式虽美，而缀页如线，若翻动太多终有脱落之虞。包背装则贯穿成册，牢固多矣。"因此，到了元代，包背装取代了蝴蝶装。包背装与蝴蝶装的主要区别是它对折页的文字面朝外，背向相对。两页版心的折口在书口处，所有折好的书页，叠在一起，戳齐折口，版心内侧余幅处用纸捻穿起来。用一张稍大于书页的纸贴书背，从封面包到书脊和封底，然后裁齐余边，这样一册书就装订好了。包背装解决了蝴蝶装开卷就是无字反面以及装订不牢的弊病。但是包背装仍是以纸捻装订，包裹书背，因此也还只是便于收藏，经不起反复翻阅。

线装：是将写、印好的书页以无字的一面对折，折边朝左，余幅朝右形成书脊，加装书皮，然后用线把书页连书皮一起装订成册，订线露在外面。线装与包背装在折页方面没有任何区别，但跟蝴蝶装、包背装不同的是，它的装订不用浆糊，而是用线。这一装帧形式在现代书籍中也很常见。

金镶玉：以白色衬纸衬入对折后的书页中间，超出书页天、地及书背部分折回与书页平，以使厚薄均匀，再用纸捻将衬纸与书页订在一起。因为旧书纸页多为黄色，似金；而衬纸是白色的新纸，洁白柔软如玉。所以将其称为"金镶玉"。这种装帧方法多用于古籍修复。

此外要特别推荐两次古籍装潢大展，目前已有专书出版。台北"故宫博物院"出版有《护帙有道：古籍装潢特展》一书，此书起源于台北"故宫博物院"的一次展览。该院珍藏善本古籍 21 万余册，源自清宫旧藏者约 14 万册。其余 7 万册则是该院成立迄今，积累数十年征集所得。因此，官刻本与坊间出版品俱丰，加之清代版图辽阔，与周边民族交往密切，形成该院藏书的多元风貌。就书籍装潢风格而言，清宫旧藏大多用料华贵，制作更是考究。至于传统民间书坊出版品，则配合文人风尚，以朴实古雅为重；而来自域外日本、朝鲜、南亚等汉文古籍，则各富当地特色。由于该院所藏书籍的年代跨越 10 世纪末至 20 世纪初，因此保存有各时代装潢特色，反映了千年以来传统华夏书籍外观的递嬗变迁。该展览分为"装潢、装裱与装帧""古籍与装潢""极其瑰致""朴实庄重"四个单元。"装潢、装裱与装帧"说明古籍装潢在不同时代的意义；"古籍与装潢"由简牍说起，述说古籍的各种形制；"极其瑰致"精选旧藏，展示清宫藏书华贵典雅、精巧极致的特殊风格；"朴实庄重"则以明清藏书名家等收藏为本，勾勒藏书家眼中的护帙之道。[①]

上海图书馆出版有《缥缃流彩——上海图书馆藏中国古代书籍装潢艺术》一书。2018 年 11 月 1 日至 18 日，上海图书馆举办了一场名为"缥缃流彩：中国古代书籍装潢艺术馆藏精品文献展"的图书大展，展示了许多馆藏中难得一见的精品，完美地诠释了古籍装潢之美。为了配合此次展览，上海图书馆特地编撰了

---

① 宋兆霖，卢雪燕．护帙有道：古籍装潢特展［M］．台北"故宫博物院"，2014.

《缥缃流彩——上海图书馆藏中国古代书籍装潢艺术》一书，供参考。《缥缃流彩——上海图书馆藏中国古代书籍装潢艺术》不仅收录了展览中的所有展品，还加上几十余件未能出现在展览现场的古代图书珍品，每件还以多个角度呈现，特别是题跋部分、装潢特色都通过图片的方式一一呈现，整本书历时近半年，拍摄了近 2500 张照片，从中精选出 1600 余张做成图录，极具文献、鉴赏和收藏价值。本次展览分为"护帙篇""书衣之美""饰观篇""书具之美"四部分。①

三、藏书的修补

随着时间的推移，保存条件的限制，藏书往往会出现破损、虫蛀、霉烂等情况，此时就需要做修补。中国书籍修复技术，是中华传统文化中一项历史悠久的传统技艺。在我国漫长的书籍发展历史中，它与之相伴而生，相依而存，至今已流传 1000 多年的历史。书籍于人类文化发展而言，既是重要的载体，亦是极为脆弱的载体。从历代典籍聚散存亡的曲折历史来看，正是有修复这门不断发展的技术，才于危难破败之中，挽救和恢复了无数珍贵典籍的原貌，使这些典籍得以世代延续。修复既是一项技术，又蕴含着丰富的书籍保护思想，因此修复与保护两者密不可分，可以说修复技术与思想是我国古代藏书保护思想与理论的重要组成部分，须在各个历史发展阶段得到继承与发扬。②历史上众多工匠艺人在装订修复书籍的长期劳动中积累了丰富的经验，逐渐形成了一门专门的工艺。古籍修复技术是保护历代古籍完整流传至关重要的一环。

中国古代的装订修复技术与书籍装帧的发展是相辅相成的，从简牍到纸制卷轴装，从经折装到蝴蝶装，从包背装到线装，既有历史的继承性，又有创新与改革。经过千年的发展历程，书籍形式的每一次变化，书籍的每一道制作工序，每一种装帧形式的改进，都与长久保存书籍、方便阅读和传播有着重要的关联，同时也体现着我们祖先的智慧和创造。③

国家图书馆古籍馆善本部胡玉清研究员认为：据史料记载，早在唐代的宫廷

① 上海图书馆.缥缃流彩——上海图书馆藏中国古代书籍装潢艺术［M］.上海：上海书画出版社，2018.

② 王蕾.清代藏书思想研究［M］.桂林：广西师范大学出版社，2013：258.

③ 王晨敏.中国古籍修复的历史与现状［J］.书香两岸，2012（9）：10.

里就已经出现了专门修复古籍的技术人员，并成为唐代的六种待诏之一。当时只是将破损的书册用纸进行粘补或用麻线缝合，技法粗陋而质朴。唐代后，古籍修复受到书画装裱的影响，技术上有了一些突破。但是，当时为了防腐、防虫和保持纸面平整，书画装裱常向浆糊、纸张中加矾，而矾会加剧纸张酸化，大大缩短了纸张的寿命。所以，那个时期的古籍修复技艺还处在一个摸索的阶段，很多修复方法在今天看来是不科学的，还有可能对古籍造成毁灭性的破坏。[①]

我国古代修复技术伴随书画的产生而产生，是装潢技术的一部分。古籍修复作为一项细致的手工操作技术，至清代乾嘉年间发展完善。我们今天所见的古籍修复技术，都是在这个基础上发展而来的。它涉及修复工具、材料，修复装订技法以及修复的原则。至于详细的藏书修补方法与过程，已多有专书出版，此处不赘述。

---

① 古籍修复的历史可以追溯至唐代［N］.经济日报，2009-04-05（7）.

第八讲

藏书文化的继往与开来

"传先哲之精蕴，启后学之困蒙"，中华民族有着历久弥坚的文化认同心理，这种文化认同的心理促使人们高度重视历史文化遗产，而注重保藏、传承文化典籍便是这种文化心态突出的行为表象。[①]在绵延五千年的中华文化中，藏书文化犹如一条滔滔大河，汇聚私人藏书、宫廷藏书、官府藏书、书院藏书、寺观藏书等条条支流，所构成的文化特质，所蕴含的人文内涵，所做出的历史贡献，浸润了一代代炎黄子孙。时至今日，倡导构建"书香家庭"，无疑构建了一幅中国藏书文化落脚并生长于普通家庭的美好蓝图。

第一节　中国藏书的文化特质及其人文内涵

中华文化源远流长的体现之一，就是历劫传世至今的文献典籍。而历朝历代相沿不绝的藏书活动是文献典籍得以流传的坚强支柱之一，且富有深厚的人文内涵。

一、保护民族文化与"自怡"

私人藏书是中国古代藏书体系的重要分支。历代藏书家们葆有两种文化心态，其一是珍护民族文化的主要载体——书籍，其二是以藏书为手段来满足自身的需求。这两点构成了中国藏书文化的特质及人文内涵之——保护民族文化与

---

① 吴怀祺. 中国史学思想通论·历史文献学思想卷［M］. 福州：福建人民出版社，2011：86.

"自怡"。①

藏书家珍惜民族文化，保护书籍要从"聚书"这一行为说起。周代时，在国家藏书之外，已然涌现了一批早期私人藏书家。《庄子·天下篇》记载，战国时期思想家惠施有书五车，后人常用"五车书"来形容个人藏书之富。《墨子·贵义》记载："子墨子南游使卫，关中载书甚多"，表明墨子南游卫国之时，随行带了很多书。孔子周游列国之时，注意收集鲁、夏、商、周等国的典籍文献，为晚年删订《六经》打下了良好基础。

秦始皇颁布"挟书令"，直到汉惠帝四年（公元前191年）正式废除"挟书令"，民间藏书得以合法化，私人藏书渐渐增多。西汉时，王公贵族及朝廷官员的聚书行为时见记载，据《汉书·景十三王传》记载：

河间献王德，以孝景前二年立，修学好古，实事求是，从民得善书，必为好写与之，留其真，加金帛赐以招之。由是四方道术之人不远千里，或有先祖旧书，多奉以奏献王者，故得书多，与汉朝等。是时淮南王安亦好书，所招致率多浮辩。献王所得书皆为古文先秦旧书，《周官》《尚书》《礼》《礼记》《孟子》《老子》之属，皆经传说记，七十子之徒所论，其学举《六艺》，立《毛氏诗》《左氏春秋》博士，修礼乐，被服儒术，造次必于儒者，山东诸儒者多从而游。②

由此可见，刘德重金求书，以至文献可与汉宫廷藏书相提并论。

亦有藏书家以满足个人兴趣而进行某一方面书籍专藏的记载，如《汉书》记载乐师窦公家藏音乐方面的书籍："汉兴，制氏以雅乐声律，世在乐官，颇能纪其铿锵鼓舞，而不能言其义。六国之君，魏文侯最为好古，孝文时得其乐人窦公，献其书，乃周官大宗伯之大司乐章也。"③

东汉时，书籍流通逐渐扩大，私人藏书逐渐兴盛，藏书家开始以箧（竹制小箱子）将书籍分类放置。其时，曹曾家藏书万余卷，"及世乱，家家焚庐。曾虑先文湮没，乃积石为仓以藏书，号'曹氏书仓'"④。

三国两晋时，社会动荡，不少人避世读书、藏书，私人藏书见于记载者多于

① 来新夏. 藏书家文化心态的共识与分野［J］. 博览群书，2003（8）：97–100.

② 康有为. 新学伪经考［M］. 北京：中华书局，2012：120–121.

③ 康有为. 新学伪经考［M］. 北京：中华书局，2012：79.

④ 解缙. 永乐大典全新校勘珍藏版［M］. 北京：大众文艺出版社，2009：2278.

两汉。尽管当时书籍还是靠手抄，得之不易，但仍有不少藏书家聚集了大量书籍，如西晋华恒家无余财，唯有书数百卷，搬家时"载书三十乘"。

南北朝时，由于用纸书写的流行，私人藏书量得以增大。其时任昉、沈约等藏书家所藏颇丰，且多为世人罕见秘籍。有史料记载：昉博学，于书无所不窥。家虽贫，聚书至万余卷，率多异本；沈约好图书，家有藏书20000卷，京城无人可比。

隋唐两代国力强盛、文化发达，整个社会对典籍需求的迫切和典籍在社会流传的便利性，使读书人逐步积累典籍而成为藏书家。而典籍数量增多、品种多样，装帧形式不一，又促使藏书家讲求藏书校勘、编目和收藏。一方面，部分藏书家的藏书数量和品种超越前代，并追求藏书特色，致力于形成自己的特藏。另一方面，为使阅读和查考方便，部分藏书家着力于编写藏书目录。如隋代许善心在遍读家藏万余卷书籍基础上，不仅多闻广识，为时人称颂，还仿《七录》而著《七林》，成为隋代私人目录的上乘之作。唐代大藏书家中既有官吏、文学家、诗人，还有分封于各地的诸王以及任职于各州的地方官吏，最显著的特点是藏量增多、质量提高。如苏弁"聚书至二万卷，手自雠定，当时称与祕府埒"[1]，颜师古家"多藏古图书、器物、书帖"[2]，收藏范围扩大至法书名画。

此一时期，藏书家会对所藏典籍进行校正、整理。有些藏书为方便使用，重新誊写书籍，甚至进行系统归纳、分类、组织，编纂私家藏书目录如吴兢《西斋书目》1卷、杜信《东斋籍》20卷、蒋彧《新集书目》1卷等，均已亡佚。也是在这一时期，建筑书楼逐渐普遍，如节度使田弘正建书楼并聚书万余卷，李沁不仅构筑书楼，积至30000余卷，并用红、绿、青、白牙签分别标示经、史、子、集，以区分其"端居室"藏书。

宋代时，一方面随着雕版印刷的普及、活字印刷的发明，为书籍的聚集提供了极大方便；另一方面随着书院的大量出现，既讲学，又刻书、藏书，培养了一大批藏书家的后备军——知识阶层，加之春秋战国以来的私人藏书已经积累了相当多的旧藏，藏书风气也在士大夫阶层逐渐形成。在此背景下，私人藏书得以

---

① 欧阳修，宋祁.新唐书［M］.北京：中华书局，1975：3993.

② 欧阳修，宋祁.新唐书·卷一百八十九［M］.北京：中华书局，1975：5642.

大发展。其时，藏书家的主要藏书来源有购买和抄录两种。周密《齐东野语》卷二十载："吾家三世积累，先君子尤酷嗜，至鬻负郭之田以供笔札之用，冥搜极讨，不惮劳费，凡有书四万二千余卷，及三代以来金石之刻一千五百余种，庋置书种、志雅二堂，日事校雠。"①《宣和书谱》卷六记陈景元"自幼喜读书，至老不倦，凡道书皆亲自校写，积日穷年，为之疴偻。每著书，十袭藏之，有佳客至，必发函具铅椠出客前，以求点定，其乐善不已复如此"②，其晚年隐居庐山，"四方学者从其游，则随所类斋馆，相与校雠"。

宋代藏书家为了借阅之需，还会抄录副本。如苏颂《龙图阁直学士修国史宋公神道碑》曰："（宋敏求）家书数万卷，多文庄（杨徽之）、宣献（宋绶）手泽，与四朝赐札，藏秘惟谨。或缮写别本，以备出入。"③陆游《书巢记》曰"吾室之内，或栖于椟，或陈于前，或枕籍于床，俯仰四顾，无非书者"④，晚年又自谓"力穑输公上，藏书教子孙"，希望以藏读传家，惠及子孙。尤袤"嗜好既笃，网罗斯备"，认为藏书"饥读之以当肉，寒读之以当裘。孤寂而读之以当朋友，幽忧而读之以当金石琴瑟也"⑤，甚至抄书每至脱腕。杨万里曾描述尤袤勤于抄书的情景："延之每退，则闭户谢客，日计手抄若干古书，其子弟亦抄书……其诸女亦抄书。"⑥由于尤袤曾任国史馆编修等职，有机会阅读三馆秘阁书籍，能够抄录到一般人难得一见的书籍，因此其藏书不乏珍本、善本。尤袤将所藏图书"汇而目之"，编成《遂初堂书目》，共收录图书3000余种，分为44类，对四部体系做了调整，开创了中国古代书目著录版本的先例。

元代私人藏书远不及宋代兴盛，及至明代，刻书事业空前繁荣，书坊林立，为文人学士出书、购书提供了极大便利，书籍交易十分繁忙。不仅藏书家数量大增，藏书家的学识也空前提高。邱浚认为藏书是"万年百世之事""今世赖之以知古，后世赖之以知今"。高濂提出："藏书以资博洽，为丈夫子生平第一要事"。

---

① 叶德辉.书林清话［M］.北京：中华书局，1957：297.

② 孟元老.东京梦华录笺注·卷八［M］.北京：中华书局，2007：825.

③ 傅璇琮，祝尚书.宋才子传笺证 北宋前期卷［M］.沈阳：辽海出版社，2011：686.

④ 曾枣庄，刘琳.全宋文·第三百三十四册［M］.上海：上海辞书出版社；合肥：安徽教育出版社，2006：100.

⑤ 王梓材，冯云濠.宋元学案补遗·卷二十五［M］.北京：中华书局，2012：1700.

⑥ 傅璇琮，祝尚书.宋才子传笺证 北宋前期卷［M］.沈阳：辽海出版社，2011：436.

祁承爍《澹生堂藏书约训》总结了自己一生读书、聚书、藏书的经验和心得，其中对于购书一事，认为有"三术"——"眼界欲宽，精神欲注，心思欲巧"。徐燉曾在《读书乐》中自述藏书之乐："余尝谓人生之乐，莫过闭门读书，得一僻书，识一奇字，遇一异事，见一佳句，不觉踊跃。虽丝竹满前，绣罗盈目，不足喻其快也"①。

得益于印刷出版的空前发展及对明代私人藏书的继承，清代堪称封建社会私人藏书鼎盛时期，不论是藏书的数量还是质量，都居历朝历代首位。而其种类的多样性，分布的广泛性，对于文化发展、知识普及和社会文化水平的提高都发挥了积极作用。

清初藏书家除抄录、购买新书外，部分继承家族藏书，部分收购明代藏书家因变故而散出的藏书。祁承爍澹生堂藏书起自祖父祁清，但仅是小有收藏，大规模聚书始自祁氏自己。祁氏曾撰《藏书约》训示子孙要世代珍藏所藏图书，但天不遂人愿，明末乱世，藏书少许被窃，康熙初年家道中落，藏书开始散出。朱彝尊《静志居诗话》卷十六记："参政富于藏书，将乱，其家悉载至云门山寺，惟遗元明来传奇，多至八百余部，而叶儿、乐府、散套不与焉。予犹及见之。其手录群书目八册，今存古林曹氏。寺中所储，已尽流转于姚江、御儿乡矣。"②康熙五年（1666 年），黄宗羲至化鹿寺（澹生堂藏书庋藏之所）挑书三天三夜，《南雷文定》"天一阁藏书记"记载：祁氏旷园之书……乱后迁至化鹿寺，往往散见市肆，丙午余与书贾入山翻阅三昼夜，余载十捆而出，经学近百种，稗官百十册，而宋元文集已无存矣。途中又为书贾窃去卫湜《札记集说》《东都事略》。③

同样购买 3000 余本祁氏藏书的吕留良有感于祁氏藏书散出，曾作《得山阴祁氏澹生堂藏书》诗，曰："阿翁铭识墨犹新，大担论斤换直银；说与痴儿休笑倒，难寻几世好书人。宣绫包角藏经笺，不抵当时装订钱；岂是父书渠不惜，只缘参透达摩禅。"

与澹生堂命运类似的，还有项氏万卷楼，李氏得月楼、焦氏澹园。有"失"必有"得"，"得"书者除黄宗羲、吕留良外，还有徐乾学、季振宜、朱彝尊、王

① 马良春，李福田. 中国文学大辞典：第 7 卷 [M]. 天津：天津人民出版社，1991：4906.

② 朱彝尊. 静志居诗话 [M]. 北京：人民文学出版社，1990：495.

③ 黄宗羲. 南雷文定前后三四集 [M]. 台北：台湾商务印书馆，1970：12.

士祯等。

"浙西词派"开创者朱彝尊建有曝书亭，与曹溶静惕堂、赵氏兄弟小山堂同为浙西三大著名藏书楼。朱彝尊的藏书过程颇为艰辛，藏书来源主要为家传、购买、借抄和赠送。据其《曝书亭著录·序》曰：

> 先太傅赐书，乙酉兵后，罕有存者。予年十七，从妇翁避地六迁，而安度先生九迁，乃定居梅会里。家具率一艘，研北萧然，无书可读。及游岭表归，阅豫章书肆，买得五箱，藏之满一椟。既而客永嘉，时方起《明书》之狱，凡涉明季事者，争相焚弃。比还，问囊所储书，则并椟亡之矣。其后留江都者一年，始稍稍收集。遇故人项氏子，称有万卷楼残帙，畀以二十金购之。时曹侍郎洁躬、徐尚书原一，皆就予传抄。予所好愈笃，几束修之入，悉以买书。及通籍，借抄于史馆者有之，借抄于宛平孙氏、无锡秦氏、昆山徐氏、晋江黄氏、钱塘龚氏者有之。主乡试而南还里门，合计先后所得，约三万卷。先人之手泽，或有存焉者。归田之后，续收四万余卷。又上海李君赠二千五百卷。于是拥书八万卷，足以豪矣。顾其间有借失者，有窃去者，有残阙者；昔之所有，俄而亡之。其存者，皆予观其大略者也；予子昆田亦能读之。杼柚之屡空，庖廪之不给，而哦诵之声恒彻于户外。蠹字之鱼，衔姜之鼠，漫画之鸟，不足喻其癖也。盖将以娱吾老焉。[①]

得益于明末至清初学风的转变，考据、校勘、辑佚之学形成，藏书、版本、目录之学蔚然成风。清乾嘉时期，藏书家更加讲究藏书特色，注重收藏宋元旧刻、明代精刊及名家手抄，极大提升了藏书质量，形成了区域特色。

纵观历朝历代，有藏书者沉湎青缃，蠹鱼岁月，将聚书当作收集古董玩物看待的。但更多的藏书家聚书、藏书是出于对书籍的喜爱，是一种兴趣，或由兴趣发展成的积习。古代藏书家大都将个人藏书视为私有财富，经年累月聚书，多方求购、抄补，并建立藏书楼以期永久封闭保存。唐代杜暹言"清俸买来手自校，子孙读之知圣道，鬻及借人为不孝"[②]，道出了聚书的艰辛，并认为子孙后代卖书或者将书借与他人都是不孝。持有同样观点的，还有元代书法家赵孟頫，他曾在所藏图书卷末自题："吾家业儒，辛勤置书，以遗子孙，其志何如。后人不读，

---

① 朱彝尊.曝书亭集［M］.北京：商务印书馆，1935：序.

② 叶德辉.书林清话·卷十［M］.北京：中华书局，1957：288.

将至于鬻，颓其家声，不如禽犊。苟归他室，当念斯言，取非其有，毋宁舍旃"①。

虽然这是封建社会物质文明所有者落后的一面，但历代藏书家"自怡"的藏书行为着实为保存民族文化贡献了一己之力，不仅积累了前代文化遗产，还对前代遗产加以整理，使之保存得更加完整，利于后世使用。如天一阁藏书为后世留下了明代史料和地方史志著作，脉望馆保存了元明以来的戏典作品数百种，杭州丁氏兄弟在战乱中仍多方搜求文澜阁《四库全书》，并尽力补抄《四库全书》。

此外，私人藏书作为国家藏书的补充，也是功绩显著的。如《梁书·任昉传》记载："昉坟籍无所不见，家虽贫，聚书至万余卷，率多异本。昉卒后，高祖使学士贺纵，共沈约勘其书目，官所无者，就昉家取之。"②

又如清代修《四库全书》，向社会广征遗书，共征集书籍12230种。乾隆三十九年（1774年）五月十四日的谕旨中说：

浙江之鲍士恭、范懋柱、汪启淑，两淮之马裕四家，为数至五六七百种，皆其累世弄藏，子孙恪守其业，甚可嘉尚……着赏《古今图书集成》各一部，以为好古之功。又如进书一百种以上之江苏之周厚堉、蒋曾莹，浙江吴玉墀、孙仰曾、汪汝瑮以及朝绅中黄登贤、纪昀、励守谦、汪如藻等，亦俱藏书旧家，并著每人赏给内府初印之《佩文韵府》各一部，俾亦珍为世宝，以示嘉奖。以上应赏之书其外省各家，着该督抚盐政派员赴武英殿领回分给。其在京各员，即令其亲赴武英殿只领，仍将此通谕知之。钦此！③

由此可见，藏书家积极响应号召，献出私藏典籍，有效补充了国家藏书的种类和内容，对中华文化的保存和发展大有助益。

寺观藏书也同样有着保存民族文化的特质。佛寺藏书与汉传佛教寺院的建立和译经活动的兴起息息相关，众多稍具规模的寺院都设有藏经阁。僧人不仅每日诵经修行，还要珍藏、翻译从西域传入的原始佛典，于此，佛寺藏书自然形成。与此同时，为方便翻译佛典，亦需要常备一些参考书籍，僧人们对佛典加以诠释、注解、疏通，并编写僧史之类的介绍、宣传著作等，从而形成了一些新的佛教文献，藏书不断得到充实和发展。正是由于历代僧人悉心搜集、翻译、整理、刊刻

---

① 叶德辉.书林清话·卷十 ［M］.北京：中华书局，1957：289.

② 姚思廉.梁书 ［M］.北京：中华书局，1973：254.

③ 李斗.扬州画舫录 ［M］.北京：中华书局，1980：89.

佛经，才使大量珍贵佛教经典得以流传，其中不乏具有极高收藏和使用价值的孤本、珍本、善本。特别是佛经翻译事业，可谓是中国古代翻译事业的重头戏。东汉已有大规模佛经翻译，及至唐代，佛经翻译达到了全盛时代，翻译理论、原则、方法和技巧趋于完善。可以说佛经的翻译为中国翻译事业提供了有效借鉴，带动了中国翻译事业的整体发展。道观藏书晚于佛寺藏书，道教经典卷帙浩繁，《道藏》则堪称古代的大百科全书，所藏图书涵盖各个学科，在众多学科上颇有建树，与《四库全书》《大藏经》同为中华文化遗产的巨大宝库。《道藏》得以流传至今，历代道观藏书居功至伟。

二、仁人

"仁人"主要体现于藏书家在"藏"与"用"上产生的分野。与"聚书"独享的藏书家不同，这部分藏书家以"用"的心态对待所藏，以期藏书尽量发挥培育人才的作用和服务社会的功能。

国家藏书尽管服务对象局限性大，但在历史发展长河中，不可否认其在"作育人材"方面曾发挥着不可磨灭的功能。早在老子担任"周藏室之史"时，孔子便来查阅文献，并与其展开学术讨论。

东汉班固在《汉书》中有言："时书不布（师古曰：'谓不出之于群下'），自东平思王以叔父求《太史公》、诸子书，大将军白不许。"[1] 由此可见，西汉官藏不许流通，读者范围狭小。但相较于秦代官藏的绝对禁止，西汉偶尔会出现皇帝将官藏复本赐予他人的现象。《汉书·淮南王传》载："时武帝方好艺文，以安属为诸父，辩博善为文辞，甚尊重之，每为报书及赐，常召司马相如等视草乃遣。"[2]

东汉顺帝时，黄琼、李固等上疏请求"开石室、陈图书"，供众臣所用，但最终皇帝并未开放。对于公藏的利用，除了皇室之外，亦惠及参与书籍管理、校勘的官员，趁便或览或抄。谢承《后汉书》云："承父婴，为尚书侍郎，服事丹墀，弥纶旧章，策文通训，条在宫禁，秘于省阁，惟承台郎升复道取急，应得为开览，

---

① 班固.汉书·卷一百上［M］.北京：中华书局，1962：4203.
② 班固.汉书·卷四十四［M］.北京：中华书局，1962：2145.

其余他官，莫敢窥窬也。"①

魏晋南北朝时，统治者较重视国家藏书建设，藏书数量增加，藏书机构日趋成熟。晋代学者皇甫谧博通典籍，好学不仕，虽患风痹之疾，仍手不释卷，批阅不息。皇甫谧曾上表朝廷借书以资研讨，还向晋武帝司马炎推荐左思任秘书郎，以便利用皇家藏书，完成《三都赋》。

两宋时期，馆阁藏书打破了只藏不借的陈规。《麟台故事·书籍篇》记载："真宗咸平二年（999年）三月点检三馆秘阁书籍，之后朱昂等人汇报说：'四部书散失颇多，今点勘为朝臣所借者，凡四百六十卷。'"仁宗景祐四年（1037年）正月，秘阁校理吴及上奏说："近年用内臣监馆阁书库，借出书籍，亡失已多。"②可见北宋崇文苑藏书起初可以借出，但因管理不善，监督不严，借出书籍多亡失。徽宗政和四年（1114年），三馆秘阁自崇宁四年（1105年）借出的书籍未还者达4328卷册，但徽宗并未因此便不允许书籍出库，而是加强了对书籍的管理，设置了更为严格的借书制度，并设"库子"专门负责借书出纳。此外，书籍出入书库，需要经监门根据单子方可放行。

元代国子监允许士子借阅图书，并将借还书籍的规定刻在藏书印上："国子监崇文阁官书，借读者必须爱护，损坏阙失，典掌者不许收受。"至清代，统治者十分重视国家藏书的利用，并广泛征集书籍，组织文臣编辑、刊印，一批原本几于散佚的古籍，又重新流传。不仅藏于"内廷四阁"，还增设"江浙三阁"。

书院藏书为满足教学需求，供本院学者与生徒阅读，在学术交流中发挥了重要作用。此外，本着"传道"的目的，不少书院对外开放，还为地方士子服务，书惠学林。以宋代书院为例，《石洞书院记》曰："东阳郭君钦止，作书院于石洞之下。石洞，郭氏名山也……（郭君）既而叹曰：'吾寒生也，地之偶出于吾庐，非赐余者，吾其可自泰而游？将使子孙勤而学于斯，学其可以专，盍使乡里之秀并焉。'于是度为书院，礼名士主其学，徙家之藏书以实之，储洞之田为书院之食，而斥洞之山为书院之山，示郭氏不敢有也。"③杨万里《龙潭书院记》曰"士之自远

① 姚之骃.后汉书补逸［M］.清文澜阁四库全书本.台湾：台湾商务印书馆.
② 李焘.资治通鉴长编［M］.北京：中华书局，2004：4550.
③ 叶适.叶适集［M］.北京：中华书局，2010：155.

而至（龙潭书院）者常数百千人，诵弦之锵，灯火之光，简编之香，达于邻曲"①。再看晚清，南京惜阴书院、上海格致书院等书院藏书突破为本书院生徒服务的范围，不限制读者对象向社会开放，人人皆可观阅，有利于向大众普及知识，"仁人"精神进一步凸显。

寺观藏书除对佛教、道教传播的推动作用外，还利用佛寺、道观所藏佛教经典和世俗典籍积极对本宗弟子和俗家子弟进行教育。此外，古代儒士也常与释子交往，也常寄居寺院读书，不少文士甚至把自己的图书典籍寄藏在佛寺中。如魏了翁《洪氏天目山房记》云："宝庆元年（1225 年）吾友洪瞬俞自考功郎言事罢归于潜，读书天目山下宝福僧寺。……舜俞合新、故书得万有三千卷，藏之闻复阁下，如李氏庐山故事。"

与国家藏书、书院藏书的作育人材功能相比，私人藏书在借阅和传抄等活动中体现出的"仁人"精神更为明显。

西汉刘向领校秘书时网罗众本，不仅参用自家的藏书，还从众多藏书家中借来不少图书，如卜圭、富参等人。《管书书录》记载："所校雠中《管子》书三百八十九篇，大中大夫卜圭书二十七篇，臣富参书四十一篇，射声校尉（刘）立书十一篇，太史书九十六篇，凡中外书五百六十四篇，以校。"②可见上述藏书家无私奉献家藏，为刘向校书做出了积极贡献。

东汉蔡邕主张与人共读，并无私传赠。《三国志·王粲传》记载："献帝西迁，粲徙长安，左中郎将蔡邕见而奇之。时邕才学显著，贵重朝廷，常车骑填巷，宾客盈坐。闻粲在门，倒屣迎之。粲至，年既幼弱，容状短小。一坐皆惊。邕曰：'此王公孙也，有异才，吾不如也。吾家书籍文章尽当与之。'"③蔡邕开创了我国藏书史上与人共读的风气。

三国时，东吴范平博览群书，据《晋书·儒林传》："家世好学，有书七千余卷，远近来读者恒有百余人，蔚为办衣食。"④可见范平不仅家藏巨富，还公其私藏，嘱咐其孙范蔚为百余位读者出借图书，还为其提供一日三餐，天气变化时，保证

---

① 杨万里 . 杨万里集笺校［M］. 北京：中华书局，2007，3111.

② 王叔岷 . 史记斠证［M］. 北京：中华书局，2007：2022.

③ 陈寿 . 三国志［M］. 北京：中华书局，1982：597.

④ 房玄龄 . 晋书［M］. 北京：中华书局，1974：2374.

其有衣服可换。在图书流通十分有限的古代，充分反映了私人藏书家的博大胸襟，可谓"仁人"精神的典范。

南北朝时，北魏元晏对有借阅需求的人来者不拒，为世人所称赞，"家书多秘阁，诸有假借，咸不逆其意，亦以此见称"[①]。"南齐崔慰祖藏书万卷，凡有借书来者不拒，每日借出图书达数百卷之多，（祖）聚书至万卷，邻里年少好事者来从假借，日数十帙，慰祖亲自取与，未尝为辞"[②]。

《隋书·刘焯传》记载："武强交津桥刘智海，家素多坟籍，焯与炫就之读书，向经十载，虽衣食不继，晏如也。遂以儒学知名，为州博士。"[③]刘智海将藏书无私借与刘焯、刘炫阅读，才成就了两位学者。《旧唐书·韦述传》记载唐代洛州刺史元行冲"为时大儒，常载书数车自随。述入其书斋，忘寝与食"[④]。元行冲允许韦述入其书斋阅读群书。唐代藏书家徐修矩亦曾"假书数千卷"予诗人皮日休。

宋代时，宋敏求藏书巨富，不仅慷慨将藏书借与前来阅读者，还为他们提供食物，据《宋史·刘恕传》记载："宋次道知亳州，家多书，恕枉道借览，次道日具馔为主人礼，恕曰：'此非吾所为来也，殊废吾事。'悉去之，独闭阁，昼夜口诵手抄，留旬日，尽其书而去，目为之矐。"[⑤]有文献记载的借阅者，有大学者欧阳修、王安石等，其中王安石正是在借阅大量唐诗别集后编纂成《唐百家诗选》。

明代杨循吉对有阅读需求的友人十分慷慨，《题书橱》记载其"朋友有读者，悉当相奉捐"。明末藏书家李如一，好古嗜书，耗尽千金收集书籍，每得一本好书，必招友人来。如需借阅者，都慷慨允之。曾有言："天下好书，当与天下读书人共之"，"遇秘册，必贻书相问；有求假，必朝发而夕至"。黄宗羲为了扩大藏书，曾进世学楼、澹生堂、千顷堂、绛云楼、天一阁等藏书楼抄书，为纪念抄书事，名其藏书处为"续钞堂"。

清代私人藏书对于藏书开放性所持的积极态度要远远大于前朝。清代曹溶在

① 李延寿. 北史［M］. 北京：中华书局，1974：546.
② 周祖譔. 先唐文苑传笺证·卷四［M］. 南京：凤凰出版社，2012：294.
③ 李延寿. 北史·卷八十二［M］. 北京：中华书局，1974：2762.
④ 刘昫. 旧唐书·卷一百二［M］. 北京：中华书局，1975：3183.
⑤ 脱脱. 宋史·卷四百四十四［M］. 北京：中华书局，1985：3119.

《流通古书约》中提出了藏书家互通有无的方法："今酌一简便法：彼此藏书家各就观目录，标出所缺者，先经注，次史逸，次文集，次杂说，视所著门类同，时代先后同，卷帙多寡同，约定有无相易，则主人自命门下之役，精工缮写，校对无误，一两月间，各赍所钞互换。此法有数善：好书不出户庭也，有功于古人也，己所藏日以富也，楚南燕北皆可行也。敬告同志，鉴而听许。"①孙从添对藏书外借持积极态度，据《藏书纪要》记载："如有人取阅、借抄，即填明书目上：某年某月某日某人借或取阅。一月一查，取讨原书，即入原柜，销去前注。借者更要留心，若一月一还。当使催归原柜，不致遗失。"②此外，周永年建立"借书园"，供穷书生借阅，他还主张将天下图书"分藏之天下学宫书院、名山古刹"，让"负超群之姿，抱好古之心，欲购书而无从"的书生能广为借阅。国英在北京建藏书楼，公开借阅图书，虽然借阅对象仅为相识之人，但是也客观上促进了知识的流通，其规定的会试期间每日开放的原则，嘉惠书生，值得称赞。至清末，梁启超、康有为等设"书藏"，供人阅览，可谓是近代图书馆的雏形。

第二节　中国藏书的历史性贡献及其文化影响

中国的藏书系统，不论是属于国藏的宫廷藏书、官府藏书，还是属于私藏的私人藏书，或是介于两者之间的书院藏书和寺观藏书，均对中华文明的发展、社会的进步做出了积极贡献。

一、宫廷、官府藏书

宫廷、官府藏书深藏秘阁，颇具独占性，仅为帝王和少数权贵所用。且由于朝代更迭造成藏书缺乏稳定性和连续性，缺陷可谓十分明显。但不可否认的是，宫廷、官府藏书在民族文化的传承中起到了一定作用。

---

① 徐珂.清稗类钞［M］.北京：中华书局，2010：2411.
② 任松如.四库全书答问［M］.成都：巴蜀书社，1988：232.

1. 培养和造就人才

中国封建社会高度集权，文化教育为统治阶级所垄断，宫廷、官府藏书常作为中央决策的依据，教学和科举考试的教科书，抄写和印刷的底本，故而政府需要集中大量的专门人才和博士儒生，加强对国家藏书的校勘、整理和编目工作，受惠于宫廷、官府藏书的也正是这一群体。及至宋明两代，利用宫廷、官府藏书培育人才的思想十分明确。宋仁宗曾说"设三馆以育英才""馆职所以待英俊"。宋英宗也说过"馆职所以育俊才"。明代文渊阁是礼部和翰林院选拔官员的"储才重地"。学子们利用藏书进修后，方可任职高位。可见，此时的馆阁已是培养和储蓄高级人才的基地。

2. 传承民族文化

宫廷、官府藏书涉及国家大型文化项目——《永乐大典》《四库全书》的编纂，在传承民族文化上，具有划时代意义，堪称宫廷、官府、私人藏书珠联璧合的典范。

明成祖朱棣为稳定民心，炫耀文治，下令编纂《永乐大典》。其时，解缙等集结 140 余人于南京鸡笼山国子监中，汇编历代经典文献，终成《文献大成》。由于采录的典籍不完备，成祖不满意，于永乐三年（1405 年）又重新修编。其间，文渊阁开放供编辑所用，成祖还派人去民间征集书籍，所收除经史子集外，还包括佛经、道经、戏曲、小说、工艺、医药、志乘、杂史等。《永乐大典》系中国历史上第一部类书，全书 22937 卷，11095 册，保存了 14 世纪以前中国历史地理、文学艺术、哲学宗教等百科文献，汇集了古今图书七八千种，从而保存、流传下了众多历史典籍，为后人留下了丰富的文献资料。

清代编修《四库全书》，仅征集书籍便耗费 7 年。其间清廷禁毁、删改了大量不利于统治的内容，这是与《永乐大典》修书大为不同之处。但不可否认的是，作为清代最大的文化工程，《四库全书》堪称清朝典籍文化的巅峰。《四库全书》分经、史、子、集四类，每类又依时代先后，集结历代著作，共收录古籍 3503 种，79337 卷，装订成 36300 册、6725 函，近 230 万页，约 8 亿字。修成后，缮成 7 部，分藏于北京文渊阁、沈阳文溯阁、北京文源阁、承德文津阁、杭州文澜阁、扬州文汇阁、镇江文宗阁。其中文渊阁、文溯阁、文源阁、文津阁等北四阁所藏并非皇帝独享，翰林、内阁等朝中官员都可以阅览；文宗阁、文汇阁、文澜阁等"南三阁"对江南读书人开放阅读，甚至民间出版商也可以据此版本，抽印其中部分专著，提供国家公共文化服务。①

二、私人藏书

尽管古代私人藏书存在"重藏轻用"的弊端，但不可否认的是，藏书家十分重视藏书并多方加以利用，而这利用的过程，无疑推进了中国藏书的发展和文化的繁荣。

1. 典籍的搜集和保存

藏书家所藏多为费尽心血、节衣缩食、百般搜求而来，甚至有些藏书家为购好书典当家产，多加珍藏，故有"世乱移于僻地，临终叮嘱于子孙"一说。筑楼藏书，且悉心做好防火、防水、防虫、防盗等工作，藏书家们劳心劳力才使得众多典籍流传至今。

秦始皇焚书坑儒及之后的高压政策，是中国藏书史上第一次毁灭性的书厄。但即使在如此高压之下，仍旧有很多藏书家冒着生命危险将"禁书"藏于墙壁、地窖和山洞内。西汉时，汉武帝十分重视宫廷藏书，一方面下令向全国征集书籍，另一方面"建藏书之策，置写书（抄缮图书）之官御史大夫"。百年内征之书，堆积如山丘，奠定了汉代国家藏书的基础。此后，历代政府屡次向民间征集书籍，使得因战乱或政权更迭大伤元气的宫廷藏书得以恢复、发展。

明代万卷楼楼主丰坊为购求图书碑帖，不惜将家中千余亩良田尽数卖出，时人称其"书淫"。范钦天一阁所藏，大半承袭丰坊之旧，加之范氏几十年的搜集，至嘉靖四十年（1561年），建藏书楼天一阁。范氏藏书富含明人著述与明代新刊典籍，其中明代方志多为海内孤本，登科录、会试录、乡试录均为仅见之本。虽有《四库全书》征书，近代失盗之事，但天一阁所保存下来的大量明代典籍仍然为今人研究明代政治、经济、文化提供了诸多珍贵的一手资料。

此外，不少小说、戏曲也得益于藏书家的收藏而流传。明洪武以来，统治者认为小说戏曲有伤风化，故明令禁止。但部分藏书家对戏曲仍有收藏，如祁氏澹

---

① 盛世修书 尽善尽美——《永乐大典》与《四库全书》[N].大公报，2018-01-21：18.

生堂藏有戏曲 800 余部。

2. 典籍的传布

私人藏书的流布主要分为抄录、刊刻、借阅三方面。

古代书籍的流布，因交通、通信不便，主要依靠手写抄录。即便在雕版印刷后，一些孤本秘集，未刊稿本依旧靠抄录传布。藏书家基本都借抄过馆藏或私藏。他们或亲自抄录，或雇人抄录，以此来增加自身的藏书量。正是这孜孜不倦、经年累月的抄写，才使得抄本书源源不断地产生，极大丰富了民间私藏。甚至在某些刊刻本损毁之时，抄本书弥补了损失，让辉煌灿烂的中国传统典籍得以再续流传。

抄录之外，不少藏书家亲手校订、刊刻书籍，为典籍的留存和传布做出了重要贡献。五代后蜀毋昭裔率先由藏书而刻书。据记载："毋公者，蒲津人也。仕蜀为相。先是公在布衣日，尝从人借《文选》及《初学记》，人多难色，公浩叹曰：'余恨家贫，不能力致。他日稍达，愿刻板印之，庶及天下习学之者。'后公果于蜀显达，乃曰：'今日可以酬宿愿矣。'因命工匠日夜雕版，印成二部之书。公览之，欣然曰：'适我愿兮。'复雕九经诸书。"[1] 此后，历代藏书家刊刻书籍者多如牛毛，颇具代表性的要数毛晋、范钦、鲍廷博、黄丕烈等。明代毛晋自 1618 年刊刻《屈子》7 卷起，至 1659 年，共刊刻典籍 400 余部，主要有《十三经注疏》《五经》《十七史》等。史载毛晋"节衣缩食，遑遑然以刊书为急务"，以至"夏不知暑，冬不知寒，昼不知出户，夜不知掩扉"，直到"头颅如雪，目晴如雾，尚矻矻不休"。为了保证刊刻书籍不出错误，毛晋"日坐阁下，手翻诸部，雠其伪谬"，然后"次第行世"。汲古阁为毛晋藏书、刻书之处，他极为重视书籍的版本，根据版本学知识，搜罗典籍之时，注意宋版图书，一经发现，必重金求得，所以他刊刻了一批极为珍贵的宋版书，后人均视为珍品。清代鲍廷博在刊刻盛如梓《庶斋老学丛谈》后写道"历数近来藏书家而自述其储蓄之富。曾几何时，悉已散为烟云。渺兹一粟，漂流沧海中，杳不知其所之矣。因慨死生旦暮，聚散无常，予家所藏，异时岂能独保？徒令后人复哀后人耳！间尝语儿辈，与其私千万卷于己，或子孙

---

[1] 委心子 . 新编分门古今类事［M］. 北京：中华书局，1987：293–294.

不为之守，孰若公一二册于人，于奕祀共永其传。此区区校刻《丛书》之苦心，窃欲共白于当世，而一为之劝也"[1]，足可见鲍氏刻书目的在于传播图书。

借阅一事，虽为后人所诟病，但不可否认的是，藏书家秘惜不宣有其深厚的历史原因，也受客观条件所限制，但是藏书史发展过程中，亦不乏藏书家将私藏向公众、社会开放，扩大了典籍的受众面、促进知识传播的典范。清末徐树兰开风气之先，建古越藏书楼，拟定《古越藏书楼章程》，贯彻"以人为本"的思想，设立 60 个阅览室，每日上午 9 时至 11 时、下午 1 时至 5 时向读者开放，并免费供应茶水。此外，还动员社会力量助力藏书事业，征集图书，提倡私藏通过一定手续，在一定时间内"存书"于藏书楼，供公众检阅。

3. 典籍的宝爱与完善

仁人爱物，是我国儒家文化的悠久传统，体现在藏书家身上则表现为敬惜字纸，宝爱图书。因典籍得来不易，藏书家对其珍爱有加，《颜氏家训》认为士大夫必备的美德便是爱护书籍："借人典籍，皆须爱护，先有缺坏，就为补治"。宋代司马光"所读之书终身如新"。元代赵孟頫总结读书护书"八勿四随"——"勿卷脑，勿折角，勿以爪侵字，勿以唾揭幅，勿以作枕，勿以夹刺，随损随修，随开随掩"。历代藏书家将典籍视为比生命更重要的东西，希望"凡我子孙皆宜珍惜宝爱"，"惟愿流传永久，无水火蠹食之灾"。为了使得藏书免遭虫害，不少藏书楼放置芸香草。清人方功惠藏书则以丹东笺作副叶。孙从添总结出皂角炒末可避鼠害，碳屑、石灰、锅锈铺地以驱白蚁的护书方法。珍惜、保护图书之外，藏书家还会加强对书籍的装潢，例如黄丕烈对宋版《温国文正司马公文集》的加工费时两年。如果没有藏书家对书籍的装潢，现存的很多典籍早已破烂不堪，甚至在百年前便灭绝于人世了。

除此之外，藏书家还十分重视对典籍的校勘、补正、叙录、题跋。书籍在历代辗转流传中，难免会出现抄写或刊刻之遗误或错讹。几乎所有有能力的藏书家都会因着对典籍的喜爱和责任感，对子孙负责的使命感，自然承担起校书的职责，即使备尝艰辛，但是精校出善本，便可传世，造福后世。如清代校勘学家顾广圻因家贫，为人校刻谋生。涉经、史、训诂、天文、历算、奥地之学，尤精于

---

[1] 陆以湉. 冷庐杂识·卷七 [M]. 北京：中华书局，1984：363.

目录校雠学。当时孙星衍等所制书，皆由其校勘考订，并写札记。[①]清人周叔平费七八年校《三朝北盟会编》，其好友王春敷录其校书缘由：周叔平"于此书尤珍惜之，而恨其鱼鲁帝虎，前后错杂，几不可句读。因博访藏书家有是书者，不惮委曲借校，如也是园藏本、东皋柏先生藏本、及浦氏、仲氏诸家本，互有是非，从其是，薙其非，前后积七八年，订讹补阙之功，始得文从字顺，可谓勤矣"[②]。

古籍最早的叙录起源于刘向父子，题跋则非宋代欧阳修、陆游等人莫属。两者皆为学术研究及关于书的评价和记事，如晁公武的《郡斋读书志》、黄丕烈的《士礼居藏书题跋记》等。这些著述对学海中的文献资料做了颇具参考价值的述评，对后人了解书籍、使用书籍起到了指导、启发的作用。

4. 典籍的生产

藏书家在访求、利用典籍的过程中，以著述、汇编等形式编著出新的典籍，有专题著述、地方文献汇编等，丰富了民族文化。

专题著述如《词综》《明文海》等。"浙西词派"开创者朱彝尊著述闳富，编纂有《经义考》《词综》《南车草》《五代史记注》等。其中《词综》编纂历时六年，全书选录唐、五代、宋、金、元时期的词作 2253 首并加以点评。该书是旧时规模较大的词选集，取舍严谨、考证得当，附有作者小传和若干宋、元人的评论，可供词学研究者参考。《明文海》系黄宗羲所著断代诗文选本。黄氏选编《明文海》之时，参考明朝各家文集 2000 多种，耗时 26 年，收录作者近千人，文 4300 余篇。全书分为 28 类，即赋、奏疏、诏表、碑、议、论、说、辩、考、颂、赞等。该书的编纂，充分展示了明代文化。此外，黄氏还特别表现出了对科举的关注。例如在"序"类中，选录了大量与科举制度、应试人士及八股文相关的文章，让八股文正式进入断代文学总集中。

三、书院藏书

不同于官府藏书、私人藏书、寺观藏书的相对封闭性，书院藏书不仅为了保存，更是为书院的讲学活动服务，在中国藏书史上占据着重要地位，发挥着独特作用。

---

① 张岱年. 中国哲学大辞典 [M]. 上海：中国辞书出版社，2010：643.
② 瞿良士. 铁琴铜剑楼藏书题跋集录 [M]. 上海：上海古籍出版社，2005：60.

1. 传播儒学

书院藏书以服务书院教学为宗旨，故以藏儒家经典为主。为了讲学需要，书院要广泛收集和刊刻众多学科领域的著作和学派著作，从而使得众多有价值的文献得以保存、流传下来。为今人研究提供了丰富的历史文献资料。书院藏书不仅供书院师生使用，部分书院还向社会开放，为地方士子服务，形成"屋庇寒士""学惠书林"的开放取向，有效地传播了儒学文化。

2. 积累藏书经验

书院藏书十分注重藏书的管理和利用，在长期发展过程中，逐步形成了一套书院藏书独有的兼具开放性和公共性的藏书制度。书院藏书设有专门的管理人员，上有"山长""监院""斋长"，中有"司书吏"等专职人员，下有"斋夫"等看守人员。其中"监院""书吏"等具备一定的目录学知识和文学素养，能利用藏书编写书目，推动了藏书管理日趋科学化、专业化。

此外，书院藏书十分重视规则、条例的制定。如岳麓书院山长欧阳厚提出了藏书管理五原则："购求宜广""收发宜清""交代宜严""藏贮宜谨""看守宜严"。其中"购求宜广"指"书籍之有用者"皆在购买之列，且"官捐者官为购买"，"民捐者民为购买"；"收发宜清"规定藏书的整理、加工、盖印、借阅手续、期限及违规惩罚；"交代宜严"讲藏书保管制度；"藏贮宜谨"指为了防止藏贮图书霉变，藏书场所、书架均按需修缮；"看守宜严"讲监院之外增设专职看守员工，严防闲游人员入楼窥伺，严禁诸生借住楼下，免生火灾。[①] 书院藏书还设置了一套较为完整的借阅制度，从读者、借阅期限、开放时间、借书种类、借阅手续、违约罚则、服务态度等方面进行了细致的规定，为我国近现代图书馆新型藏书管理开了先河。

3. 培育人才

书院是我国封建社会后期兴起的一种教育机构，均以封建思想为办学指导思想，儒家思想为其教育的主要内容。书院设置的课程在培育人才上发挥了决定性的作用，但更难能可贵的是其丰富的藏书和自由讲学之风，特别是不少私人或地

---

① 朱汉民，邓洪波．岳麓书院史［M］．长沙：湖南教育出版社，2013：338.

方设立的书院，多采取自由讲学和"讲会"制度，老师传授知识多采用启发诱导式，学术氛围活跃，气息浓厚。书院兼具教学与学术研究之功能、讲明义理之精神与开放自由之学风，无疑促进了人才的培养。如岳麓书院讲堂中悬挂的"学达性天"匾额是于康熙二十五年（1686年）御赐给书院的，意为表彰书院对传承理学和培养人才做出的贡献。纵观中国藏书史和文化史，颇多文人巨匠皆受惠于书院教育或者藏书。如北宋黄庭坚，其祖黄中里以教育本族子弟为目的，在家乡建造了樱桃洞、芝台两所书院，书院中藏书丰富。后有宋一代，黄氏子孙有近50人考中进士，数十百人以诗人著称。[①]

四、寺观藏书

我国佛寺、道观藏书保存了大量文化典籍，在目录学上成就较突出，促进了古代教育以及各民族的融合与中外文化交流，成为我国藏书史上不可或缺的组成部分，对古代文明的贡献不容小觑。

1. 保存文化典籍

佛寺藏书保存了大量佛教传统意义上的经典，如各种版本的大藏经，还保存了众多中国僧人的著作和非佛教图书，对于了解、研究佛教中国化进程，了解佛教文化的发展，起到了积极的促进作用。

道观藏书虽不及佛寺藏书发展得快，地位也不及佛寺藏书高，但是依旧保存了不少典籍。例如，道观藏书繁荣时期——隋唐，道观藏书往往涉及道家诸子、道教经典、科仪、类书、论著、诗词及变文等，作为我国古代藏书的重要组成部分，为保存文化典籍贡献了不可或缺的力量。

2. 丰富古典目录学

佛寺藏书经常需要整理、编目，其所产生的目录占了我国古代目录的四分之一，更为珍贵的是，这些目录在类型、收录范围、分类体系、著录方式、辨别疑伪等方面都有特殊表现，极富特色，丰富了古典目录学内容。道观藏书起源于西晋，初期仅有《道德经》《太平经》等少数典籍，后至魏晋南北朝时期，经典

---

① 肖东发. 中国书院藏书［M］. 贵阳：贵州人民出版社，2009：21.

逐渐增多，部分道士开始搜集、整理道藏。南朝刘宋时期陆修静编写了分类体系较为完备的道经专门目录——《三洞经书目录》。此后，随着道藏典籍种类的增加，目录随之增多，目录种类也丰富起来，大致分为四种：综合目录，专门目录，包容在国家图书、史志、私家藏书目录中的道经目录，将道经、佛经或儒藏所引用以及提及的道经的目录汇集起来，编辑成引书目。[①]道经目录一直保持着自身的系统和特色，是古典目录学中不可或缺的部分。

3. 推动雕版印刷发展

随着佛教经卷数量的不断增多，抄写佛经越加难以满足社会需求，因此雕版印刷术率先在佛经刊刻中显示出了强大的作用。现存最早的印本《金刚经》是雕版印刷的代表作，而后续的《九经》《大藏经》等的刊刻，都进一步促进了雕版印刷术质量的提升和规模的扩大。与佛经类似，雕版印刷术同样在道教典籍的刊刻中起到了强大的作用。

4. 促进中外文化交流

佛教典籍多译自印度或西域，中国僧人在外出学习的过程中，不仅带回了异域佛教典籍和科学、医学知识，还传播了中国文化，如古代文学、史学、绘画、雕版印刷术、造纸术等。在佛经翻译之前，中国的翻译事业尚未形成，从东汉末年到东晋至隋朝的发展，再到唐代全盛时期，佛经翻译的理论、技巧和方法日益成熟，南齐《众经别录》中首次对译文提出了"质""文""文质均"的评价。可以说，佛经的翻译为中国翻译事业提供了众多宝贵经验，带动了翻译事业的发展。道教也曾影响到周边国家，如越南、朝鲜、日本、柬埔寨等。道教远播海外最早可追溯至东汉末年。据葛洪《神仙传》、牟子《理惑论》等书籍记载，这一时期很多汉人远赴交趾（越南）传播"神仙辟谷长生之术"。公元 7 世纪初，道教传入朝鲜。至隋唐时期，道教传入真腊（柬埔寨）……与道教一同传入的，还有众多道教典籍。例如，唐高祖派遣刑部尚书沈叔安出使高句丽，送去道法和天尊像，令道士为其国人讲授《老子》。荣留王亲临听讲，听众达数千人。次年荣留王派人赴唐，学习佛老教法。至高句丽宝藏王二年（643 年），大臣泉盖苏文又奏请

---

① 任继愈.中国藏书楼［M］.沈阳：辽宁人民出版社，2001：62.

遣使赴唐求道教。宝藏王乃奉表陈请，唐太宗派道士叔达等八人携《道德经》应邀而往。[①]可以说，道教及道教典籍的远播，促进了海外对中国的了解，也促进了中华文化的传播和中外文化的交流。

第三节 "书香家庭"的构建与中国藏书文化

私人藏书的产生、发展与盛行往往与家庭教育、家庭阅读有关。北宋藏书家李畸实认为"遗子孙黄金满籯，不如一经。亲既以是遗我，我复以是遗子，子子孙孙用之不竭，况万卷之多乎？庶几我之富者在此而不在彼也"[②]。南宋陆游《题斋壁》自谓晚年"力穑输公上，藏书教子孙"。清代丘晋昕《九十九峰草堂文钞·藏书记》中曰："今世士大夫好积财帛，以厚子孙，心醉目营，甘为牛马，未几华屋山丘。以不义之籯金，供不资之挥霍，家破名裂，卒为世笑……转不如油素缥缃，方愚益智，后人能读，可为保世滋大之基。即不能读焉，无所于恶。"

"久传后世，津逮子孙"，古代藏书家将家藏典籍传给后人，不可否认有"望子成龙""读书做官"的成分在，但随着"万般皆下品，唯有读书高"价值观的形成，不少人认识到传世之物，"典籍"胜于"财物"，意识到"若不读书，何以立身、行道、显亲、扬名"。正因为我国有悠久的藏书文化和阅读传统的积淀，才催生了今日"书香家庭"的概念，并进一步有了构建"书香家庭"的探讨。

一、家庭阅读传统

我国家庭阅读传统悠久，自古便有"耕读传家躬行久，诗书继世雅韵长"的说法。耕读传家思想是儒家伦理思想的重要组成部分，是相当大一部分儒家学者或受儒家思想影响的人基于家庭建设目的而提出的一种以劝人勤于耕种和善于学习为主要内容的家庭思想美德。[③]

---

① 佚名.道教在中国境外的传播［EB/OL］.http://www.daoisms.org/article/zatan/info–31036.html, 2017–07–12.

② 曾枣庄，刘琳.全宋文·第一百三十二册［M］.上海：上海辞书出版社，2006：58.

③ 何江涛.耕读传家［M］.北京：北京图书馆出版社，2008：14.

春秋战国时已对"耕"与"读"的关系进行讨论。在后世发展中，多以"耕读传家"为荣。《颜氏家训》提出"要当稼穑而食，桑麻以衣"。《朱子家训》提出"子孙虽愚，经书不可不读"，"诗书不可不读，礼义不可不知"。《课子随笔·三·宗约》中说："耕读为上，商贾次之，工技又次之。"耕读文化讲究半耕半读，强调耕读结合，影响着中国农学、科学、哲学与阅读风气。[①]

以"耕"为喻的说法，是高度发达的中国农业文明的思想特产。"力学"如"力耕"，即所谓士人读书、治学、作文，当如勤劳的农夫那样，披星戴月，寒耕暑耘，不违四时，务求秋收有成。梁漱溟在《中国文化要义》中曾经提出："在中国，读与耕之两事，士与农之两种人，其间气脉浑然，相通而不隔。"保持"耕读传家"的传统，进则出仕荣身，兼济天下，退则居家耕读，尚可独善自身。[②]

清道光二十九年（1849年），曾国藩在家书中写道：

吾细思：凡天下官宦之家，多只一代享用便尽。其子孙始而骄佚，继而流荡，终而沟壑，能庆延一二代者鲜矣。商贾之家，勤俭者能延三四代；耕读之家，谨朴者能延五六代；孝友之家，则可以绵延十代八代。我今赖祖宗之积累，少年早达，深恐其以一身享用殆尽，故教诸弟及儿辈，但愿其为耕读孝友之家，不愿其为仕宦起见。[③]

可见"耕读传家"也作为一种家风，为官宦人家、乡间知识分子所强调。

与提倡"耕读传家"不同，另一种文化传统则提倡"书香门第""书香世家""家学渊源"。与"世家"相关的"家学渊源"与古代教育制度和家族制度有关。中国传统学术特色在于"家学"，正如傅斯年所言"中国学术，以学为单位者至少，以人为单位者转多，前者谓之科学，后者谓之家学。家学者，所以学人，非所以学学也"[④]。可见，中国文化传统中注重的"家学"以"家"为中心，"学"为其次，重在培养品行、门风等。

"耕读传家"与"书香世家"的分野在于家庭经济基础的强弱，以及家庭文教氛围的强弱。前者是衣食无忧的小康之家，后者是席丰履厚的世家大族。"耕

---

① 万宇等.书香传家［M］.深圳：海天出版社，2017：27.

② 周燕妮，等.书香社会：全民阅读导论［M］.深圳：海天出版社，2017：5-6.

③ 曾国藩.挺经［M］.北京：中国言实出版社，2014：42.

④ 傅斯年.中国人的德行［M］.北京：中国工人出版社，2016：117.

读人家"家藏图书若干以保子弟开蒙读书，"书香世家"缥缃千万卷，乃至自设家塾教育子弟。[①]

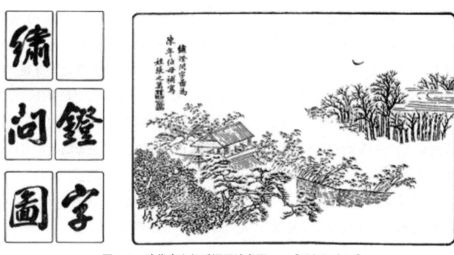

图 8-1 清代嘉兴倪氏课子读书图——《绣灯问字图》

"耕读传家"与"书香世家"虽在藏书数量和质量上有差别，但都崇尚藏书、阅读。古代私人藏书因"阅读需求"而起，因"科举制度"而繁荣，藏书的活跃程度直接反映在科举状况中。以清代嘉兴府科举为例，其在浙江甚至全国都十分突出，登进士人数、鼎甲人数相对较多。陈心蓉在《嘉兴历代进士研究》中提到：清代嘉兴府及各县志等珍稀刻本与嘉兴市图书馆藏本等诸多浙江及嘉兴进士史料，稽考清代嘉兴共有进士 774 人（包括海宁在内），其中文进士 714 人，武进士 60 人。在不考虑武进士的情况下，浙江进士 2808 人。嘉兴进士占浙江进士人数的 25.4%[②]。与此相对应的是，这一时期嘉兴藏书与刻书活动的活跃，出现了众多的藏书世家，如朱彝尊、曹溶、鲍廷博等。可以说，不少藏书家藏书传予后人，均有期盼子孙后代能饱览诗书，顺利通过科举考试获取功名利禄的良好愿望。

二、"书香家庭"的构建

"耕读传家""书香世家"不免带有些许封建功利主义色彩，但这一观念所蕴含的特有的人文思想底蕴代表着中国家庭阅读的源远流长，是探讨"书香家庭"

① 周燕妮，等.书香社会：全民阅读导论［M］.深圳：海天出版社，2017：8–9.

② 丁辉，陈心蓉.嘉兴历代进士研究［M］.合肥：黄山书社，2012：422.

建设不可绕开的话题。随着农耕传统的逐渐解体，"耕读传家"日渐淡出人们的视野，"书香家庭"的构建成为构建全民阅读社会的题中应有之义。

"书香家庭"的构建，首先离不开两个概念。其一是"家庭"。罗斯·D. 帕克（Ross D. Parke），阿莉森·克拉克 – 斯图尔特（Alison Clarke–Stewart）所著《社会性发展》（*Social Development*）中将"家庭"定义为一个社会单元，身处其中的成人配偶或者伴侣以及他们的孩子共享经济、社会及情绪的权力和责任，以及相互之间的承诺和认同感。[①] 其二是"家庭阅读"。万宇认为，"家庭阅读"有两方面的意义：一是家庭成员相互支持彼此读写能力的提高，二是家庭成员可以分享阅读给他们带来的乐趣。[②]

"书香家庭"的构建，离不开对"家庭阅读"的探讨，而探讨"家庭阅读"则需要"分众"，细究"亲子阅读""夫妇阅读""乐龄阅读"等。

1. 亲子阅读

亲子阅读，顾名思义，就是父母和孩子一起进行阅读活动。英国儿童教育专家马丁·洛森（Martyn Rawson）认为"父母首先是提供基因、能量和组成身体的物质，然后是教育孩子。我们提供给孩子社会和文化的背景。由于人是不完善的社会存在，需要从家庭、朋友和社会的交往中学习丰富"[③]。

儿童的身心发展与阅读的发展紧密相连。万宇根据儿童发展历程，将儿童阅读发展的过程分为五个阶段：准备阶段、学习阅读阶段、阅读技能迅速发展阶段、泛读阶段、精读阶段。[④]其中准备阶段约为出生至 6 岁间，主要培养与阅读发展相关的基本能力，同时也培养积极情感，扩大儿童的阅读概念；学习阅读阶段则旨在培养儿童学会建立发音与语言符号之间的关系，强调认知词汇，建立阅读自信心；阅读技能迅速发展阶段须全面学习基本阅读技能；泛读阶段则多在小学高年级；精读阶段则注重从阅读速度入手提高阅读效率。

基于此，亲子阅读的开展，需要充分考虑不同年龄段儿童的身心发展特点和

---

① （美）罗斯·D. 帕克,阿莉森·克拉克 – 斯图尔特. 社会性发展［M］.北京：中国人民大学出版社，2014：160.

② 万宇等. 书香传家［M］.深圳：海天出版社，2017：3.

③ 万宇等. 书香传家［M］.深圳：海天出版社，2017：77.

④ 万宇等. 书香传家［M］.深圳：海天出版社，2017：77–78.

阅读发展特点，在积极创造良好阅读环境的基础上，给予儿童诸多鼓励和正确引导，逐渐培养儿童的阅读和学习兴趣。具体而言，亲子阅读可从以下途径展开：

（1）设置良好的阅读环境。家庭阅读环境包括物质环境和心理环境。物质环境即硬件设施，书房的设置、儿童阅读专区的设置、书籍的选择等。心理环境则包括亲子阅读的心态、父母的阅读习惯与行为、培养儿童阅读兴趣等。书房是家庭阅读的心脏，是儿童阅读最初的出发地，也是最温暖、最私密的阅读场所之一。一个好的书房可以促使儿童放松心情，沉浸于阅读的美好之中，享受阅读的乐趣。一个完整的家庭书房，既要有"大书架"放置家长的书籍，也要有"小书架"放置儿童的书籍。书房装修不仅要考虑家长的喜好，还要从儿童的角度出发，为儿童设置温馨、舒适的阅读专区。美国阅读专家吉姆·崔利斯（Jim Trelease）建议家长为儿童阅读配备三样东西：书籍（Books）、书架（Book Basket or Magazine Rack）和床头灯（Bed Lamp）。

（2）选择适合的儿童读物。之所以要实施儿童分级阅读，是因为儿童处于不同年龄段，智力和心理发展程度不同，家长需要科学地、有针对性地为其选择适合不同时期的图书，或提供多样化的电子阅读资源。儿童图书主要可分为绘本、玩具书、儿歌、桥梁书（Bridging Books）、儿童诗、寓言、童话、民间故事、儿童小说等。儿童具备一定读图能力之时，家长可选购绘本，与之一起阅读，给他们读文字，教他们一起看图说话。玩具书不同于普通的纸本书籍，既有书的属性，又有玩具的形态，能充分满足儿童的好奇心。桥梁书介于图画书与纯文字书之间，是处于阅读过渡期的儿童的首选读物。需注意的是，在孩童逐渐培养起自己的阅读习惯，有了自身的阅读兴趣之后，家长的选书也要充分尊重孩子的选择。让孩子自由地吸入广泛的营养。

（3）一同阅读。创造好阅读环境，选好读物，都是为一同阅读打下的良好基础。一同阅读，可以理解为父母与孩子共读一本书，也可以理解为父母和儿童在同一空间和时间阅读。亲子共读包括父母读给孩子们听，和孩子们一起做亲子阅读游戏，或者共同阅读一本书，为孩子解答"十万个为什么"。亲子共读之时，父母要观察儿童的情绪变化，配合儿童的理解能力和速度，让阅读不仅仅成为一种学习方式，更要成为表达爱的方式。儿童进入一定阅读阶段后，倾向于独立阅读并与家长交流阅读感触、心得等。但要注意的是，家长要多多关注儿童的阅读状态，在需要的时候，为儿童提供必要的帮助，站在儿童的角度与之交流，鼓励孩子分享阅读感受。

图8-2　亲子阅读场景（莫能军、张颂英、莫非一家，张颂英提供）

2. 夫妇阅读

母亲是家庭的核心成员，女性阅读是人类阅读活动的重要组成部分，近年来对于女性群体阅读的关注度日益高涨，这相较于古代社会"女子无才便是德"、女性阅读受到很多局限而言，无疑是很大的进步。阅读，是缓解压力和自我充电的过程，是女性认识世界、认识自我的重要途径，有助于唤醒正确的自我意识，达到自身的成长。

对于构建"书香家庭"而言，提倡亲子阅读、女性阅读固然十分重要，但也应呼吁兼具"丈夫"和"父亲"身份的男性加入到阅读行列中，不仅要培养自身的阅读习惯和兴趣，还应充分参与到亲子阅读活动中，发挥父亲这一角色的特殊力量，与母亲一道，给予孩子源自"阅读"的疼爱。

（1）女性阅读。女性阅读与"职场""妻子"和"母亲"等关键词息息相关。"女性"与"职场"相遇，很容易浮现"服饰、美容类期刊"的时尚靓影；"女性"之于"妻子"，很容易浮现"菜谱""小说"等生活休闲类读物的身影；"女性"

加上"母亲"，很容易浮现"儿童读物"等亲子读物的书影。由此可见，由于女性身份的多重性，阅读的需求也更加多样化。此外，随着信息化社会的到来，知识不断增加，人们获取知识的途径不断增多，女性阅读的专项化和个性化也愈加明显。构建"书香家庭"，必须要关注女性阅读。在女性阅读由争取阅读权利和提高阅读能力向拓展阅读深度和广度转化的当今时代，要充分尊重女性及女性意识，尊重女性阅读。女性理论著作、情感图书、人物传记、生活图书等"女性读物"能起到安抚心灵的作用，是女性阅读的"心头好"。医疗保健、生活休闲、美食养生、家庭亲子等主题的读物也是女性阅读的主题。当今社会，不仅要为女性提供丰富的读物，还要为其提供一个友善、温暖的阅读环境，如组织女性阅读沙龙、女性读者协会，为女性读者创造阅读交流的场所和机会。

（2）男性阅读。男性阅读与"职场""丈夫""父亲"等关键词息息相关。"男性"加"职场"很容易让人联想到官场小说、武侠小说以及专业书籍等，"男性"加"丈夫"很容易让人联想到"家电维修指南""旅游指南"等。家庭阅读中强调男性阅读，是基于多方面的考虑。首先在于自我的提升，男性处于职场或是家庭中，均有需要不断提高学习的技能，而阅读则是有效学习的最佳途径之一。其次在于促进家庭关系和谐，一家三口一起读书的画面之和谐和美好是显而易见的。男性要参与女性阅读，了解妻子的兴趣爱好，也要积极参与亲子阅读，发挥自身作为"丈夫"和"父亲"的特殊作用，增加互动，让家庭成员在阅读中感受爱。

3. 乐龄阅读

阅读对于乐龄群体而言，是一种学习的过程，但是更多的是放松身心、休闲生活的方式之一。老年人忙碌大半辈子，退休后有充足的时间和精力投入阅读中，也会由于突然的清闲无所适从而投入阅读的怀抱，充实生活。

阅读对于乐龄群体而言有百利无一害，有利于老年人保持身心健康，有利于激发老年人的创新意识，有利于老年人更好地融入社会……将乐龄阅读置于家庭阅读和"书香家庭"构建的大环境之下，不仅要充分考虑到乐龄阅读的优势，如时间充裕、阅读基础良好、阅历丰富之外，还要关注乐龄阅读的劣势，如身体衰老所带来的障碍，知识储备落后于时代带来的障碍，观念落后带来的障碍等。

基于此，家庭成员需要多多关注乐龄阅读，让他们感受到被家庭和社会所需要的同时，也充分感受到爱。要充分尊重乐龄群体的内心需求，关注其心理变化，为其创造良好、宽松的阅读环境，并推荐适合的图书、杂志、报纸等。

就乐龄群体本身而言，要培养健康的阅读习惯，选择合适的阅读内容，采用多样化的阅读形式，轻松读，慢慢读，保持平和的心态，促进"书人合一"。

徐雁教授曾呼吁：

一个想要营建高雅文化氛围的家庭，要善于把家中的"机房"提升成为四壁琳琅的"书房"，要有基本的纸本藏书，要有几幅字画，要有若干文玩，因为这是一个家庭"读书种子"发育的人文沃土。在"数字化空间"之外，营造一个"雨余窗竹琴书润，风过瓶梅笔砚香"的传统书香境界，应该成为当代"小康之家""学习型家庭"的基本追求。①

"书香家庭"的构建不是一日之功，不可一蹴而就，从自家开始，从书房开始，从阅读开始，将中华民族深厚的阅读传统发扬光大，让藏书文化在新时代焕发新光彩。

---

① 周燕妮等. 书香社会：全民阅读导论［M］. 深圳：海天出版社，2017：11–12.

后　记

　　2017 年的 12 月上旬，在佛山图书馆举办的中国图书馆学会"阅读推广人系列教材"主编工作会议上，作为中国图书馆学会藏书与阅读推广专业委员会的挂靠单位，台州市图书馆承担了《中国藏书的历史与传统》一书的主编任务。

　　著名学者、北京大学教授季羡林先生曾经指出，"中国是世界上最喜欢藏书和读书的国家"。诚然，从古代一路走来的藏书活动，始终伴随着其主人开卷读书的行为，并为中华文化精神产品的创造，做出了十分独特的贡献。或如吴晗先生所说："有裨于时代文化，乡邦征献，士夫学者之博古笃学者，至大且巨。"可以说，正因为有一代又一代藏书家接力式的投入和付出，才使得珍贵的古书旧籍，历劫传世，直至百川归流般地汇入近代公共藏书楼及现当代图书馆的文献宝库之中。

　　自晚清叶昌炽编撰《藏书纪事诗》之后，有关学者对于源远流长而又博大精深的中国藏书文化史，投入了极大的研究热情。建立在 20 世纪 80 年代以来学术界对中国藏书史研究颇多成果积累的基础上，先后问世了《中国藏书通史》（傅璇琮、谢灼华主编，宁波出版社 2001 年版）、《中国藏书楼》（任继愈主编，辽宁人民出版社 2001 年版）、《中国阅读通史》（王余光主编，安徽教育出版社 2017 年版），以及《中国私家藏书史》（范凤书著，大象出版社 2001 年初版／武汉大学 2013 年修订版）、《中国旧书业百年》（徐雁著，科学出版社 2005 年版）、《新中国古旧书业》（赵长海著，吉林文史出版社 2009 年版）等一大批具有学术代表性的重要著述。

　　基于对中国藏书及其文化史资料的搜集、思考和分析，我们确立了本书的撰述重点，即通过回望我国藏书文化的历史，梳理私人、书院、宫廷（官府）、寺观藏书的"藏"与"用"关系，以彰显其非凡的文献学价值，尤其是"书香"传承的人文意义。因为正是这不绝如缕的脉脉书香，才使得历史悠久的藏书文化传统，对于当今时代的书香家庭乃至书香社会的构建，仍具有重要的借鉴性和启迪意义。

本书的编撰得到了南京大学信息管理学院博士生导师、中国图书馆学会阅读推广委员会副主任徐雁教授的编写指导。凡八讲，具体撰述分工如下：第一讲《中国藏书文化及其研究概述》，由徐雁教授及中山大学资讯管理学院蔡思明博士、嘉兴图书馆地方文献部主任郑闯辉馆员编撰；第二讲《私人藏书与书香世家》、第三讲《宫廷藏书与官府藏书》、第四讲《书院藏书与儒学传承》、第五讲《佛寺藏书与道观藏书》，由嘉兴学院图书馆凌冬梅副研究馆员编撰；第六讲《从古代藏书楼到近现代图书馆》，由河南师范大学王安功副研究馆员及南京大学信息管理学院张思瑶博士编撰；第七讲《藏书制度及其技术方法》由郑闯辉馆员编撰；第八讲《藏书文化的继往与开来》由杭州图书馆聂凌睿馆员编撰。

在本书初稿完成后，台州市图书馆特邀了北京大学信息管理系博士生导师、中国图书馆学会阅读推广委员会顾问王余光教授，浙江图书馆袁逸研究馆员，上海图书馆王宗义研究馆员，上海大学熊静副研究员，于 2019 年 1 月 21 日下午举办了审稿会。本书作者在听取、吸纳专家意见之后，分别对书稿做了进一步修改、润色和完善。本书清样由南京大学信息管理学院姚小燕博士做了进一步校对。在此一并致谢！

在本书即将问世之际，我们致敬前辈学人在中国藏书文化史领域做出的丰富研究成果，从而使本书的编写得以左右逢源，随时随地能获得诸多启迪及有益参考；并感谢中国图书馆学会秘书处及朝华出版社的信任和支持。因编者水平、编写时间及书稿篇幅所限，书中的疏漏不足之处，敬请专家学者和图书馆同行批评指正，以便本书有修订再版机会时，予以进一步完善。

毛旭

2019 年 10 月 16 日于台州图书馆